話しことばへの
アプローチ

創発的・学際的談話研究への
新たなる挑戦

鈴木亮子・秦かおり・横森大輔 編

ひつじ書房

はじめに

　従来の言語学において、文法の研究は作例や書きことばの分析をもとに行われてきた。そして話しことばも作例や書きことばの基盤にある文法システムだけで捉えられるものとみなされ、話しことば特有の用法は「誤用」や「例外」として扱われ理論化の対象から外される傾向があった。しかし本来どの言語にも普遍的に存在し、生まれて最初に習得される話しことばこそ人間の言語の最も根源的な形であり、文法研究の中心として捉えるのが自然である。こうした認識に基づいて、会話を中心とする話しことばを基盤とした文法システムの研究は 1990 年代以降急速に盛んになっている。そして日本でも 2011 年に第 1 回話しことばの言語学ワークショップが東京大学駒場キャンパスで行われた。大堀壽夫、大野剛、鈴木亮子、中山俊秀、岩崎勝一らが発起人となったこの研究会は、その後、年 2 回を基本として毎年開催され、多くの研究発表、シンポジウム、特別企画などが行われてきた。2017 年現在 13 回を数えるこの研究会の他に類を見ない特色は、「話しことば」をキーワードに、収集された実際の音声・ビデオデータを使用した個別の発表から出発して、文法構造にとどまらず言語使用の面においても、言語学・言語人類学・社会学・心理学など多岐にわたる分野からの知見を共有し、学際的に議論してきたことである。本書『話しことばへのアプローチ—創発的・学際的談話研究への新たなる挑戦—』は一連のワークショップの成果の 1 つとして、話しことばの研究者が分野の壁を越えて、これまで蓄積した話しことばの文法構造と言語使用の分析に関する知見を系統立ててまとめる試みの第一歩である。

　本書は 2 部構成となっている。第 1 部では、話しことばの言語学ワークショップの元々の出発点である、話しことばに基づく文法研究のアプローチ

について具体的な実例とともに概説している。日常の話しことばの分析は従来の「文法」観にどのようにゆさぶりをかけるのか。3つの論文が見せる、パターンを形成する一方で柔軟に変化し続け多重性をはぐくむ文法の姿を、実例とともに味わっていただきたい。第2部は、相互行為言語学、社会言語学、言語人類学、ナラティブ研究の観点から話しことばを分析した実例を挙げる。第2部の特徴は、同じデータを異なる分野の研究者がそれぞれに分析し、その相違点を明示的に示している点である。この方法によって、1つのデータが様々な方面からスポットライトを浴びる結果となり、得られた知見が立体的に浮かび上がっている。読者には異なる視点の論考を通じて、話しことばデータを用いた研究の多様な可能性を体感してもらいたい。

　本書において私たち編者が望むことは、話しことばの分析において特定のアプローチのみを称揚・推進することではない。むしろ、読者が自分の研究のためにアプローチや方法論を柔軟に検討するためのきっかけを提供し、さらには「話しことば」について多角的かつ包括的に理解するための一助となれば幸いであると考えている。なお、話しことばを研究する際のテーマや具体的な方法論に関するアイデアを随所で提示しているので、これから本格的に研究を始めようとする学部生や大学院生にも話しことば研究の醍醐味を知ってもらいたい。そして言語学以外の分野も含め、話しことばに関心のある全ての研究者にも、興味を持って頂ければ幸いである。

　なお、本書の刊行に際しては、多くの方のお力添えを頂いた。中でもひつじ書房の海老澤絵莉氏には長い期間、本当に辛抱強く支えて頂いた。ここに深く感謝の意を表する。本書の大切なホームグラウンドである話しことばの言語学ワークショップの参加者の皆様にも心より謝意を表したい。

2017 年 11 月

鈴木亮子・秦かおり・横森大輔

※本書の第2部で用いている事例の動画データを、ひつじ書房 HP で公開しています。
http://www.hituzi.co.jp/hituzibooks/ISBN978-4-89476-818-5.htm

目　次

はじめに　　　　　　　　　　　　　　　　　　　　iii

第 1 部
「話しことばの言語学」理論編

イントロダクション
大野剛・鈴木亮子　　　　　　　　　　　　　　　3

文法システム再考
話しことばに基づく文法研究に向けて
大野剛・中山俊秀　　　　　　　　　　　　　　　5

◈ コラム　事例基盤モデル（Exemplar-based Model）
中山俊秀　　　　　　　　　　　　　　　　　　35

話しことばに見る言語変化
鈴木亮子　　　　　　　　　　　　　　　　　　39

◈ コラム　発話の「周辺部」における変化
東泉裕子　　　　　　　　　　　　　　　　　　65

多重文法
「こと」の分析を通して
兼安路子・岩崎勝一　　　　　　　　　　　　　69

◈ コラム　用法基盤文法（Usage-based Grammar）
兼安路子・岩崎勝一　　　　　　　　　　　　100

第2部
「話しことばの言語学」実践編

イントロダクション
片岡邦好・秦かおり　105

相互行為言語学からのアプローチ

認識的スタンスの表示と相互行為プラクティス
「やっぱり」が付与された極性質問発話を中心に
横森大輔　111

◇ コラム　会話における認識的スタンス
遠藤智子　142

社会言語学からのアプローチ

語りにおけるインタビュイーの自称詞使用
なぜ「おれ」は「パパ」になり「わたし」になったのか
岡本多香子　145

◇ コラム　インタビュー
岡本多香子　178

言語人類学からのアプローチ

創発的スキーマと相互行為的協奏について
「問い」と「相づち」による構造化を中心に
片岡邦好　181

◇ コラム　指標性
片岡邦好　212

ナラティブ研究からのアプローチ

「みんな同じがみんないい」を解読する
ナラティブにみる不一致調整機能についての一考察

秦かおり　　　　　　　　　　　　　　　　　　　　　217

◆ コラム　スモール・ストーリー
秦かおり　　　　　　　　　　　　　　　　　　　　　249

索引　　　　　　　　　　　　　　　　　　　　　253
執筆者紹介　　　　　　　　　　　　　　　　　　256

第1部
「話しことばの言語学」理論編

イントロダクション

　第１部では、言語の基盤とされる文法に焦点をあてる。従来の理論言語学における文法研究では作例を基礎データとして共時的文法を研究対象にすることが主流であった。それに対してここでは、人間の最も基本的な行動である話しことばをデータにして、「言語は変化する」という当たり前の事実を鑑みて文法理論を構築することの意義や方法について考える。さらには、１つの言語につき文法体系も１つであると想定するのが一般的であるのに対して、ここでは「文法体系は複数ある」という当然考えられるべき可能性を追求する。つまり第１部を構成するのは、しっかりと検討されることなく当たり前になってしまった既存の概念や考え方に対して、他の可能性を探る「頭の柔らかい」論文達である。「文法が言語の基盤である」という考え方自体も実は単なる固定観念であり、他の可能性を探るべき時が来ていることをここに記しておきたい。

大野剛・鈴木亮子

文法システム再考
話しことばに基づく文法研究に向けて[1]

大野剛・中山俊秀

要旨 本章では、文法システムを話しことばの中で形作られる体系として捉える文法研究を紹介する。従来の文法研究においては、文法知識・能力は生得的に与えられている固有の知識体系だと考えられることが多く、言語使用はあくまでそうした生得的な知識・能力の発現に過ぎなかった。それに対し、近年、言語使用が文法構造に影響を与えることが様々な角度から指摘されてきているが、このことはこれからの文法研究に重大な意味をもつ。文法システムが使用の中で形を変えうることを受け入れるには、理論的前提となる文法観を本質的に問い直す必要がある。その点で、話しことばを基盤とした文法研究とは、新たな枠組みの中で文法的パターンや構造を分析・理解しようとする研究の試みと言える。本章では、その試みの着想につながる動機付けから、文法システムと構造の捉え方、研究の方向性や方法論などを概説する。

1. はじめに

　この章では、「文法システム」の研究に関して、話しことばを基盤とした研究アプローチの必要性を考える。なお、ここでいう「文法システム」とは、狭い意味での「文の構成法」ではなく、音声システムや語形成から談話の構成までを含む、言語表現の規則性を生み出す形式・構造体系の全体を念頭に置いている。

　近代以降の言語研究において、一般的傾向として、話しことばで観察される現象は、文法の分析や理解とは本質的に関係がないと考えられてきた。そのため、話しことばの研究は、構造的体系としての文法ではなく、表層的な

言語活動に焦点をあてた別領域の研究として切り分けられてきた。本章で紹介する研究アプローチは、話しことばを言語の構造的体系の分析と理解に関係付けようとするものである。これは、単に既存の研究枠組みを話しことばに広げるということではない。むしろ、文法システムを話しことばの中で形作られる体系として捉えなおし、それを前提として文法的パターンや構造を分析、理解しようとする試みであり、文法とは何か、どのように形成される体系か、という理論的前提にまで立ち返って問い直す、新たな研究枠組みである。

　以下、第2節でまず従来の文法研究枠組みの特徴を確認した後、第3節ではこれまで前提とされてきた文法の捉え方と話しことばの実際の間の齟齬について実例を論じながら明らかにする。その上で、第4節以降で、話しことばを基盤とした文法研究について、その着想につながる動機付けから、文法システムと構造の捉え方、研究の方向性や方法論などに至るまでを概説する。

2. 従来の文法観[2] と話しことば

　まず、話しことばに基づく文法研究につながる問題意識と動機付けを明らかにするために、これまでの文法研究において前提とされてきた文法観の特性について考える。文法体系に関する前提というものは、明示的に議論されたり明確な主張として提示されたりすることが少ないが、研究上の問題意識や方法論に色濃く表れる。言うまでもなく、理論的立場は多様であって安易な一般化はできないが、近代以降の言語研究における「文法」の捉え方には、概して以下のような特徴が見てとれる。

i) 無限の創造力を中心的特性と考える

　人間言語の作りを考える上で、「無限の創造性」がその中核的特質として注目されてきた。これは、人間言語が有限の認知能力と記憶容量を基盤とし

ているにもかかわらず無限に新しい言語表現やメッセージを作りだすことができる、という特性に着目したものである。この柔軟で強力な言語生産能力を支える仕組みこそが人間言語に特有の特徴であり、文法研究が解明すべき最も重要な特性であると考えられてきた（Newmeyer (2003) など）。

ii) 言語使用の実態は文法の研究に関係がないと考える

近代以降の言語研究において、文法体系のつくりは基本的に我々の言語行動の実態とは別次元の話であると考えられてきた。ソシュール以来の「社会的現象としての言語 (langue)」と「個別的使用としての言語活動 (parole)」の区別においても、チョムスキー以来の「言語能力 (competence)」と「言語運用 (performance)」という区別においても、話しことば（実際の言語使用）は一貫して、システムとしての言語（文法）とは別の次元の現象として位置づけられてきた。そのため、理論的研究であれ、記述的研究であれ、文法の研究において話しことばの実態を考察に入れることはほとんどない。

特に形式理論研究（典型例として Newmeyer (2003) など）では、話しことばを含む言語使用と文法研究とは明確に分離されてきた。同じ傾向は、意味の構造的側面を扱う「意味論」と言語使用面を扱う「語用論」の区別や、言語使用における社会的側面を扱う社会言語学と文法研究との間のつながりの欠如など、より広い言語研究の文脈においても見てとれる。

こうした見方は、言語使用が文法規則に従った文の生成に過ぎないという、言語使用自体の位置付けの過小評価ともつながっている。つまり、言語使用に現れる規則性は基本的に文法の構造規則の枠内に収まるはずであり、言語使用の実態にあえて目を向ける必要はないという発想である。

iii) ルール中心に構成された体系と考える

人間が言語表現を生み出す能力は、具体的な文脈などに限定されるわけではなく、多様な文を自在に作り出すことができる柔軟性を見せるが、その特性は語彙要素を規則的に組み合わせる一般規則によってもたらされると考え

られてきた。この規則は、特定の語彙を個別的に組み合わせるものではなく
［形容詞＋名詞］や［名詞＋動詞］のようにカテゴリーの組み合わせからな
る抽象的なものである。

iv) 書きことば的言語表現に偏った分析法をとる

　文法の分析は、主として書きことば、および注意深く作り出された例文に
基づいて進められてきた。書きことばデータへの偏重は、歴史的経緯（言語
研究が文献研究の中で発達してきたこと）、研究しやすさ（すぐに消えてしま
う会話などに比べ書かれた文章は観察・分析しやすいこと）、都合の良さ（文
脈に依存しない言語表現が文法の構造的規則性を抽出する上で都合がよかっ
たこと）、などが要因として考えられる。また、作例データの重視は、生成
規則の限界を確かめるための文例作成を効率良く行う上で好都合であったこ
とが、その背景にある。

　これまでの文法研究で主に分析されてきた書きことばや作例における言語
表現は、相手や文脈に比較的限定されず論理構造が明確に表示されるという
特徴を持つ。一方、話しことばにおける言語表現は、相手や文脈に大きく限
定され、対人関係の標示や操作に注意が払われるという点で、大きく異なっ
た性質を見せる。

v) 変化から切り離された体系と考える

　言語は歴史的に変化するものではあるが、文法構造や体系性は歴史的変化
とは切り離して考える（「共時態」として文法を捉える）べきであるとされて
きた。

　言語の話者は、文法構造の歴史的な変化の過程や形式の発達の経緯を知ら
ずにことばを話している。とすれば、話者が持っている文法規則の体系性は
歴史変化や発達の経緯とは関係なく捉えることができるはずである、という
のがその論理である。

vi) バラツキや多様性から切り離された体系と考える

実際の言語使用においては、個人差やジャンル、文脈によることば遣いの違いが多く観察される。これはどのような言語使用についても言えることではあるが、話しことばではそのバラツキ、多様性が特に顕著である。しかしながら、文法研究においては、そうしたバラツキはあくまで表現の運用上の問題であって、表現を生成する構造的ルールの問題ではないと考えられてきた。

同じ言語コミュニティーの話者は同一の文法を持っており、個々の話者が話すときには常にその同一の文法に従って文を組み立てている。言い換えれば、ある言語で作りうるすべての言語表現は同一の文法に支配され作られている。したがって、その言語の文法の特性を解き明かすには、多様なジャンルの言語使用実態を観察する必要はないとされる。

vii) 他の能力・活動系から独立した体系と考える

文法は、人間の持つ他の能力や活動系（認知活動、社会活動など）に還元できない特徴を見せ、独立した固有の体系をなすと考えられる。その独立性・固有性ゆえに、文法の本質は、内的な構造形成論理を解明することによってのみ明らかにされるもので、例えば認知的必要性や社会的機能などの外的要因によってその本質を捉えきることはできないと考えられている。

viii) 組み合わせ規則による階層構造で構成される体系と考える

言語表現の構造は階層（音素＞形態素＞語＞句＞節＞文＞談話）をなしていて、上位階層の現象や特性は下位要素の組合せに起因する。したがって、言語構造の分析と記述は、各構成要素の構造とその組合せ規則を特定することで達成されるとされる。

こうした言語研究の姿勢、方法論は、文法を「内的な固定的論理で動く自己完結した言語表現算出マシン」と捉えることで成り立っている。つまり、

10 第1部 「話しことばの言語学」理論編

文法システムは数学的体系のように、固有の論理によって内的に整合が取られ、言語使用の実態など外的な要因から影響を受けることのない、閉じた（自己完結した）体系であるということである。そのため、従来の文法研究は「閉じた体系」として捉えられる構造的側面に限定するべきであると考えられてきた。これまで活発に研究されてきた基本語順、活用体系、句構造などは、そうした文法観に基づくものである。

　どのような種類の言語行動においても同じ規則体系（文法）に沿って言語表現が作られ、その規則体系が自己完結したシステムをなすとすれば、文法の研究においてあえて話しことばの実態に注意を向ける必要はない、と考えても問題ないようにも思われる。しかし、そもそも文法が統一的体系、閉じた体系をなしているという前提自体が経験的に実証されるべき命題であり、今日に至るまでその前提の真偽は定かではない。次節以降、話しことばにおける言語使用の実態を吟味することを通して、こうした従来の文法観を問い直しつつ、話しことばを基盤とした文法研究のアプローチの必然性とその形について考えていく。

3. 話しことばにおけるパターン―「不都合な現実」

　実際の使用の中では、例えば咳が出て発話が途切れたり、途中で言おうとしていたことを忘れて発話が終えられなかったり、言い間違いがあったりというように、言語外の要因による「不完全な文」「規則に反した配列」「間違った語の選択」などが頻繁に起こる。こうした「文法規格外」の表現は、従来の文法研究においては、文法の本質とは関係のない言語運用上の表層的な問題であるとされてきた。

　しかしながら、話しことばで見られる「規格外」の表現を慎重に吟味すると、決して言語運用上の「事故」ではなく、規則的に説明出来るものも多く、安易に周辺的事象として切り捨てられるべきではないことがわかる。本節では、そうした話しことばにおける「規格外」の現象のうち、特に頻度が高く、

規則性が見いだされる例を取り上げ、それによって提起される問題点を確認していく。

　まず、広く知られている統語規則に反して、話しことばにおいて頻繁に「例外」が観察される事例を 2 つ考察する。1 つは一般的に「倒置」と扱われる節の基本要素の例外的語順現象（3.1 節）、もう 1 つは従属節の例外的非従属用法（3.2 節）である。次に、構造的にはごく不完全な断片でしかない形式が発話として用いられる現象（3.3 節）を見る。どのケースにおいても、統語規則からの逸脱は表層的なもので文の構造とは関係ない、という従来の説明は一見妥当であるように思えるが、事例を精査していくとその問題点が明らかになってくる。

3.1　倒置

　日本語の基本語順は述語後置［主語・目的語・述語］であるとされるが（Kuno（1973），Shibatani（1990），益岡・田窪（1992）など）、話しことばのデータには主語、目的語がない表現の方が圧倒的に多い。また、述語の後に主語や目的語を置くという、文法的には許されないとされる語順もしばしば見られる（Ono and Suzuki 1992, Ono 2006a, 2006b）[3]。

(1) 許してくれないよ社長が［述語(動詞)・主語］
(2) あ、南野がそうやって調べてたわけ一人一人を［主語・述語(動詞)・目的語］
(3) だめなの私［述語(形容動詞)・主語］
(4) 何それ［述語(名詞)・主語］
(5) してんだよこれでも[4]［述語(動詞)・副詞句］

　こうした変則的語順は、従来の分析では述語への付け足し（afterthought）の結果生じた表層レベルの「倒置」であって、構造自体が異なるわけではないと説明されるのが一般的であった。こうした分析に沿えば、変則的語順は

表層的な規則によって撹拌され、真の語順が表面に表れていない例外的な
ケースと位置づけられる。

　しかし、そうした分析にはいくつかの点で問題がある。まず、規則に当て
はまらない例外的語順は、話しことばにおいては決して珍しいことではな
く、「例外」として性格づけるのは不自然に思われる。さらに深刻な問題は、
例外的語順が規則通りの構造を持つ文から「派生」したとは考えにくい例が
あることである。

　上記の (2) は実際の話しことばの現場から離れてデータを分析することの
危うさを示す好例であるので、ここで詳しく検討したい。この例は一見、言
語学でよく議論される典型的な倒置文に見える。しかし、実際の言語使用の
場においては以下のように、話者間のやり取りの中で発せられている。

(2a)
　　1 K：あ、南野がそうやって調べてたわけ？[5]
　　2 A：うん
　　3 K：一人一人を？
　　4 A：うん

　こうした状況の中で見ると、3 行目の「一人一人を」という発話が 1 行目
の「南野がそうやって調べてたわけ」という節から取り出されて「倒置」さ
れたという分析は明らかに不自然である。そもそも、この 2 つの発話は話者
間のやり取りの中で別々に発生したものであり、少なくとも会話における相
互行為の中では 1 つのまとまりとして機能していない。まず 1 行目に K か
ら「南野がそうやって調べてたわけ」という内容の発話があり、2 行目で A
もその内容を肯定しているようである。その後 3 行目の「一人一人を」は、
上ですでに確認された内容に対する別の確認発話である。

　これから分かるように、会話の状況を考慮に入れずに表面的な構造だけで
言語表現を捉えると、データについて深刻な誤解をしてしまう可能性があ

る。文法研究者は構造的な側面(形態的なマーカーや統語的な規則)の役割を過大に評価し、言語表現の組み立てや意味を文脈から切り離して考察しようとする傾向が強いが、実際には、文脈や音声を含む言語使用の分析から明らかになる部分も大きい。

　また、(3)から(5)のような例も、会話の中で観察すると興味深い事実が分かってくる。例えば(4)の「何それ」は、自分に黙ってスキー旅行に行った友達が事実を認めた直後に発話される。

(4a)
　　１Ｏ:スキー行ったの？　いつ？
　　２Ｔ:[ん]
　　３Ｏ:[何]いつ？
　　４Ｔ:２月の半ば
→　５Ｏ:何それ、そうやってやってんじゃん、そういうことをお前よ

　５行目の「何それ」の非倒置形「それ何」は、多くの場合質問に使用されるが、ここでは質問は意図されていないようである。それは、話者が答えを待たずに続けて「何それ、そうやってやってんじゃん、そういうことをお前よ」と話し続けることから分かる。一般に、(3)から(5)に代表されるタイプの発話では、述語と項の間にポーズがなく、項の部分のアクセント核も落ちて全体がひとまとまりのイントネーション、つまり１つの単語であるかのように発話される。さらに、強い感情の発露に頻繁に使用され、例えば、「何それ」では「それ何」で焦点になる質問の機能が希薄化している。こうした観点からも、述語始まりの感情発露に特化した構文が文法化していると捉えた方が、単なる付け足し(afterthought)という従来の説明よりも現実に即している[6]。これらの例は、統語規則からの逸脱は表層的で文の構造とは関係ないという従来の考え方の問題点を明らかにしている。

3.2 非従属化―主節のない文

　伝統的な文法研究においては、「けど」「たら」「ば」などが付加された節は、主節に統語的に依存し、単独では用いられない従属節と性格づけられてきた。しかしながら、話しことばにおいては、形式的には従属節とされるものが主節を伴わずに現れ、発話が文として一見不完全な形をとることも多い。

(6)　　そこで相談して決めてくださってもいいけど

(7)　　サンディエゴステイトって噂を聞いたけど[7]

(8)　　食べ物による差ってのも大きいとして、人種差もあるかもしれないけど[8]

(9)　　来たら？

(10)　ホコ天行ってみれば？

(11)　いい人がいればなぁ

　これらの例は、従来の分析において「言いさし文」(白川(2009)など)などとも呼ばれ、構造的に完全な文から主節が省略されることで生じた例外的な表層形と説明されることが多い。しかし、こうした分析は、前述の例外的語順に関する分析と同じ問題を孕んでいる。主節を伴わない「例外的」な発話は、話しことばにおいてはごく普通に観察される。また「言いさし文」の基盤となる主節を含んだ「完全な文」が想定しにくいケースも少なくない。

　上に示した(6)から(11)の例も、それぞれが発話された会話コンテキストの中で観察すると、いわゆる「主節」を想定することは困難であるか、あるいは不可能・非現実的である。この理由の1つに「言いさし文」の多くの例が文の終わりのようなイントネーションで完結するという事実がある。つまり話者も「言いさし文」をもともと完結した形式として発話している。さらに話者間のやり取りに焦点を当ててみよう。例えば(6)の発話は、外食する計画を立てている友人同士の会話において、定食ではなく単品での注文にしようと提案する話者Nに対する話者Yの返答である。

(6a)

→ 1 Y：そこで相談して決めてくださってもいいけど[9]

　 2 N：いや、それはあなたが決めて

　1行目の「そこで相談して決めてくださってもいいけど」が従属するはず
の主節は明確に特定しにくい。まずこの発話は継続ではなく発話末イント
ネーションで完結していて、主節を省略したようには聞こえない。さらにそ
の発話を受けた N の反応も興味深い。N は「いや、それはあなたが決めて」
とすぐに発話するが、それは Y の「そこで相談して決めてくださってもい
いけど」への返答である。つまり、N は「従属節」と分析される発話に答
えていて、省略されているはずの「主節」は考慮に入れていないようであ
る[10]。つまり、話者間のやり取りからも、これらの例は省略を含まない完結
した発話として機能していると言える。

　同様に、(10)の例も会話の中では以下のように引用として発話されてい
る。

(10a)「ホコ天行ってみれば？」とか言って…

　これは、東京の渋谷に旅行でやってきた若者たちに、面白い行き先を尋ね
られた話者が提案した内容の引用である。ここでも省略された「主節」の特
定は難しい。「〜ば？」は完結した提案形式であり、そこに「主節」を想定
しようとすることには無理があるように思われる。

　これらの例は、主節と組み合わされた文からの派生ではなく、もともと従
属節だけで構成された表現であると捉えるべきもので、「単なる例外」とし
てではなく、むしろ独自の意味機能を持った別の構文と考えるのが妥当だと
思われる。

16　第1部　「話しことばの言語学」理論編

3.3　語や句の関係付け—断片（fragments）

　従来の文法研究では、言語表現の構造や要素間の関係をもっぱら「節
(clause)」を中心とした統語構造の中で捉えようとしてきた。しかし、話し
ことばの発話の中では、しばしば「節」を構成し得ない断片 (fragments) が
観察される。統語構造の面で不完全と考えられる表現が、話しことばの中で
は何の問題もなく用いられ発話として機能しうる。そうした断片を考察から
排除することもまた、従来の文法研究アプローチの限界を示すものである。
以下いくつかの具体例を見ながらその詳細を論じる。

(12)カンガルー
[文脈：話者 R が H に対して、友達が予定していたオーストラリア旅行を取りやめ
なくてはならなかったことを話した。]
　　1 H：コアラに会えなかったんだね、じゃ
　　2 R：そうそう
　　3 H：カンガルーとかに
　　4 R：そうそうそう、そうなんだ [よ]
　　5 H：　　　　　　　　　　　　 [そ] っか

　3行目の「カンガルーとかに」は、それだけでは不完全な表現と考えられ
るが、「とか」という並立表現や「に」という助詞の一致から分かるように、
1行目の発話に対して「コアラに」に並立される形で付加要素として発せら
れたものである。付加要素は「本体」の後に付け加えられるために、線状の
並びとしては、統語操作によって生成された倒置文のように見えるかもしれ
ない。しかし以下に明らかなように、実際に付加要素を本体に加えた「本来
の文」を想定することには無理がある。

?「コアラにカンガルーとかに会えなかったんだね、じゃ」

　言うまでもなく、「カンガルーとかに」は意味的・機能的に独立した要素

として捉えることはできない。本体部分の「コアラに会えなかったんだね、じゃ」なしに「カンガルーとかに」とだけ発話しても、本体発話の内容（何か・誰かに会えなかった）を前提とせずには付加要素の発話は成立しない。その意味で、付加要素と本体の間に依存関係があることは明白である。ただ、ここではその関係は意味的・語用論的なものであって、統語操作によるものとは言いにくいようである。

このように語や句などの関係付けが統語構造ではなくもっぱら意味、語用論的なつながりに依っているケースは例外的なことではなく、特に自然会話においては頻繁に観察される。のみならず、ときに統語現象として議論されている例ですらも、その関係性を意味的関係として捉えた方がより適切であると思われるものもある[11]。

もう一例、統語関係が想定しにくい付加要素を見てみよう。

(13)女の子
[文脈：ここでは話者Uが高校一年生の時にどのクラブ活動に入ろうかと考えていた時のことを話している。]
　1 U：俺ほらハンド部つったら　やっぱ上手いんだろって
　　　　皆に思われるだろう［なっていう自信］があったんだよ
　2 M：　　　　　　　　　　　［うん　　　　　　］
　3　　うん
　4 U：だから女の子にね
　5 M：うん　@@@@@

この例では、1行目の発話と4行目の発話に注目したい。4行目の「だから女の子にね」は、1行目の発話に機能的に依存した付加要素として発話されている。5行目の話者Mによる笑い（@@@@@）からも分かるように、付加された4行目の「だから女の子にね」によって話者Uの話は急に面白おかしくなる。その理由は、その一言で、1行目の「俺ほらハンド部つったらやっぱ上手いんだろって皆に思われるだろうなっていう自信があったんだよ」で

18 第1部 「話しことばの言語学」理論編

形成された理解がいっぺんに変わってしまうからである。

　ここでも、前例と同じように付加要素には本体とのつながりが見出せる。付加要素「だから女の子にね」は、発話の形(助詞「に」を伴った名詞句)の面でも意味(「上手いと思う」主体)の面でも本体表現に含まれる「皆に」に関係づけられる。「女の子」は「皆」の言い換えとして発話され、それが新しい理解を想起させ、話を面白おかしくする。しかしながら、ここでの付加要素と本体との関係性を統語的に捉えることは難しい。

　付加要素と本体との間に統語的な関係を認めないとすると、必然的に、付加要素が構造的に本体と切り離された文法構造上不完全な発話となる。このような構造的に不完全な発話を認めることを問題視する向きもあるかもしれない。しかし、これを問題とすべきか否かは、実際の会話における発話がどのような単位で構成されうるのかによる。文法構造上不完全な付加要素を問題視する背景には、発話が常に文法構造上完全な文で構成されているという前提があると思われる。

　ここで付加要素を適切に解釈するためには、関連した発話や文脈などを考慮に入れて、明示的に表現されていない内容を補う必要がある。その意味で、付加要素が完全に自立的な発話でないことは異論のないところであろう。しかしながら、そこで認められる非自立性・従属性が統語的関係であるとする根拠はない。付加的な発話の解釈を支えるのは、他の発話や文脈との意味・語用論的なつながりであると考えることも十分に可能であり、付加要素が文法構造上不完全であること自体にはなんの問題もないと考えられる。

　以上のように、会話における言語表現のまとまりや組み立ての実態を吟味してみると、言語要素の関連づけには決して統語的規則や構造だけではなく、意味・語用論的なつながりが大きな役割を果たしていることが分かる。

3.4　話しことばの現象は文法には関係ないのか

　本節では、話しことばにおいて頻繁に観察されるにもかかわらず、従来の文法研究枠組みとの整合が取りにくい言語表現について検討した。上述した

ように、従来の文法研究においては、話しことばに見られるこうした現象は、あくまで文法システムの本質とは関係のない表層的変異に過ぎないと捉えられがちであった。その結果、話しことばにおける言語使用の実態が重視されることもなかった。しかし、こうした例は、単に例外と考えるにはその数も多く、その分布や機能も決してランダムではなく、文脈と連動したパターンをなしている。

こうした話しことばならではのパターンを考察・分析から除外することは、人間の言語行動に関する理解を著しくそこねることになる。さらに言えば、乳児が言語を習得する過程を取り巻く言語活動としても、また我々の毎日のコミュニケーションにおいて行われる言語活動としても、話しことばはもっとも基本的な形態である。そうした観点からも、話しことばにおいて観察される事実を重視する必要性は明らかである。

次節では、話しことばと文法との関係性について近年の研究の進展の中で蓄積されてきた重要な知見を確認しながら、話しことばを体系の本質的部分として踏まえた文法研究のあり方について考察する。

4. 話しことばに基づく文法研究への道

上述したように、話しことばに観察される言語事実と従来の文法研究の中で想定されてきた文法規則・文法構造の間の齟齬は本質的な問題とは扱われず、話しことばの現実はあくまで文法システムとは全く別の次元の現象であるとの立場が取られてきた。これは、話しことばが文法と本質的に切り離されフィードバックを与えることはないとの前提のもと、正当化されてきた見方である。

ところが、近年、話しことばの中で起こることが文法の形成に本質的な関わりを持つ、つまり話しことばの現実が文法の本質と切り離せないことを示唆する知見が蓄積されてきており、話しことばと文法の関係は改めて慎重に議論されるべき問題であるという認識が徐々に広まっている。

4.1 話しことばの中の文法

　話しことばの実態を文法の本質に結びつけるアプローチは、文法パターンと談話機能との関係性に焦点を当てた研究や、言語変化の中で新たな文法要素や文法構造が作り出されていく「文法化」プロセスに関する研究の中で発達し[12]、「文法がなぜ今ある形をしているのか」という問題に関心を向ける研究者たちの間で広まった。アメリカ西海岸で発達した談話機能主義的 (discourse functional) 潮流がその好例で、Wallace Chafe、Sandra Thompson、Paul Hopper、Talmy Givón、John Du Bois、Joan Bybee などの研究者が代表的役割を担ってきた。

　人間の言語能力は、言語習得を支える一般的認知基盤の上に発達するが、個別文法の有り様の大きな部分は文法の歴史的な（さまざまな個別的、歴史的偶然なども含めた）変化の積み重ねの中で形作られる。個別言語の文法の作りは、固定不変ではなく、文法体系の変化、文法要素の発達と変化の中で作られ、作り変えられていく。そして、歴史的変化のプロセスには使用の状況が大きく絡んでいる。こうした事実を念頭に置くと、文法を自立的・自己完結的体系として捉えるのではなく、言語使用の中で形作られる体系として捉える見方に自然とつながる。

4.2 話しことばに基づく文法研究につながる問題意識

　文法が話しことばを通して形作られる体系であると考えはじめると、話しことばの現場で観察される現象・パターンが文法研究上の重要問題として浮上してくる。ここでは、話しことばの実態から提起される文法システムの特性について、カギとなる問題意識と関連先行研究を結びつける形で紹介する。

i) 文法規則は生成規則だけで構成されていない

　従来の文法研究においては、文法体系が一般的生成規則（組合せ・配列規則）を中心として構成されていると考えられてきた。これは、言語構造に関

する研究上の関心が文法の「無限の創造性」(無限に新しい文を作り出すことができる性質)を軸としていたことと深く関係している。その結果、言語現象の観察においても、文脈などに縛られない一般性の高いパターンにもっぱらの関心が向けられてきた。

　こうした組み合わせ規則とそれが生み出す一般的なパターンばかりに注意を向けることへの反論は、特にイディオム研究やそこから発達した構文文法 (Construction Grammar: Fillmore et. al. 1988; Croft 2001; Goldberg 1995, 2006) などからあがった。例えば、「焼け石に水」「～しないわけにはいかなかった」などのイディオムでは、要素の組合せが固定化しており、生成規則をもとに表現が組み立てられているとは考えにくい。形式的には複数の要素の組合せによって構成されているように見える表現であっても、生成規則に還元できない場合もあることが分かる。

　こうした指摘に対して、生成論的アプローチでは、イディオム化した表現は実質的に内部構造を失っていて、「通常の表現」とは違い、語彙的に記憶されているに過ぎず、生成規則の体系性には関わりない問題であるとして、文法研究から切り離してきた。しかしながら、構文文法研究の中で指摘されてきたように、構造的に固定化した表現(構文 : construction)の固定度は一律ではない。「焼け石に水」のように語彙的にも構造的にも完全に固定されたいわゆるイディオムばかりではなく、「彼も彼だ」「その子もその子だ」における「Ａ も Ａ だ」のように、語彙的にはかなり自由に差し換えがきくが、構造的には固定的フレームとして機能するものなど、その固定度には相当の多様性が見られ、組合せ・構造が固定された表現と語彙が自由に組み合わせられる表現との境界は明確に見極めることができない。そうすると、言語表現を作り出す基盤として一般的生成規則のみに焦点を当て、固定的な側面を持った構文の役割を考察の対象から外すという従来のアプローチを正当化することは難しい。

ii) 実際の言語使用では定型表現 (formulaic expressions) が多用される

　話しことばを中心とした自然談話では、上述した構文文法などが指摘する化石化した表現や部分的に差し替え可能な構文など構造的に固定化されたものばかりでなく、「ゴールを目指す」などの「聞き慣れた表現」程度のより緩やかな固定性も観察される。こうした表現は、イディオムや構文と異なり、何ら特殊な構造を持つわけではなく、組み合わせ規則によって生成される表現と構造上は区別しにくい。しかし、日常の談話の中で頻繁に聞かれることによって、「決まり文句」のように想起されやすく、またそれゆえに繰り返し使われやすい。頻繁に繰り返される表現は、構造的な作りの面でも意味・用法の面でもより強く記憶され、将来の言語使用に影響を与え、使用頻度を一層上げる。使用の中に見られるこうしたフィードバックのループが、選ばれる言語表現の固定化、定型化をもたらす。こうした定型表現は、従来の生成論的アプローチなどで想定される一般的統語規則によって生成されたとは捉えにくいが、話しことばでは多く観察され、話しことばの実態に結びつけた形で文法を考えていく上ではその理解が重要な課題となる。

　言語使用に見られる緩い固定性は、定型性 (formulaicity) もしくは定型表現 (formulaic expressions) の研究として進められ、特に言語教育関係の研究活動の中で活発になってきている (Wray 2002, 2008; Corrigan et al. 2009)。これまでの定型表現の研究は、観察された事例、用法の記述に重点が置かれており、その理論的意義についての議論は多くはないが、本章で論じるアプローチの進展を支える研究潮流の１つである。

iii) 実際に使用される言語形式の文脈依存性

　従来の文法研究では、実際に使用される言語表現の形式は生成規則によってコントロールされていると考えられてきたが、話しことばにおける言語行動を見てみると、上述したような定型表現の使い回しや文脈の中で出てきた表現・構文の繰り返しなど、使用の状況に縛られた言語表現が使われることが多い。言い換えると、話しことばの中で使われる言語表現のパターンは、

生成規則のような構造規則のみならず、やり取りの中でどのような表現が先行するかという文脈に基づいて形作られる。

　言語パターンが、実際のやり取りにおける言語的文脈に強く影響を受ける点に着目した研究では、Emergent Grammar (Hopper 1988, 1998)、Dialogic Syntax (Du Bois 2003, 2014)、Online Syntax (Auer 2009, 2014) などが代表例としてあげられるが、使用の前後関係を無視し生成規則のみを基盤として文法を捉えることの正当性に強い疑問を提起している。さらには、実際の言語使用から独立した自己完結したシステムとしての「文法」を想定すること自体を概念的に否定する見方も示されている (Hopper 1988, 1998)。

iv) 一般的認知能力としての言語能力

　言語能力を自己完結した構造的システムとして捉える従来の文法観に対して、認知言語学的アプローチは、文法と人間の認知能力・概念構造との関係に強い関心を向けた (Lakoff 1987; Langacker 1987, 1991)。1 つには、言語現象を単に言語形式の構造的組み立ての問題として捉えるのではなく、意味と形式のカップリング（シンボル）の問題として捉えることを重視した。また、言語能力の位置づけについても、人間の一般的認知能力の一部として捉えられると考え、言語に特化したモジュールの存在を前提とする生成文法とは立場を異にしている。

　言語能力を自己完結したシステムとして囲い込まずに一般的認知能力の一部として位置づける見方は、文法を、実際の言語経験が認知操作を通して組織化された知識の体系として捉えるという本章で提起するアプローチを基礎づけるものである。

5. 話しことばに基づく文法研究

5.1　文法システムの捉え方がどう変わるか

　「話しことばに基づく文法研究」はまだ形成期にあるが、近年具体的な成

果が蓄積されつつある。その中で、従来の研究で想定されてきたものとは異なった文法の性質が見えてきており、この研究潮流から言語研究の枠組みが今後大きく変わる可能性がうかがわれる。

　従来の研究では、もっぱら書きことばや作例データに基づいて文法規則が立てられてきた。ところが、話しことばにおける言語使用には、第3節で見た「倒置」や「言いさし文」の例のように、こうした文法規則に従わない例が少なくない。しかし、そうした逸脱は従来、構造規則とは関係のない表層的操作によるものであるとされ、文法研究に役立てられることはなかった。

　これに対し、話しことばに基づく文法研究では、単に話しことばの実態を従来の枠組みから考察することにとどまらず、文法を話しことばをはじめとする実際の言語使用の中で形成される体系として捉えなおすことを試みる。いうまでもなく、そこで考える文法体系は従来の文法研究の中で想定されていたものと大きく異なった性質のシステムである。このアプローチの核を成すのは「話者の言語経験が基盤となり、人間の一般的認知操作の中で組織化された知識のネットワークとして文法を捉える」という見方（Bybee 2006）で、以下の基本認識から構成されている。

i) 文法は話者の言語経験に基づく知識体系である

　話しことばを基盤とした文法観では、文法を個々の話者と切り離されて存在する抽象的な体系ではなく、あくまで個々の話者が持つ知識として維持される体系だと考える。その文法知識は、個人が持つ他の知識と同じように、経験と共に変化する。日常の生活の中で耳にする言語表現を基にことば遣いに関するパターン意識が生まれ、それが言語表現形成の規則として記憶されていく。上記した「彼も彼だ」や「その子もその子だ」などの具体的な表現を聞いたり使ったりする経験を通して「AもAだ」のような一般的な定型的形式が次第に形成されるように、そのパターン意識は日々変化する言語経験の中で常に変化する。

　文法が実際の言語経験の中で形成されるパターン意識を基盤として形作ら

れると考えると、文法体系には文要素の組合せなどに関する構造規則のみならず、言語使用の中に見られる語用論的規則や社会言語学的使用規則なども含まれることになる。統語パターンも、語用論的・社会言語学的使い分けパターンも話者が言語使用の中で認識するパターンとしては同列であり、区別することはできない。文法をもっぱら統語規則をはじめとした構造規則に限定して捉えてきた従来の研究とは異なり、話しことばを基盤としたアプローチでは、我々の言語行動に見られる多面的な規則性を支える統合的体系として文法を性格づけることになる。

ii) 経験は一般的な認知操作によって組織化・構造化される

　文法を形作る言語経験は、日常の個別的言語活動の中で話者が得る詳細な個別経験が基盤になっているが、そうした個別経験はすべてバラバラに記憶されているわけではなく、認知操作によって分類され、一般的な性質を持ったカテゴリーや単位として組織化されていく。例えば、個別事例の中の意味機能上の共通性をカテゴリーとしてまとめたり、「たべる」「たべた」「たべよう」のようなパターンを「たべ」という不変要素と可変の接辞という単位の組合せとして認識することで、規則的に言語を使い（規則性）、新たな組合せの表現を生み出すこと（創造性）をも可能にする一般的知識が形成される。

　このプロセスは、言語以外の一般的な経験を処理するプロセスと同じであり、それを支える認知操作、認知能力も、言語に特化されたものではなく、一般的な認知操作・能力が流用されている。つまり、経験の質においても、その認知的処理の仕方においても、言語とその他の認知的活動との間に違いはなく、言語はあくまでより一般的な認知活動・能力の中の一形態であると考える。

　上記から分かるように、「話しことばに基づく文法研究」とは単に話しことばの文法を対象にした研究ということではない。話しことばの実態を基盤に文法の本質を捉え直し、理論的な研究枠組みや問題意識までも問い直す試

みである。このような研究枠組みの組み直しがもたらす意義は多いが、これまで文法研究のスコープの外に置かれていた言語使用に見られる変異・多様性と言語変化を、文法現象の本質的部分として同じ研究枠組みに統合できることはとりわけ重要である。実際の言語使用において話者間や文脈間に見られる言語パターンのバラツキは、文法が個別の経験に基づいていることの自然な結果であると考えられ、文法の本質の一部として捉えられる。また、文法変化も、言語経験の時間的変化を反映した知識体系の変化として文法体系の中で自然に想定されうる現象である。

5.2　研究方法がどう変わるか

　従来の文法研究の目的は、話者が持つ固定的な知識体系として文法を捉え、話者の言語表現操作パターンからその規則体系をあぶり出すことであった。この目的に沿えば、作例によって細かく文型をコントロールしたテストを繰り返すことによって文法規則で許される構造の範囲を見極める、という従来広く用いられてきた研究手法は効率的なものだと思える。しかし、文法が実際の言語使用の中でどのように形作られていくかに主たる関心を寄せるアプローチでは、拠り所とすべきデータは、話しことばを中心とした幅広いジャンルの自然談話である。従来広く使われてきた作例データは、自然な言語使用の実態を知る上では役に立たない。

　書きことばも自然な言語使用の一形態であることは確かであるが、話しことばと書きことばでは言語使用は大きな違いを見せ (Miller and Weinert 1998)、書きことばに関する観察が話しことばにおける言語使用に当てはまると考えることはできない。また、我々の日常の言語生活の圧倒的に大きな部分は話しことばによるものであること、母語話者の文法知識を形成する第一言語習得のプロセスを取り巻いているのは基本的に話しことばであることなどを考えれば、話しことばを中心に据えた研究アプローチの必要性は明白である。

　文法を実際の言語使用の中で形成される体系として捉え直すことは、考察

するデータだけではなく、仮説検証・論証の仕方についても再考することが必要になる。従来の研究においては、文法が固定的な規則体系であり、話者のパターン意識はその規則に基づいたブレのないものであると考えられてきたため、話者の文法性判断に大きな信頼が寄せられ、それが仮説検証・論証の基盤となってきた。しかしながら、文法性判断は、対象である言語表現の使用頻度・経験に影響を受ける可能性が大きいだけでなく、内省による判断と実際の経験的知識が一致する確証は全くない。そのため、話しことばを基盤とした文法研究においては、文法性判断は有効な検証・論証手段だとは認められない[13]。

　言語使用の中での文法形成メカニズムを明らかにする研究を大きく進展させるためには、言語使用の多面的な実態がどのように言語体系知識(文法)に影響を与えるのかを把握し、モデル化する必要があるが、そのような基盤的理論研究はまだ発展途上である。こうした現状の中でも着実な成果が蓄積されてきているのは、客観的観察が比較的容易な規模の大きなコーパスによって文法現象・文法変化を使用頻度に関係づけた研究である。

5.3　関心が向けられる研究課題

　話しことばを基盤とした文法研究は文法現象や文法体系に関するすべての側面にその関心を向けるが、研究の発達の経緯やこれまでの研究の蓄積、モデルの説明力の観点から、現時点でこのアプローチの利点をよりよく活かせるのは、文法に見られるユレやブレ(集団間や文脈の間の差異)や変化の中に見られるパターンに光を当てた研究であろう。これらは従来、文法研究の外に置かれてきた現象であるが、話しことばを基盤としたアプローチでは、文法体系の本質の一部として統合的に捉え、説明することができるものである。以下に関連するトピックの具体例をいくつか挙げる。

i) 文法(形式およびパターン)の変化の事例研究

　文法変化に関する研究は特に文法化研究の中で相当量の研究の蓄積が進ん

だが (Bybee (2010)、Hopper and Traugott (2003)、Heine and Narrog (2011) などを参照)、まだ事例研究の絶対数は決して多くない。中でも、話しことばが形作る文法変化に関する研究は今後の進展がおおいに期待される。

　文法の歴史的変化の研究は文献資料に依らざるを得ず、必然的に書きことばの中での変化に考察が限定されてしまう。話しことばの資料が存在するのはほぼ現代に限られるので、話しことばが形づくる文法変化の様子を捉えるには、短い時間的スパンの中で進んでいる変化を、言語使用の実態との関連性に注意を向けながら探ることになる。

　対象とする現象としては、発音上のバリエーションが客観的に観察しやすく、比較的実証しやすい。意味用法上のバリエーションも考察対象となりうるが、統語的環境など形式的な基盤と関連づけられない意味用法上の異同は特定しにくい。そのため、客観的かつ説得力のある議論にまで発展させにくい部分があり、研究方法・議論の組み立てにさらなる工夫が必要である。

ii) 構造カテゴリーや意味カテゴリーでは説明しにくい文法パターンの研究

　話しことばを基盤とした文法研究の必要性、正当性を確認するという観点では、話しことばの中でパターンや単位として観察されるにもかかわらず、従来の研究の中で想定されてきた構造・論理体系ではその規則性や構造を説明することができないようなケースを考察することも重要である。

　ここでも、発音の縮約など、観察可能な形で示すことができる現象を選ぶ方が実証しやすい。日本語における「〜っていうか」が「〜っつーか」「〜ってか」と発音される現象などはこうした例として考えられる。「〜というか」は構造的には［って(補文標識)］＋［言う］＋［か］となるが、「〜っつーか」「〜ってか」という発音上の縮約からは、構造上ひとまとまりと考えにくい［って(補文標識)］＋［言う］が不可分な単位として認識されていることが分かる。また、こうした音声的縮約は同じ内部構造を持つと考えられる他の組合せ、「って叫ぶ」「って思う」などでは起こらず、その違いは構造的には説明ができない。ここで、「って＋言う」の組合せが言語使用の中で頻

度の上でも用法上の分布の上でも他の「って＋動詞」に比べて広く使われることを考え合わせると、この音声縮約が構造的特性よりも使用特性によって形作られていることが分かる。

6. おわりに

　科学的研究は物事の「真相」「真理」を明らかにしようとする試みであり、実際に観察できる現象に真摯に向き合う客観的な態度で進められる。その点では、従来の文法研究も、本章で紹介した話しことばに基づく文法研究も同じである。

　しかしながら、「観察されるべき現象」として考察に含める範囲とその現象が生み出される背景にあるメカニズムのモデルが違えば、研究の性質も、それがもたらす知見の形も全く違ってしまう。同じ夜空の天体を観測していても望遠鏡が発明される前と後では「観察されるべき現象」の内容は全く変わる。望遠鏡という観測技術がもたらす新たな事実によって、説明すべき「事実」の内容が変わり、それは多くの場合、説明対象である体系の捉え方にも影響を与えるのである。

　言語の研究も例外ではない。録音技術の前と後で、「観察されるべき現象」の内容は大きく変容した。録音技術が一般的に用いられるようになるまでは、言語現象の観察は、現実的に、何らかの文書として書かれたものか、内省の上で書き留められたものに限られていた。それが、録音技術の発明・一般化とともに、会話など話者自身も意識しない自然な話しことばを記録・観察することができるようになった。

　ここで初めて観察可能になった話しことばは、言語表現を作るための構造規則の必要性という点では重なる面もあるとはいえ、書きことばとは全く異なった目的で行われ、コミュニケーション上も異なった制約を受ける言語活動である。書きことばによる伝達は、書籍や文書などをその典型とすれば、主として未知の読者に未知の情報や概念などを伝えるために行われる。伝達

の場で必要に応じて臨機応変に対応したりすることができない状況での情報伝達では、使用する言語表現には文脈や背景に関する情報も含め、メッセージ自体が自明であるようにする必要がある。また、書き手が言語表現を作り出す際も、読み手がそれを理解するのに時間的制約がかからないため、複雑な論理構造や手の込んだ表現などを駆使することができる。

　一方、話しことばによる伝達は、対面の会話を典型とすると、既知の話者間で情報を伝達することよりも、社会的な働きかけや関係性の維持を目的として行うのが最も一般的である。そうした状況では、文脈の助けもあり、明言しなくても相手の意図を汲み取ることができる。また、相手との人間関係を考えると、自己主張や相手への依頼など、明言をすることが憚られることもあり、すべてを明言することがより良い伝達につながる書きことばコミュニケーションとは大きく異なった状況におかれている。さらに、認知的処理の面でも、話しことばと書きことばでは事情が異なる。対面の会話であると、発話も解釈もその場で行わなくてはならないため、情報処理の点で負担が大きく、複雑な表現や多様な表現を駆使することは、スムーズな情報伝達の阻害要因にはなっても役には立たない。

　このように、書きことばと話しことばは全く異なった目的、伝達上の要請に応えるために行われる。その当然の結果として、そこで用いられる言語表現の形も、その使われ方も大きく異なる。非常に単純化して言えば、書きことばでは、すべてが明示的に表現された複雑な言語表現が使われるのに対し、話しことばでは、内容の多くの部分が明示的には表現されず、単純な短い定型的表現が多く使われる傾向が強くなる。

　録音技術が広く、安価に、しかも手軽に活用できるようになり、自然な話しことばが観察可能になった今、従来の書きことばや作例を基盤としたデータとは大きく性質の異なる言語の「事実」が我々の目の前に広がっている。いうなれば、望遠鏡による観測データが天文学にもたらしたのと同じような大きな変革が言語研究に起こっている。しかし、新たな事実が見えるようになっても、研究者の側がその事実の重要性を認めず、研究上の考察に取り入

れなければ、結局はその事実が見えない状況と変わらない。話しことばの現実を考察に入れない言語研究は、望遠鏡があるにもかかわらず望遠鏡を使わずに天文学を続けるのと同じようなものであるとも言えよう。

　自然な話しことばが観察可能になった時、広がったのはデータの量だけではなく、これまでは意識されてこなかった言語コミュニケーション形態の中での言語活動であった。このように、従来の想定・前提を超える観察が可能になった時に、単に新しい事実に目を向けるだけでは、その新しい事実を考察に入れたことにはならない。なぜなら、その背景にある体系を正確に把握するためには、新しいモデルが必要だからである。従来の生成的モデルは、録音技術到来以前の言語観察に基づいて作られたモデルである。天文学研究が、望遠鏡による新たな事実の観察だけでなく、地動説というモデルへの切り替えを伴って初めて近代的な進化を遂げられたように、言語研究においてもまた、新事実に対応できる新しい基盤的文法モデルへの切り替えが必要になってきている。それこそが、話しことばに基づく文法の枠組みが目指すところである。モデル再構築をも含んだ研究には困難も伴うが、大きな進展を期待したい。

注

1　この論文の準備に際して、第十早織さんよりさまざま有益なコメントを頂いたことをここに記し御礼としたい。
2　従来の文法観とその問題点に関しては、Ono and Jones (2008)、Du Bois (2014) 等でも議論されている。
3　本稿で使用される例は、1980 年代後半から現在にいたるまでカリフォルニア大学サンタバーバラ校、アリゾナ大学、アルバータ大学の研究者によって収集された日常会話の録音・録画コーパスから選ばれている。
4　ダイエットしているということ。
5　同級生の住所を調べていたということ。

6　本稿で述べたタイプを含めて、項が述語の後に現れる現象は Ono and Suzuki (1992)、Ono and Thompson (2003)、Ono (2006a, 2006b)、Couper-Kuhlen and Ono (2007) などが日常会話の観察を基盤に分析を行っている。

7　アメリカ、カリフォルニア州サンディエゴにある大学のこと。

8　癌になりやすさについての発言。

9　前もってレストランと相談してほしいという意味である。

10　ここで述べている、いわゆる「言いさし文」の日常会話における用法の分析は、国立国語研究所(1960)、Nakayama and Ichihashi-Nakayama (1997)、Iwasaki and Ono (2002)、Ono and Jones (2008)、Ono, Thompson, and Sasaki (2012)、Laury and Ono (2014) などに見られる。

11　一部の伝統的な言語単位が統語関係ではなく意味的関係に成り立っている事実は Ewing (ms.) などでも指摘されている。

12　文法化現象の具体例については、Bybee (2010)、Hopper and Traugott (2003)、Heine and Narrog (2011) などを参照のこと。

13　さらに、研究の目的を知っている研究者自身がデータを作成する方法は科学的とは言えない。

参考文献

Auer, Peter. (2009) On-line Syntax: Thoughts on the Temporality of Spoken Language. *Language Sciences* 31 (1): pp.1–13.

Auer, Peter. (2014) The Temporality of Language in Interaction: Projection and Latency. *Interaction and Linguistic Structures* 54.

Auer, Peter and Stefan Pfänder. (2011) *Constructions: Emerging and Emergent*. Berlin: Walter de Gruyter.

Bybee, Joan L. (2006) From Usage to Grammar: The Mind's Response to Repetition. *Language* 82 (4): pp.711–733.

Bybee, Joan L. (2010) *Language, Usage and Cognition*. Cambridge: Cambridge University Press.

Corrigan, Roberta, Edith A. Moravcsik, Hamid Ouali and Kathleen Wheatley. (eds.) (2009) *Formulaic Language*. Amsterdam: John Benjamins.

Couper-Kuhlen, Elizabeth and Tsuyoshi Ono. (2007) 'Incrementing' in Conversation: A Comparison of Practices in English, German and Japanese. In Elizabeth Couper-Kuhlen and Tsuyoshi Ono. (eds.) Turn Continuation in Cross-Linguistic Perspective. Special issue of *Pragmatics* 17: pp.513–552.

Croft, William A. (2001) *Radical Construction Grammar: Syntactic Theory in Typological Perspective*. Oxford: Oxford University Press.

Du Bois, John W. (2003) Argument Structure: Grammar in Use. In John W. Du Bois, Lorraine E. Kumpf and William J. Ashby. (eds.) *Preferred Argument Structure: Grammar as Architecture for Function*, pp.10–60. Amsterdam: John Benjamins.

Du Bois, John W. (2014) Towards a Dialogic Syntax. *Cognitive Linguistics* 25 (3): pp.359–410.

Ewing, Michael C. The Predicate as a Locus of Grammar and Interaction in Colloquial Indonesian. ms.

Fillmore, Charles, Paul Kay and Catherine O'Connor. (1988) Regularity and Idiomaticity in Grammatical Constructions: The Case of Let Alone. *Language* 64(3): pp.501–538.

Goldberg, Adele. (1995) *Constructions: A Construction Grammar Approach to Argument Structure*. Chicago: University of Chicago Press.

Goldberg, Adele. (2006) *Constructions at Work: The Nature of Generalization in Language*. Oxford: Oxford University Press.

Heine, Bernd and Heiko Narrog. (eds.) (2011) *Oxford Handbook of Grammaticalization*. Oxford: Oxford University Press.

Hopper, Paul. (1988) Emergent Grammar and the A Priori Grammar Postulate. In Deborah Tannen. (ed.) *Linguistics in Context: Connecting, Observation, and Understanding*, pp.117–134. Norwood, NJ: Ablex.

Hopper, Paul. (1998) Emergent Grammar. In Michael Tomasello. (ed.) *The New Psychology of Language: Cognitive and Functional Approaches to Language Structure*, pp.155–175. Mahwah, NJ: Lawrence Erlbaum.

Hopper, Paul, and Elizabeth C. Trauott. (2003) *Grammaticalization* 2nd Edition. Cambridge: Cambridge University Press.

Iwasaki, Shoichi and Tsuyoshi Ono. (2002) 'Sentence' in Spontaneous Spoken Japanese Discourse. In Joan Bybee and Michael Noonan. (eds.) *Complex Sentences in Grammar and Discourse: Essays in Honor of Sandra A. Thompson*, pp.175–202. Amsterdam: John Benjamins.

国立国語研究所（1960）「話しことばの文型（1）—対話資料による研究—」『国立国語研究所報告』18. 秀英出版

Kuno, Susumu. (1973) *The Structure of the Japanese Language*. Cambridge, MA: MIT Press.

Lakoff, George. (1987) *Women, Fire, and Dangerous Things: What Categories Reveal about the Mind*. Chicago: CSLI.

Langacker, Ronald. (1987, 1991) *Foundations of Cognitive Grammar.* 2 vols. Stanford: Stanford University Press.

Laury, Ritva and Tsuyoshi Ono. (2014) The Limits of Grammar: Clause Combining in Finnish and Japanese Conversation. *Pragmatics* 24 (3): pp.561–592.

益岡隆志・田窪行則 (1992)『基礎日本語文法・改訂版』くろしお出版

Miller, Jim and Regina Weinert. (1998) *Spontaneous Spoken Language: Syntax and Discourse.* Oxford: Clarendon Press.

Nakayama, Toshihide and Kumiko Ichihashi-Nakayama. (1997) Japanese *kedo*: Discourse Genre and Grammaticization. In Ho-Min Sohn and John Haig. (eds.) *Japanese/Korean Linguistics* 6: pp.607–618. Stanford: CSLI.

Newmeyer, Frederick J. (2003) Grammar is Grammar and Usage is Usage. *Language* 79 (4): pp.682–707.

Ono, Tsuyoshi. (2006a) Postpredicate Elements in Japanese Conversation: Nonmodularity and Panchrony. In Timothy J. Vance and Kimberly Jones. (eds.) *Japanese/Korean Linguistics* 14. pp.381–391. Chicago: CSLI.

Ono, Tsuyoshi. (2006b) An Emotively Motivated Post-predicate Constituent Order in a 'Strict Predicate Final' Language: Emotion and Grammar Meet in Japanese Everyday Talk. In Satoko Suzuki. (ed.) *Emotive Communication*, pp.139–153. Amsterdam: John Benjamins.

Ono, Tsuyoshi and Jones, Kimberly. (2008) Conversation and Grammar: Approaching So-Called Conditionals in Japanese. In Junko Mori and Amy S. Ohta. (eds.) *Japanese Applied Linguistics: Discourse and Social Perspectives*, pp.21–51. London: Continuum International.

Ono, Tsuyoshi and Ryoko Suzuki. (1992) Word Order Variability in Japanese Conversation: Motivations and Grammaticization. *Text* 12: pp.429–445.

Ono, Tsuyoshi and Sandra A. Thompson. (2003) Japanese *(w)atashi/ore/boku* 'I': They're Not Just Pronouns. *Cognitive Linguistics* 14: pp.321–347.

Ono, Tsuyoshi, Sandra A. Thompson and Yumi Sasaki. (2012) Japanese Negotiation Through Emerging Final Particles in Everyday Talk. *Discourse Processes* 49: pp.243–272.

Shibatani, Masayoshi. (1990) *The Languages of Japan.* Cambridge: Cambridge University Press.

白川博之 (2009)『「言いさし文」の研究』くろしお出版

Wray, Alison. (2002) *Formulaic Language and the Lexicon.* Cambridge: Cambridge University Press.

Wray, Alison. (2008) *Formulaic Language: Pushing the Boundaries.* Oxford University Press.

◈ コラム

事例基盤モデル（Exemplar-based Model）

中山俊秀

　「事例基盤モデル (Exemplar-based Model)」は、知識の集合体としての文法の特性に関する理論的モデルで、心理学においてカテゴリー知識の新しい捉え方として発達し (Goldinger 1996; Nosofsky 1988)、主として音声的なバリエーションの研究 (Johnson 1997; Pierrehumbert 2001) を通して言語知識に関する研究に応用された (Bybee 2006, 2010)。言語知識が具体的な個別事例の記憶から構成されていると考え、文法を言語使用の実態の中で形作られ、維持され、変化する動的な体系として捉える研究アプローチを支える重要な理論的モデルである。

　事例基盤モデルでは、言語知識は、具体的な個別事例に関する詳細で多面的な記憶 (exemplar) が基盤となって構成されていると考える。こうした事例記憶には、言語の記号的意味機能だけではなく、微細な発音上の特徴や、文脈・用法上の特徴など、言語表現の実際の使われ方に見られるあらゆる特徴が含まれうる。

　例えば、「～って言うか」という表現は実際の言語使用の中では、「～てか」「～つーか」のような形でも使われ、用法でも「彼は必要ないって言うか…」のように補文をとる主述部として使われることもあれば、「つーか、何なのその態度？」のように、発話冒頭の談話マーカーのように用いられることもある。

　事例基盤モデルによれば、言語使用の中に自然に見られるこうしたバリエーションの一つ一つは、それらが使われた文脈なども合わせたエピソードとして個別に記憶されている。これは、抽象的な基底形と変形規則によって表層的なバラツキを捉えようとする従来のアプローチと大きく異なる。従来のアプロー

36　第1部　「話しことばの言語学」理論編

チに従えば、「～って言うか」という基底形を設定し、その他の形は音変形や縮約などの規則によって派生されたものとして考え、言語知識に含まれるのは基底形と派生規則となり、個別の表現形は副次的な派生結果であって言語知識には含まれていないことになる。

　事例基盤モデルで考える言語知識は、個別事例の記憶の集合体で構成されるが、それは記憶片の雑多な寄せ集めではない。実際に経験された個別言語表現の一つ一つは、すでに記憶された個別表現との異同、似通りの度合いに基づいて、事例記憶ネットワークを形成している。先の例を用いれば、「～って言うか」「～てか」「～つーか」などの個別表現は意味機能上の共通性、部分的音声類似性に基づいて、近い関係で結ばれた集積として記憶されている。この記憶の集積自体が言語知識である。そこに例えば発話冒頭の談話マーカーの機能を持つ「つーか」という新しい用法が経験された場合、その個別表現は、やはり意味機能上の共通性、部分的音声類似性に基づいて、すでに記憶された事例と関係づけられ、既存の事例記憶ネットワークの中に位置づけられる。つまり、新たな個別表現が経験されるたびに記憶事例のネットワークとしての言語知識体系は少しずつ再編されていく（Bybee 2001; Pierrehumbert 2001）。

　文法を話しことばの中で形成され、話しことばでの実態を基盤とした体系であると捉える立場にとって一番の難題は、個別経験が、どのように（個別性を越えた）一般性、規則性を持った知識につながるのか、という問題である。直接経験は個々人が持つもので、しかも一つ一つの経験は特定の文脈に結び付いた1回限りのものでしかない。ところが、言語の理解や発話行動には規則性やカテゴリー性が見てとれる。こうした行動の規則性はどこから生じるのか。これまで自然だと考えられてきた発想では、それらは言語知識が規則やカテゴリーによって構成されていることの直接の表れであると考えられてきた。それに対して、事例基盤モデルは、個別的事例の記憶が類推によってまとめられ、関係づけられる中で、規則的知識・行動が創発しうることを示し、必ずしも規則的知識やカテゴリーが生得的に与えられていることを想定する必要がないことを明らかにした (Abbot-Smith and Tomasello 2006)。個別経験を基盤にした文法理論

コラム　事例基盤モデル（Exemplar-based Model）　37

の可能性が示されたと言える。

　事例基盤モデルに対して持たれる疑問で最も一般的なものは、記憶容量の制約に関するものである。我々が日常経験する具体的個別事例は無限に異なり、その数も無限であるが、我々の記憶容量は限られている。したがって、具体的事例を個別に記憶しているとは考えにくく、むしろ、限られた数の規則を記憶していると考えた方が自然だと考える。従来の文法研究では、この記憶容量の制約を極端に強く捉え、知識をモデル化する上でも数少ない規則で構成する「経済性」を最重要視してきた。

　しかしながら、近年の研究（例えば Goldinger (1996)、Johnson (1997)）の中で、記憶容量の制約はそれだけで事例基盤のモデルを否定する根拠となるほどのものではないことが示されてきた。さらに、言語形式の使用頻度が記憶のされ方に影響を与えていることを示す例が少なからず報告され、言語知識が一般規則でのみ構成されているとする考え方が実態に合っていないことがわかってきた。このように事例基盤モデルは、文法形成メカニズムを理解するための新たなモデルとして、その有用性が理解されつつある。

参考文献

Abbot-Smith, Kirsten and Michael Tomasello. (2006) Exemplar-learning and Schematization in a Usage-based Account of Syntactic Acquisition. *The Linguistic Review* 23 (3): pp.275–290.

Bybee, Joan. (2001) *Phonology and Language Use*. Cambridge: Cambridge University Press.

Bybee, Joan. (2006) From Usage to Grammar: The Mind's Response to Repetition. *Language* 82 (4): pp.711–733.

Bybee, Joan L. (2010) *Language, Usage and Cognition*. Cambridge: Cambridge University Press.

Goldinger, Stephen D. (1996) Words and Voices: Episodic Traces in Spoken Word Identification and Recognition memory. *Journal of Experimental Psychology: Learning, Memory and Cognition* 22. pp.1166–1183.

Johnson, Keith. (1997) Speech Perception without Speaker Normalization. In Keith Johnson and John W. Mullennix. (eds.) *Talker Variability in Speech Processing*, pp.145–165. San Diago: Academic Press.

Nosofsky, Robert M. (1988) Similarity, Frequency and Category Representation. *Journal of Experimental Psychology: Learning, Memory and Cognition* 14. pp.54–65.

Pierrehumbert, Janet. (2001) Exemplar Dynamics: Word Frequency, Lenition and Contrast. In Joan Bybee and Paul J. Hopper. (eds.) (2001) *Frequency and the Emergence of Linguistic Structure*, pp.137–158. Amsterdam: John Benjamins.

話しことばに見る言語変化

鈴木亮子

要旨 技術の発展とともに、書きことばだけでなく話しことばの研究においても言語変化について論じる環境が整いつつある。本稿の前半では、特に1990年代前後から話しことばの変化について研究してきた2つのアプローチを紹介する。歴史語用論では書かれた話しことばを遡って追跡することで日常のやり取りに関する多角的な研究が行われ、談話機能言語学では、現代の音声・録画データを基調としながら今起こっている変化を捉えるところから背景や方向性を探る。後半では現代の会話の音声・録画データを使って変化を研究する際の3つの気づきのポイント(録画・音声に立ち返る、マッチ・ミスマッチ、頻度)を挙げる。

1. はじめに

> 言語といふものは一定不動の死物にあらずして生々活動一日も止まざるものなれば、一の品詞より他の品詞に転ぜるもの少からず。又一の品詞と他の品詞との中間に位するが如きもの少からず。これらの事は歴史的の研究をなさば、直に知らるべきものなれば、今はただかかることの存するをいふに止まる。　　　　　　山田孝雄『日本文法講義』(1924: 16)

日本語文法研究の先駆者の1人として膨大な記述を残した山田孝雄が『日本文法講義』という著書の中で約100年前に言語変化について触れた文章は、現代に言語研究をする私たちにとって示唆に富んでいる。

言語は動かぬ死物ではない。それどころか活動を1日たりとも止めることなく変化し続けるものである。引用部分の冒頭に山田が引き合いに出した表現(一定不動の死物)のインパクトの分だけ、山田が言語をいかに動的なものとして認識しようとしていたかが窺い知れる。私たち人間が生命活動を行う中で刻々と環境に対応し変化しつつ生を全うするがごとく、私たちが日々使うことばもまた環境に対応し受け継がれて変遷を続ける。

「一の品詞より他の品詞に転ぜるもの少からず。又一の品詞と他の品詞との中間に位するが如きもの少からず」──山田は変化を見定める手がかりとして、単語の品詞が転じることを挙げている(「転成」として日本語の研究者たちに早くから注目されてきた現象である)。山田が「品詞」という「切り口」を挙げていることは興味深い。100年後の現在、私たちは言語の変化を語る上で、品詞のみならずさまざまな切り口から研究を行っている。たとえば言語内要素ともいわれる音素、形態素、語彙、節などの構造上の単位や意味内容などの面から変化を捉えようとしている。また、私たちは言語の変化を考える際に、ある切り口は決して独立して変化するのではなく、他の切り口と密接に係わりあい共に変化すること、またその変化は社会、認知、生理など言語の使い手である人間を取り巻く多様な言語外的要因と複雑に絡み合っていることを認識している。そしてそれらの知見は山田の頃には存在しなかった技術に大いに支えられている。例えば録音・録画技術の発展に伴い、実際に交わされた日常会話の断片を再生し分析の対象として扱うことができるようになり、また各時代の広範な文献がデジタル資源化されることで、様々な切り口から膨大な用例を収集し分析することが可能になっている。

「中間に位するが如きもの少からず」というくだりも山田の柔軟性・先見性が垣間見えるようで興味深い。変化する言語を分析する際に、どれか1つの品詞に簡単に分類できない中間的なケースが少なからず存在するというのだ。言語変化の混沌とした面をも受け入れる山田の現実的な視点が窺える。そして100年後の私たちは技術発展に助けられ、言語変化の実相をより細

かく観察することができるようになってきた。

本稿では、話しことばを分析対象として言語の変化を捉えるアプローチとして「歴史語用論」と「談話機能言語学」の2つを紹介する。話しことばに興味を持つ読者に、変化について研究してみようと思って頂ければ幸いである。

2. 話しことばにおける変化へのアプローチ

「共時的」観点(synchronic approach)と「通時的」観点(diachronic approach)という、言語に対する2種類の見方は、ソシュールにより提唱されよく知られている。共時的観点に立つ言語分析は、時間の流れを考慮から外し、ある一時、ある一点の言語の様態を扱う、いわば「断面」を切り取る研究といえる。

現代の会話データを使った研究においても、その中に見られる特定の形式に焦点を当てて言語構造上の特徴や談話における機能を精査・分類して提示する研究は盛んに行われているが、それらは共時的観点から言語の断面を捉えた研究と位置づけられよう。

一方で「言語の変化」に関する事象を扱うときには時間の流れから切り離して考えることはできない。読者の中には、たとえば英語における大母音推移や文における語順の変化(SOV > SVO)などの長い経過を辿った歴史的変化を連想する人も多いかもしれない。時間の経過とともに言語の変化する有り様を記述する通時的なアプローチは、音韻・形態・統語・意味・語用など言語学が扱う様々な領域で研究が行われている。

話しことばの通時的研究においても、小説や新聞記事、雑誌記事などのデジタル資源化が進み、「書かれた」話しことばのコーパスが蓄積されてきている。初出例や、意味変化の過渡期と思われる例、変化が完了したと考えられる例など、時間軸に沿って変化のポイントを適切な事例をもって示し、変化が起こったと認定できる根拠や、変化の起こった背景や変化の方向性を分

析・記述する研究が行われている。

　また、書かれた話しことばデータだけではなく、一昔前の話しことばの録音・録画データのコーパスも、言語によって差はあれど蓄積が行われつつある。日本語においては、2016年度より国立国語研究所による「大規模日常会話コーパスに基づく話し言葉の多角的研究」というプロジェクトが始まり、現代の日常会話の録画・録音データに基づくコーパスが構築される（小磯2016）のと並行して、1950年代に国立国語研究所が収集したデータもデジタル化が進められ、文法や韻律の通時的変化研究のための昭和話しことばコーパスとして整備が進められている（丸山2016）。

　以下のセクションでは、話しことばの変化の研究に関して、主に談話研究・語用論研究の観点から2つの流れを簡単に紹介する。

2.1　書かれた話しことばを手がかりに—歴史語用論的アプローチ

　このセクションでは、「歴史語用論（Historical Pragmatics）」と呼ばれる研究の流れを紹介する（Jucker編1995, 高田・椎名・小野寺編2011）。Historical Pragmatics という名称は1995年に Andreas Jucker が同名の編著において使いはじめ、言語学における新たな下位分野として旗揚げするに至った（詳細は歴史語用論という分野の目的と理論・対象とするデータと方法・ケーススタディを日本語で網羅・紹介した高田・椎名・小野寺編（2011）を参照）。その後国際的学術誌 *Journal of Historical Pragmatics* も創刊されるなど、語用論の観点からの史的研究の蓄積が進んできている。

　上述の Jucker編（1995）に収められている Jacobs and Jucker 論文は、語用論を歴史的観点から研究する場合にも共時的視点と通時的視点があると指摘する。共時的歴史言語学は、過去のある時期のある共同体での言語使用の研究を社会文化的背景と関連付けて分析するのに対して、通時的歴史言語学は、語用論的現象を時間的な変化という側面から捉える。さらに通時的歴史言語学は、特定の形式に焦点を当ててその形式が担う機能の通時的変化を分析するという方向の研究（form-function mapping）と、その反対に特

定の機能に軸足を置いてその機能を担う形式の通時的変化を追う方向の研究（function-form mapping）に大別できる（小野寺 2006, 高田・椎名・小野寺 2011）。

　語用論的な現象について通時的な変化を辿ろうとする場合に、話しことばでよく見られる表現の歴史的な変遷も、当然のことながら研究の射程に入ってくる。しかし話しことばの実態を通時的に辿れるほど録音・録画技術の歴史は長くなく、日常会話の録音・録画に基づく通時的データは大変限られている。このデータの authenticity の問題に対して、歴史語用論の研究者たちは、対象とする時代の話しことばにできるだけ近いと考えられる「話しことばの書かれた記録」を分析対象にすることで研究を行ってきた (Jacobs and Jucker 1995, 小野寺 2011a, 高田・椎名・小野寺 2011)。

　では「話しことばの書かれた記録」とはどのようなものを指すのか。文学作品の中の会話部分、戯曲、裁判記録、手紙（例：家族同士の書簡のやり取り）、日記、外国語教育の教科書の会話部分、文法書や辞書にかかれた例文とそれについてのコメントといった情報は、歴史語用論に立脚した分析において話しことば性の度合いが高いと考えられる。高田・椎名・小野寺（2011）には、これらの様々なタイプのデータに対して、歴史語用論学者から過去に挙げられてきた利点、問題点、注意点がまとめられているので参照されたい。

　歴史語用論において言語構造の通時的な変化を辿る研究は、現在、現象の記述の蓄積と理論化の両面から行われている。一例として談話標識（discourse markers 以下 DM）と呼ばれる表現群の研究が挙げられる。まず DM とは何かについて 1987 年の Schiffrin の英語の DM に関する先駆的かつ共時的な研究書 *Discourse Markers* に触れる。Schiffrin は英語の y'know や I mean などの挿入句や and, but, so, because などの接続表現、感動詞 oh 等の表現群を分析し、一見ばらばらに見えるこれらの表現群は、命題内容そのものを示すのではなく共通の特徴を持ち束ねられると主張した。つまりこれらは「連鎖する会話の流れの中で、会話を括弧でくくる要素 (Schiffrin 1987: 31, 小野寺による訳 2011b: 29)」として機能し、後続の発話（つまり DM に括

弧づけされた中身）についての「話し手の考え（判断）、意図、動き」を解釈するための枠組みを聞き手に提供する働きがあると指摘した（小野寺 2011b: 74）。たとえば日本語の会話において、「そうは言っても」という DM を相手に言われれば、それに続けて相手が前述の発話と異なる見方や相容れない見解を出してくることが予想できる。「そうは言っても」が「標識」として発話頭に立つことで、続く発話の意図を聞き手が理解するための枠組みを与えていることになる。Schiffrin 以降、DM は談話分析・語用論における中心的テーマの1つとして広く研究され、歴史語用論の領域でも通時的・通言語的研究が蓄積されている。

　歴史語用論の研究者による談話標識の通時的分析において用いられる理論的枠組みとしては、Traugott らが牽引し理論化を行ってきた文法化（grammaticalization）と、主観化・間主観化（subjectification/intersubjectification）という概念がよく知られている。文法化は学者によって定義にゆれがあるが「語彙項目や語彙構造が、ある言語的コンテクストのなかで文法的な機能を果たすようになる変化」（Hopper and Traugott 2003: xv, 高田・椎名・小野寺 2011: 33）と捉えることができる。またある言語形式（DM を含む）の意味変化のプロセスにおいて「もともと単に客観的な意味を示していた語が、語が用いられる歴史の中で、次第に話者自身の主観的判断・観点・意味を表すようになる」過程を主観化といい（小野寺 2011b: 75）、間主観化は、主観化のプロセスを基盤として、「さらにコミュニケーション（相互作用）の中で用いられる機能・意味を帯びていく」ことをいう（小野寺 2011b: 75）。小野寺によれば DM の通時的発達には、文法化に付随して主観化・間主観化が観察される例が見られるが、文法化と、（間）主観化という意味変化のプロセスは別個の変化として捉える必要がある（小野寺 2011b: 75）。同様に Traugott（2011）も「文法化と（間）主観化」という論文の中で「文法化は文法的要素の（史的）発達に主眼を置き、（間）主観化は話し手の態度（立場）に主眼を置いている」と説明し（p.59）、両者が独立した別個の現象であることを指摘している。両者の密接な関連については同論文を参照されたい。

日本語における話しことばでもよく観察される DM の通時的な研究の先駆例として小野寺の一連の研究が挙げられる。「－ても、－けど」という従属節末の接続助詞から発話頭「でも、だけど」の DM としての発達の研究（Onodera 1995, 2004）や、「な」要素の詠嘆を表す発話末の終助詞から、相手への呼びかけの感動詞、さらには相手への念押しの感動詞へという変遷を辿った研究（Onodera 2004, 小野寺 2011b）がある。「な」要素の意味変化は、上述の間主観化プロセスの顕著な例として分析されている。

　また、日本語のカラ節と英語の because 節がそれぞれ独立節としての機能を発達させていく過程を通時的かつ詳細に分析し、類型的に異なる言語間での従属節の主節化を論じたものに東泉の研究がある（Higashiizumi 2006, 2011, 2015）。たとえば Higashiizumi（2011）では、日本語の現代の会話におけるカラ節の様々な現れ方に着目し、従属節を、並列か従属かという伝統的な二分割で位置づけるよりも、Hopper and Traugott（2003）の文法化理論で主張されている連続的関係性において把握することを支持している。近年、小野寺や東泉は新たなキーワード「周辺部」をめぐって研究を進め国内外に成果を発信している（東泉コラム「発話の「周辺部」における変化」参照）。

　筆者も、引用標識の「って」（1998, 2007, 2011）や名詞としての機能を維持しつつ発話末でも終助詞的にはたらく「わけ」（1999, 2006）に着目し、その出現と機能の発達を辿った。現代の日常会話を起点として小説などの発話部分を見ることで時代を遡って分析し、発話末の助詞・発話頭の談話標識などが節の中の出現位置と連動しながら様々な機能を発達させていく過程を、およそ 50 年ごとにデータをくくり示した。

　歴史語用論の研究コミュニティーは日本でも根を張り、「過去のコミュニケーションを復元する」（高田・椎名・小野寺編 2011）という視点から、英語、ドイツ語、日本語など複数の言語の研究成果の発信を行っている。日本語の通時的研究に関しては、敬語体系、談話標識、助詞・助動詞、発話の中の要素の出現順など、語用論的な情報が形態・統語構造と深く結び付いているため歴史語用論の題材は豊富にある。今後、音声情報を含んだ通時的コー

パスが整備されてゆくことで、この分野の更なる充実が期待される。なお、日本を拠点に行われている歴史語用論研究の最先端については、本章に続く東泉のコラムに紹介されている。このセクションで触れた歴史語用論の成立の背景や研究手法、理論的枠組みの詳細、そして実際の分析と議論を形にしたケーススタディについては、日本語で情報を網羅している高田・椎名・小野寺編(2011)と金水・高田・椎名編(2014)を参照して頂きたい。

2.2 「話し手がよく行うこと」を手がかりに―談話機能言語学

話しことばにおける言語変化に着目する研究の流れのもう1つとして「談話機能言語学 (Discourse-Functional Linguistics)」がある。70 年代以降、どのネイティブスピーカーの頭の中にも存在する普遍的な文法知識を理論の前提とする生成文法のアプローチに異を唱える様々なアプローチが出現した。このセクションで紹介する談話機能言語学は、1980 年代以降米国西海岸(例：カリフォルニア大学サンタバーバラ校 (UCSB) やロサンゼルス校 (UCLA)、そしてオレゴン大学など) に所縁のある言語学者が中心となっているが、その興隆は複数の学問領域に及ぶ学者たちの活発な相互作用に負うところが大きい。以下では少々長くなるが複数の領域と談話機能言語学との相互作用について紹介し、その過程で醸成された談話機能言語学の重要概念を紹介する (岩崎・大野 2007)。その上で談話機能言語学における「話しことばの変化」について考える。

談話機能言語学を標榜する研究者の特徴の1つは、フィールドワークを行い言語類型論的視野から分析を試みたことである。国際語として甚大な影響力を持つ英語は分析対象として盛んに研究もされているが、世界には話者の老齢化が進む危機言語や、英語とは大きく構造が異なるが研究発信が待たれる言語が、多数存在する。そのような言語の研究においては、フィールドに赴いて人々の言語使用の現場で伝説などの談話資料を集めることで、文を超えた「談話」という単位でこそ見えてくる文法事象に焦点を当てる研究者が多い。そして英語とは異なるしくみを持つ世界の様々な言語の振舞いに目を

配ることによって、談話におけるトピックの継続(topic continuity)、節連鎖(clause combining)、語順(word order)、動詞の他動性(transitivity)、証拠性(evidentiality)などのテーマが次々と示され、文法研究の地平を広げてきた。

またやはりフィールドワークに基づく言語人類学的知見も、談話機能言語学に影響を与えている。なぜならある特定の文化・社会集団における生活をありのままに記録する中で、(非)言語の果たす役割を考察するからである(Goodwin (1981) ほか一連の研究)。たとえば、ある共同体で大人が子どもに対してどのように何を話しかけるか(つまり言語による社会化(socialization))、どのように言葉を使うことを促すか(言語を使うための社会化)といった社会化の研究(Clancy 1986, Ochs 1986)や、共同体において繰り返され伝承される儀礼の詳細分析とその場で使われる独特な言語の構造分析(Du Bois 1986)などは、人々の言語生活をつぶさに観察する中で得られるテーマと視点である。

また認知的観点も談話機能言語学を知る上で重要である。人間の認知・認識と言語構造はどのように影響を与えあっているのか——この問題に接近するために70年代にカリフォルニア大学バークレー校で教鞭をとっていたChafe らのグループは、7分ほどのセリフのない短編映像(Pear Story)を作成し、被験者に見せた後に同じ母語話者でその映像を見ていない聞き手に対して、あらすじや中で起こった出来事を説明させるという設定で談話データを収集した。グループのメンバーはフィールドワークを行った先で同じ映像を様々な言語の話者に見せ談話データを蓄積し、共通のインプットを得た人々が、映像の中で起こる出来事や人物の動きを言語化する際に、どのような情報がどのように言語化されるのかについて、言語ごとに認識と表現の関係の分析を行った(Chafe 1980)。

そして談話機能言語学は、社会学の流れの中で起こった会話分析(Conversation Analysis, CA)の知見をも大いに活用することとなった。会話分析に携わる社会学者は、社会を成立させている秩序・体系だった相互行為の解明という観点から、会話を考察してきた。たとえば1974年にアメリカ

言語学会の学会誌 *Language* に掲載された論文 "A Simplest Systematics for the Organization of Turn-Taking for Conversation" (Sacks, Schegloff, and Jefferson 1974) は、会話において誰もが行う話者交替 (Turn-taking) のメカニズムを体系的に示した金字塔である。

　さて会話分析研究者が「人間の行動、相互関与のパターンに最も興味があり、共同作業としての会話の構造の解明する」(岩崎・大野 2007: 27) ことに注力するのに対し、談話機能言語学者は「会話で使われる言葉そのものに興味があり、会話に現れる発話から言語の構造を解明すること」に焦点を当てる (岩崎・大野 2007: 27)。録画データを繰り返し精査することで、会話参加者が織り成す様々な相互行為の連鎖に見られるパターンを明らかにするという会話分析の手法は、1990 年代に入り、会話に見られる文法のありようを探求する談話機能言語学の中の特に Thompson, Couper-Kuhlen, Fox, Ford らに代表される新たな流れである「相互行為言語学 (Interactional Linguistics)」の誕生に大きな影響を与えた (本書の横森論文を参照)。相互行為言語学とは「人々が秩序立てて発話を連鎖させる『会話』という相互行為において―つまり言葉が、真空空間の中ではなく最も自然な本来あるべき姿で存在している環境で―言語構造や言語使用を捉えようとするアプローチである」(大野・鈴木 2011: 185)。1996 年の *Interaction and Grammar* という論文集とともに相互行為言語学は産声をあげたといえるが、その編者は Ochs (言語人類学、UCLA)、Schegloff (会話分析、UCLA) そして Thompson (談話機能言語学、UCSB) である。このことからも、米国西海岸を中心とした談話機能言語学の成立と発展の背景には、様々な関連分野の研究者との研究交流があることが窺える。

　上述の関連分野は、談話機能言語学の以下のような研究態度 (下線) の形成に貢献したと言える。まず、作例した文ではなく談話を分析対象としたこと。そして、談話の中でも特に、人間の最も原初的言語行動である会話に代表される話しことばを [1] 文法研究の重要な核と位置づけて、実際の使用の現場にて採録して分析すること。

また、非印欧語の視点から言語分析を行うことは、英語の分析を中心に発達してきた言語学において当たり前と考えられてきたことがらについて、建設的に問い直すことにつながっている（鈴木 2007: 36）。たとえば、

・基本的な術語の定義は適切かどうか（主語、語、など）
・構造上の分析単位（句、節など）は言語間で汎用性はあるか
・カテゴリーとは明確な境界により分類されるというよりは連続性がある（名詞・動詞などの品詞分類、動詞の自他動性）のではないか

といった問いかけがされている。

背景説明が長くなったが、談話機能言語学の立場から本稿の主題である「話しことばの変化」に立ち返ってみると、上述したように文法上のカテゴリーに「連続性」を認める談話機能言語学の研究者は、文法全体についても、固定してそこに存在するものとしてではなく、常に流動的に変化するものとして考えている。談話機能言語学の研究拠点の1つである UCSB の言語学科においては、「今日、言語がなぜこのような姿で存在しているか(Why are the languages the way they are?)」という問いがよく聞かれるが、それは固定的文法観ではなく、動的な文法観を示唆した表現である。そして彼らは、その問いに対する答えは作例の中ではなく、人々が日々紡ぐ実際の談話の中にこそあると考える[2]。

また動的な文法観との関連でさらにいえば、文法とは常に言語使用の現場で刻々と創発され(emergent)、パターンとして定着しつつ決して止まることなく変化を続けるものであると、談話機能言語学者は言う(Hopper 1987他)。この「創発文法(emergent grammar)」という考え方によって、比較的浅い「歴史」しかない日常会話の録音・録画データを分析対象とし、実際のやりとりにおける言語構造や言語行動のパターン・傾向を拾い上げ、変化の方向性を探る研究が行われている（研究例は後述）。言語の使い手たちが談話の中でよく使う言語構造（パターン）を重視する文法観は、Du Bois (1987: 851) のいうところの、「文法は話し手が日常の言葉のやりとりの中で一番頻繁に行う言動を記号化したもの "Grammar codes best what speakers do most"」ということばによく表れている。このことばにあるように、データの中にパターンを見る研究においては、分析対象とするデータの量と質、そして、分析の対象となる現象がデータの中に現れる頻度 (frequency) への言及が想定される (Bybee 2007, Bybee and Hopper 2001)。

　談話機能言語学の文法観に基づく話しことばの「変化」の研究は、相互行為の現場で発され、繰り返し使われ、話者の中で定着しコミュニティーの中で共有され、さらなる変貌を遂げている言語表現の研究である。通言語、通ジャンルデータなども参考にしながら、そのパターンが今日文法化の過程にあるということを、実例を示し、頻度にも妥当な範囲で言及しながら、一般化を行う研究ともいえよう。今日の会話を収めた録音・録画データの分析が主であるが、「参考資料」としてインターネット上のやり取りや小説の中の会話における事例に言及している研究もある (例：Mulder and Thompson 2008, 鈴木 2016)。

　ここでは、談話機能言語学の中で特に語用論的変化に着目した研究例として Thompson and Mulac (1991) (以下 T&M) を紹介する。これは英語の会話における I think, I mean, I guess などの主語＋認識動詞のふるまいに注目しており、文法化について現代の会話データを使って論じた先駆的研究の 1 つでもある。

(1) I think *that* we're definitely moving towards being more technological.

(2) I think (　) exercise is really beneficial, to anybody.

(3) It's just your point of view you know what you like to do in you spare time *I think*.

　(1) は主語＋動詞からなる「主節」に that 補文節が続く。対する (2) は「(　)」が示すように、一般的には「補文標識 that が省略されたバージョン」と考えられているものである。しかし T&M は会話における［主語＋動詞(＋補文詞 that がある場合とない場合)］という組み合わせの会話における頻度

と分布のパターンを調査したところ、(3)のように I think がまとまりをなして発話末に起こる事例が会話でよく見られ、(1)から(3)への文のパターンの広がりが進んでいると指摘した。さらに、動詞 think 等を含む主節の中で補文を導く that が続く・続き得る事例を調べると、(2)のような that のないバージョンが9割を超え、(1)のような主節としての用法は1割に満たないことがわかった。また、主語は殆ど代名詞の I(あるいは疑問の発話においては you)が多く、動詞は think、そしてやや少ない頻度で guess という2つの動詞がデータの大勢を占めた。つまり、色々な組み合わせがあり得るのに、ほんの少数の組み合わせがデータの殆どを占めるという偏りが示された。このように T&M は、会話における認識・思考動詞の分布のパターンを詳細に分析することで、I think が「主節」(main clause)として補文を導く文法上の役割から離れ、認識的挿入句(epistemic parentheticals)としてまとまった単位を構成し発話の末尾や中間に位置するようになるという統語・機能上の変化を辿っていると指摘し、現代の会話において進行中の文法化を切り取って見せた。歴史的変遷だけでなく現代の会話の分析にも文法化の概念が有用であることを示した談話機能言語学研究の一例である。

　このセクションでは話しことばの変化(特に語用論的変化)の研究の流れとして、2つのアプローチを紹介した。1つ目に紹介したアプローチは、当時の話しことばにできるだけ近いと考えられる「書かれた話しことば」を対象にして、文法化理論を拠り所に通時的な分析を行う「歴史語用論」(の中の通時的歴史語用論)の潮流である。長い時間的スパンにおける、ある言語形式の構造・意味機能の変遷(form-to-function mapping)や、コミュニケーション上の一機能が、時代を経てどのような形式と結びつくようになったかを追跡する研究(function-to-form mapping)が行われている。もう1つのアプローチとして紹介したのは談話機能言語学の流れである。「今日の自然な話しことば」に見られる言語構造上のパターンに着目し、他言語における研究や会話以外のデータにおける指摘も参考にしながら、今起こっている変化を見せる研究である。この流れに属する研究はそこに至る変化やこれからの変化の

方向も目を向けるが、過去10年から20年といった時間的には短いスパンで蓄積された現代の会話の録音・録画データを分析対象とする。こんにち相互行為の現場で創発する変化の姿をとらえることもテーマに含まれる。

3. 話しことばの変化の研究—気づきのポイント

　話しことばの研究については、現在さまざまな言語で録音・録画資料が公開されている（例：TalkBank（MacWhinney 2007））が、今後はより多くの言語で、データの蓄積が望まれる（Cumming, Ono, and Laury 2011）。日本語の現状としては、日常会話については研究者が個々に収集し研究利用をしているケースが多く、研究資源として公開され利用されているデータ（例：宇佐美 2011, Den and Enomoto 2007）はまだまだ少ないと言わざるを得ない。2016年度から国立国語研究所で日常会話の収集・蓄積・資源化・公開を本格的に行うプロジェクトが開始され（小磯 2016）、既存の話しことばの古い録音データのデジタル化も順次進むことになる（丸山 2016）。今後は、日本語においても、話しことばの録音・録画資源を用いた通時的な研究が少しずつ可能になってゆく。

　このセクションでは今後整備・拡充が進む話しことばの録画・録音データを使って話しことばの「変化」を研究する際の、題材に気づくためのポイントをいくつか指摘したい。

3.1　録画・音声に立ち返ること

　話しことばに「変化」という側面からアプローチするとき、普段のやりとりでよく耳にする語彙やよく使われるフレーズを研究の題材にすることは可能であるが、実は採録された実際の会話を、音として注意して聞き、あるいはビデオを確認しながら自分の手を使って転記するという手間のかかるアナログな作業自体にも、研究の題材を見つけるきっかけがあることを指摘したい。「一体こんなところで何をしているのか？」と問いたくなるような表

現や構文などに出会えるからである。UCSB の言語学科においては Let the data talk というフレーズが頻繁に使われるが、まさにデータを自分の耳と目で観察することから立ち上がってくる疑問や気づきに注意を向けよというアドバイスである。

　自分で文字化をしない場合や、より多くの会話を限られた時間内で見たい場合は、他の研究者によって書き起こされた日常の自然会話データのなかでの使用例を複数探して分析する方法がある。使用の実態や文法機能や意味の実例を探すには、録音された音声を文字化した資料（トランスクリプト、転記資料）は有用になり得る[3]。

　ここで注意を喚起したいのは、文字化資料は事例の検索や頻度の把握に有用である反面、限界もあるということである。文字化資料はあくまでも話しことばの文法で起こっていることを探るためのきっかけを提供してくれるが、文字に反映されている情報は限定的・暫定的である。音声の認識の異同や文字の打ち間違いなどが転記者のチェックをくぐり抜けることもありうる。私たちは研究の題材として取り上げたい言語事象を文字化資料で見つけたとしても、必ず実際の録画と音声（録画がなければ音声）、つまり実際の会話により近い状態の記録に立ち戻って、自分の目と耳で確認する必要がある。文字情報に依存するのではなく音声・録画を分析の軸に据えることで、発音、イントネーション等（もし録画もあればパラ言語情報や参与構造など）を含めた多面的分析が可能になる。音声や画像に立ち返らないと、文字化資料に反映されやすい形態・統語的情報のみに分析対象の射程が偏ってしまうという研究活動上の弊害もある。

3.2　マッチ・ミスマッチ

　「マッチ・ミスマッチ」は、既存の分類や理解が会話データの事例にも適用できるかどうかを問う際の合言葉のようなもので、言語の変化を研究する際に有用なので、ここで紹介する。文法を常に変化する動的なものととらえる視点を採る場合、単に既存の分類や理解に当てはまるか否かという二者択

54 第1部 「話しことばの言語学」理論編

一というよりは、以下のような「連続性」や分類同士の「関係性」を視野に
入れた問いかけが必要になる。

(a) 話しことばデータの中の研究対象の事例について、既存の分類や理解が
   「どの程度」当てはまるのか(当てはまらないのか)。
(b) 顕在化しているパターンを説明するのに、他に(も)有用な分類や理解の
   仕方があるか。

　早くは冒頭に紹介した山田孝雄が書き残し(「一の品詞と他の品詞との中間
に位するが如きもの少からず」)、現在も指摘され続けていることであるが
(例:Cumming, Ono, and Laury 2011)、マッチともミスマッチとも呼べない・
分類しきれない事例が観察されるのは文法研究の常であり、話しことばの文
法的研究も例外ではない。

　今日の言語学において使われている既存の構造分析上の単位や術語(例:
文、節、主語、名詞、動詞など)は、英語をはじめとする印欧語の研究の中
で成立し、言語学研究者の間で国際的に流通し、また主として話者の内省に
基づく作例や書きことばに基づく文の分析の際に使われてきた。そうした従
来の把握の仕方が、話しことばの**変化**の研究にも適用できるか、事例を挙げ
て考えてみる。

　たとえば「駅の前にポストがある」というときの「ある」は、の存在を表
す動詞として機能していることは明らかであろう。しかし、以下の例の2行
目の「ああ　ある」に見られる「ある」は動詞であろうか。

(4)
１K:手紙書いてるとねー、頭ん中が先走りしちゃう[わけ].
２M:　　　　　　　　　　　　　　　　　[ああ　ある].
３T:　　　　　　　　　　　　　　　　　[そうでしょ]?

上記の会話では、Kの発話を受けてその末尾（述部の終結部）でMとTが同時に短い発話を重複させている。このうちMの「ああ ある」は非常に低い音量で素早く発音されている（そのあとターン交替は起こらずKが引き続きターンを保持する）。

　さて、Mの「ある」には前のコンテクストでは明確な主語に相当するものは見当たらず省略されたとはいえない。前後のコンテクスト、Kの発話末での重複という生起位置とその特徴、そして類似の事例を含めて検討した結果、2行目のMの「ある」は事物の有無を示す存在動詞としての用法から離れて、相手Kの経験をMも共有していることを示す、いわば共感を表明する反応表現（相づちに類する表現）としての用法と位置づけられる。さらに、「ある」だけではなく「いる」にも同様の反応表現としての用法が見られる。いずれのケースも動詞からの反応表現としての用法は意味的に抽象化している（鈴木2016、Ono and Suzuki 2017）。「ある・いる＝存在を表す動詞」という従来の性格付けにうまくはまらないミスマッチの例である。

　このサブセクションでは、話しことばをとおした言語現象の記述において従来の把握の仕方にあてはまらない（ミスマッチ）事例があるとき、その背景には言語の変化が起こっている可能性を指摘した（例：上述の「ある」）。しかし必ずしもそればかりではない。従来の把握の仕方が話しことばの実態にあてはまらないというケースもある（中山・大野「文法システム再考」を参照）。たとえばLaury, Ono, and Suzuki (ms)は節（clause）という言語学の分析単位を例にとり「動詞とその項」という伝統的によく使われる定義をとおして英語・日本語・フィンランド語の会話データを観察している。そして、節という単位は英語では頻繁であり3言語の中で最もよく文法化していると考えられるが、日本語では節は殆ど見つからず文法化しているとは考えにくく、フィンランド語は2つの言語の中間であると指摘している。

3.3　（データセットにおける）頻度

　既存の分類や従来の定義が会話データの事例にも適用できるかを問う際の

合言葉として、前節で述べた「マッチ・ミスマッチ」を捉えるならば、「頻度」は、発話とその連鎖から見えてくる構造・相互行為上の「パターン」を顕在化させる鍵に例えられよう。

　「この表現（あるいはこの構文・音調など…）は会話の連鎖のこの位置で一体何をしているのか？」という問いをきっかけに、同じ会話の他の部分や参加者の異なる別の会話でも類似した現象を探すと、複数の事例からなるデータセットができてくる。さらに事例ごとに前後のコンテクストも含めてデータの精査をすることで、データセット内の事例に共通するパターンや相違点が見えてくる。それを何らかの基準（発音、前後の共起関係、形態統語的情報など）によって緩やかに分類してみる。分類したグループ同士の関係を考えるとき、もう1つの問いである「このパターンがどうやって生じ、これからどうなってゆくか」に取り組むことになり、それはとりもなおさず話しことばにおける変化を研究するための筋道となる。

　先にあげた Thompson and Mulac (1991) の研究も、この筋道にそっている。彼らは I think（とそれに類似する表現）が含まれる発話を集め、I think の生起する位置や共起関係などを精査し、that の有無と発話の中の位置によってグループ分けを行い、現代の会話においては I think の「補文を導く主節」としての働きも「認識的挿入句（epistemic parentheticals）」としての機能も共存していることを示した。さらにその共存は、文法化の指標に鑑みて I think が主節から認識的挿入句へという文法化の過程にあると考えられると指摘している。

　日常会話の資料の中で複数回起こっている現象、あるいは頻度が高い現象は、話し手がよく使った結果、パターンを形成し、文法上の役割を担うようになると考えられる（Du Bois 1987）。文法の研究における頻度の重要性については Bybee (2007)、Bybee and Hopper (2001) なども指摘している。会話データの中に相当数の事例を見つけられれば、より多面的な分析と一般化を試みることが可能となる。

　しかし現実には、多くの言語において録画・録音された会話データの量が

まだ少ないこともあり、人々が日常使っている表現や構文であっても、それがデータの中に見つからないことはありうる。特に、比較的新しいと感じられる用法ほど、データの中に見つけることは難しいであろう。その際にはネイティブスピーカーから得た内省に基づく情報や、インターネット上のチャット・メッセージのやり取りの事例なども、出所を明示した上で参考例として言及することは可能である（Mulder and Thompson 2008, 鈴木 2016）。

　そしてもう1つ強調したいのは、ある事例が手持ちの会話データの中では極端に少ない場合でも、一歩引いてよくデータを見渡すことである。その事例が全く新しく創出されたものというよりは、既にその言語が同じようなことを好んで繰り返す中で形成してきたパターンに「新規参入」している可能性が高いからである。上述の「言語が同じようなことを好んで繰り返す中で形成してきたパターン」というのが Chafe (2000) のいう florescence という状態である。

　　languages（中略）fall in love with certain ways of doing things, with a resulting florescence of resources that were already present in the language to a lesser degree. This drive to extend the scope and usage of already present resources can be a major force in their further grammaticalization.

(Chafe 2000: 62)

　　「言語は、特定のやり方を好んで繰り返すことで、すでにその言語にある程度存在していたリソースが一斉に開花したような状態になる。既存のリソースの作用域や用法を押し広げるこの勢いこそが、文法化をさらに推進する主たる力となりうる。（筆者訳）」

　Chafe は、florescence（一斉開花状態）の一例として、北部イロコイ諸語の三人称を表す接頭辞が、元は単純なシステムだったものが、歴史とともに三人称単数の男性接頭辞だけが突出して種類を増やした現象を紹介し、そのような言語システムの発達は、男性だけが村の内外で人的交流・交易・政治・

交戦といった幅広い活動を行ってきた文化的背景と無関係ではないと指摘している (Chafe 2000)。

　他にも florescence の例はあるだろうか。一斉開花状態の訳語も検討の余地があるが、言語が特定のやり方を好んで繰り返す (languages... fall in love with certain ways of doing things) という指摘は確かにうなずける。今後通言語、通時的、通ジャンル的など様々な角度から事例を検討し蓄積していくこと、そしてすでに報告されている語用論的事例を、一斉開花という観点から捉えなおしてみることもできよう。Traugott が「日本語の話しことばにおいては、ある種の語用論標識の使用は義務的であると広く認識されている。」と指摘している (2011: 69) が、義務的になっている領域に新たな表現が引き寄せられることは一斉開花状態にあることを示しているといえよう。

　先に「ある」の存在動詞から反応表現への用法の変化の事例を紹介したが (鈴木 2016)、日本語の反応表現は、「うん」「はい」などの音声や「すごい！」「うそ！」などの語彙的なものなど既に非常に豊富に表現が揃っているために一斉開花の状態といえるのではないか。その領域に、動詞から新規参入して、更なる開花の一端を担っていると思われる (Ono and Suzuki 2017)。

　もともと筆者の興味は「ある」と「いる」の用法の変化だけであり、手持ちのデータには、該当する用例は少なかった。しかしデータをよく見ると、存在動詞だけではなく「わかるわかる」「きたきた」「はじまったはじまった」というように他の動詞[4] も、会話において反応表現として用いられていることがわかった (鈴木 2016、Ono and Suzuki 2017)。反応表現という「一斉開花状態」の領域に参入している動詞が他にもあることに気づいたのである。

　一方、一斉開花状態については別の次元から論じることも可能である。「あるある」の形成方法である reduplication に着目すると、「ぶーぶー」「わんわん」のような幼児とのやり取りで使われる表現や「ギャーギャー」「イライラ」などの擬声語・擬態語による描写などでもよく使われる。手持ちの会話データを reduplication の観点からあらためて見直してみると、もともとの反応表現においても「うんうん」「そうそう」など繰り返し形が豊かにみられ

る（大浜 2006）だけでなく、「ある」「いる」「来た」などの動詞由来の反応表現も、その作法に倣って振舞って reduplication で出現する。副詞においても最近「ほぼ」という副詞が「ほぼほぼ」と重ねて使われることが報告されている（山本 2016）。いわば reduplication という語形成の方法そのものも、日本語の「お気に入りのやり方」であって（先にも引用した Chafe の "languages ... fall in love with certain ways of doing things"）、様々な領域で作用する一斉開花状態にあるといえるのではないか（Ono and Suzuki 2017）。

　第 2 章 1 節で概説した歴史語用論は、「書かれた話しことば」をデータとして研究することを「データの限界」ではなく「リサーチの可能性」として捉えて、進化を続けている（小野寺 2011a, 高田・椎名・小野寺 2011）。第 2 章 2 節で触れた談話機能言語学の立場から言語変化に取り組む場合も、異なる意味でデータの限界がある。つまりせっかく興味のもてる言語現象があって巷でよく耳にすることがあっても、録音・録画された会話データにおけるトークン数が極端に少ない状況がありうる。しかし日本語の反応表現の例で示したように、一歩引いてデータ全体を見なおすと、一斉開花の状態（あるいは「一斉」とまでいかなくても何らかのパターン）が浮かび上がる可能性がある。また Chafe 自身が示しているように、その一斉開花状態にある言語パターンがどのような経緯で形成されどのような方向へ向かうかについて、その言語コミュニティーを取り巻く社会・文化・生活環境に言及しながら考察することができる（Chafe 2000）。

4. まとめ

　話しことば研究は、様々な方向からアプローチがされ、データそのものの蓄積とともにケーススタディの蓄積も進んできた。本稿の前半では、話しことばにおける「変化」に焦点をあてた文法研究について、2 つのアプローチ（歴史語用論、談話機能言語学）とそれらのケーススタディを概観した。後半では特に談話機能言語学のアプローチに力点をおき、現代の会話の音声・録

画データを扱いながら話しことばの変化を研究する際の、テーマに出会うた
めのポイントとして3点を紹介した。まず自分自身の目と耳で録画・音声
データを確認すること、既存の分類や理解とのマッチ・ミスマッチに着目す
ること、そしてよく見受けられるパターンを探ること（またはたとえ事例の
頻度が低くても一歩引いてデータ全体を眺めることでより大きな一斉開花状
態のパターンが観察できる可能性を忘れないこと）である。

謝辞

秦かおり氏（大阪大学）・横森大輔氏（九州大学）・ひつじ書房の海老澤絵莉氏には執筆
の過程で幾度となく励まして頂き心から感謝する。また論文集の著者の皆様、佐々
木由美氏（慶應義塾大学）、Sandy Thompson 氏（UCSB）、「話しことばの言語学ワーク
ショップ」などの機会に話しことば研究で繋がってくださったすべての皆様に感謝す
る。なお本研究は日本学術振興会の二国間共同事業フィンランド（AF）との共同研究、
平成 29 年度科学研究費助成事業（17KT0061）、国立国語研究所の共同研究プロジェク
ト「大規模日常会話コーパスに基づく話し言葉の多角的研究（略称「日常会話コーパ
ス」）の助成を受けている。

注

1 量・質ともに豊富で、かつ長期的なデータ収集が、今後の会話の採録作業に求められ
 ている (Cumming, Ono, and Laury 2011)。
2 文法研究を行う上で談話データを調べることが重要であるという考え方は、Du Bois
 (1987) のアメリカ言語学会誌 *Language* 掲載論文のタイトル The Discourse Basis of Er-
 gativity に端的に示されている（下線筆者）。Du Bois はサカプルテック・マヤ語のフィー
 ルドワークで収集したナラティブデータの分析を通して、新情報（例：語りにおける
 新しい登場人物）を談話に導入する際の構文や名詞句のパターンが、言語の能格志向
 性・対格志向性を考える際の重要な鍵であると指摘した。
3 文字化については現在、研究の方向性などにより多種多様な文字化の方法が試みられ
 ている。どれか1つの方法に慣れ親しんでおくことで他の方式についても効率的に学

ぶことができる。

4　これらの反応表現としても用いられる動詞群に共通に見られる特徴として、意味内容
　　の具体性が低く、また他動性 (Hopper and Thompson 1980) も低いことが挙げられる
　　（鈴木 2016）。

参考文献

Bybee, Joan. (2007) *Frequency of Use and the Organization of Language*. Oxford: Oxford University Press.

Bybee, Joan and Paul Hopper. (eds.) (2001) *Frequency and the Emergence of Linguistic Structure*. Amsterdam: John Benjamins.

Chafe, Wallace L. (ed.) (1980) *The Pear Stories: Cognitive, Cultural, and Linguistic Aspects of Narrative Production*. Norwood, NJ: Ablex.

Chafe, Wallace L. (2000) Florescence as a Force in Grammaticalization. In Spike Gildea.(ed.) *Reconstructing Grammar: Comparative Linguistics and Grammaticalization*, pp.39–64. Amsterdam: John Benjamins.

Clancy, Patricia M. (1986) The Acquisition of Japanese Communicative Style. In Elinor Ochs and Bambi Schieffelin. (eds.) *Language Socialization across Cultures*, pp.213–50. New York: Cambridge University Press.

Cumming, Susanna, Tsuyoshi Ono and Ritva Laury. (2011) Discourse, Grammar and Interaction. In Teun A. van Dijk. (ed.) *Discourse Studies: A Multidisciplinary Introduction* 2nd Edition, pp.8–36. Los Angeles: Sage.

Den, Yasuharu and Mika Enomoto. (2007) A Scientific Approach to Conversational Informatics: Description, Analysis, and Modeling of Human Conversation. In Toyoaki Nishida. (ed.), *Conversational Informatics: An Engineering Approach*, pp.307–330. Hoboken, NJ: John Wiley & Sons.

Du Bois, John W. (1986) Self-Evidence and Ritual Speech. In Wallace L. Chafe and Johanna Nichols. (eds.) *Evidentiality: The Linguistic Coding of Epistemology*, pp.313–336. Norwood, NJ: Ablex.

Du Bois, John W. (1987) The Discourse Basis of Ergativity. *Language* 63 (4): pp.805–855.

Goodwin, Charles. (1981) *Conversational Organization: Interaction between Speakers and Hearers*. London: Academic Press.

Higashiizumi, Yuko. (2006) *From a Subordinate Clause to an Independent Clause: A History of English Because-clause and Japanese Kara-clause*. Tokyo: Hituzi Syobo Publishing.

Higashiizumi, Yuko. (2011) Are *kara* 'Because'-clauses Causal Subordinate Clauses in Present-day Japanese? In Ritva Laury and Ryoko Suzuki. (eds.) *Subordination in Conversation: A Cross-linguistic Perspective*, pp.191–208. Amsterdam: John Benjamins.

Higashiizumi, Yuko. (2015) Periphery of Utterances and (Inter)subjectification in Modern Japanese: A Case Study of Competing Causal Conjunctions and Connective Particles. In Andrew D. M. Smith, Graeme Trousdale and Richard Waltereit. (eds.) *New Directions in Grammaticalization Research*, pp.135–156.Amsterdam: John Benjamins.

Hopper, Paul. (1987) Emergent Grammar. *Berkeley Linguistic Society* 13: pp.139–157.

Hopper, Paul and Sandra A. Thompson. (1980) Transitivity in Grammar and Discourse. *Language* 56(2): pp.251–299.

Hopper, Paul J. and Elizabeth C. Trauott. (2003) *Grammaticalization* 2nd Edition. Cambridge: Cambridge University Press.

岩崎勝一・大野剛 (2007)「会話研究から拓かれる文法の世界」『月刊言語』36 (3)：pp.24–29. 大修館書店

Jacobs, Andreas and Andreas H. Jucker. (1995) The Historical Perspectives in Pragmatics. In Andreas H. Jucker (ed.) *Historical Pragmatics: Pragmatic Developments in the History of English.* pp.3–33. Amsterdam: John Benjamins.

Jucker, Andreas H. (ed.) (1995) *Historical Pragmatics: Pragmatic Developments in the History of English.* Amsterdam: John Benjamins.

金水敏・高田博行・椎名美智編 (2014)『歴史語用論の世界―文法化・待遇表現・発話行為』ひつじ書房

小磯花絵 (2016)「日本語日常会話コーパスの構築」シンポジウム「日常会話コーパス I」2016 年 9 月 1 日. 国立国語研究所　http://pj.ninjal.ac.jp/conversation/pdf/sympo2016-1.pdf

Laury, Ritva, Tsuyoshi Ono and Ryoko Suzuki. Questioning the Clause as a Crosslinguistic Unit in Grammar and Interaction. ms.

MacWhinney, Brian. (2007) The TalkBank Project. In Joan C. Beal, Karen P. Corrigan, and Hermann L. Moisl. (eds.) *Creating and Digitizing Language Corpora: Synchronic Databases*, vol.1, pp.163–180. Houndmills: Palgrave-Macmillan.

丸山岳彦 (2016)「昭和話し言葉コーパスの構築」シンポジウム「日常会話コーパス I」2016 年 9 月 1 日. 国立国語研究所　http://pj.ninjal.ac.jp/conversation/pdf/sympo2016-2.pdf

Mulder, Jean and Sandra A. Thompson. (2008) The Grammaticization of *But* as a Final Particle in English Conversation. In Ritva Laury. (ed.) *Crosslinguistic Studies of Clause Combining: the Multifunctionality of Conjunctions*, pp.99–124. Amsterdam: John Benjamins.

Ochs, Elinor. (1986) From Feelings to Grammar: A Samoan Case Study. In Bambi Schieffelin and Elinor Ochs. (eds.) *Language Socialization across Cultures*, pp.251–272. Cambridge: Cambridge University Press.

Ochs, Elinor, Emanuel A. Schegloff and Sandra A. Thompson. (eds.) (1996) *Interaction and Grammar*. Cambridge: Cambridge University Press.

大浜るい子(2006)『日本語会話におけるターン交替と相づちに関する研究』渓水社

大野剛・鈴木亮子(2011)「談話機能言語学の新展開」『日本語学』30(14)：pp.180–189. 明治書院

Ono, Tsuyoshi and Ryoko Suzuki. (2017) The Use of Frequent Verbs as Reactive Tokens in Japanese Everyday Talk: Formulaicity, Florescence, and Grammaticization. *Journal of Pragmatics*, http://dx.doi.org/10.1016/j.pragma.2017.07.001.

Onodera, Noriko O. (1995) Diachronic Analysis of Japanese Discourse Markers. In Andreas H. Jucker. (ed.) *Historical Pragmatics: Pragmatic Developments in the History of English*, pp.393–437. Amsterdam: John Benjamins.

Onodera, Noriko O. (2004) *Japanese Discourse Markers: Synchronic and Diachronic Discourse Analysis*. Amsterdam: John Benjamins.

小野寺典子(2006)「歴史語用論の成立と射程」『語用論研究』8: pp.69–82. 日本語用論学会

小野寺典子(2011a)「歴史語用論の成立・現在、そして今後へ」『日本語学　特集　言語研究の新たな展開』30(14): pp.123–136. 明治書院

小野寺典子(2011b)「談話標識(ディスコースマーカー)の歴史的発達―英日語に見られる(間)主観化」高田博行・椎名美智・小野寺典子編『歴史語用論入門―過去のコミュニケーションを復元する』pp.74–90. 大修館書店

Sacks, Harvey, Emanuel A. Schegloff, and Gail Jefferson. (1974) A Simplest Systematics for the Organization of Turn-Taking for Conversation. *Language* 50(4–1): pp.696–735.

Schiffrin, Deborah. (1987) Discourse Markers. Cambridge: Cambridge University Press.

Suzuki, Ryoko. (1998) From a Lexical Noun to an Utterance-final Pragmatic Particle: *Wake*. In Toshio Ohori.(ed.) *Studies in Japanese Grammaticalization*, pp.67–92. Tokyo: Kurosio Publishers.

Suzuki, Ryoko. (1999) Mutifuncitonality: The Developmental Path of the Quotative *tte* in Japanese. In Barbara A. Fox, Dan Jurafsky, Laura A. Michaelis. (eds.) *Cognition and*

Function in Language, pp.50–64. Stanford, CA: CSLI Publications.

Suzuki, Ryoko. (2006) How Does 'Reason' Become Less and Less Reasonable?: Pragmatics of the Utterance-final *wake* in Conversational Discourse. In Satoko Suzuki.(ed.) *Emotive Communication in Japanese*, pp.35–51. Amsterdam: John Benjamins.

Suzuki, Ryoko. (2007) (Inter)subjectification in the Quotative *tte* in Japanese Conversation: Local Change, Utterance-ness and Verb-ness. *Journal of Historical Pragmatics* 8(2): pp.207–237.

鈴木亮子(2007)「他人の発話を引用する形式―話し言葉の通時的分析」『月刊言語』36 (3): pp.36–43. 大修館書店

Suzuki, Ryoko. (2011) A Note on the Emergence of Quotative Constructions in Japanese Conversation. In Ritva Laury and Ryoko Suzuki. (eds.) *Subordination in Conversation*, pp.149–164. Amsterdam: John Benjamins.

鈴木亮子(2016)「会話における動詞由来の反応表現―「ある」と「いる」を中心に」 藤井洋子・高梨博子編『コミュニケーションのダイナミズム』pp.63–84. ひつ じ書房

高田博行・椎名美智・小野寺典子編(2011)『歴史語用論入門　過去のコミュニケーショ ンを復元する』大修館書店

高田博行・椎名美智・小野寺典子(2011)「歴史語用論の基礎知識」高田博行・椎名美 智・小野寺典子編『歴史語用論入門―過去のコミュニケーションを復元する』 pp.5–44.大修館書店

Thompson, Sandra A. and Anthony Mulac. (1991) A Quantitative Perspective on the Grammaticization of Epistemic Parentheticals in English. In Elizabeth C. Traugott and Bernd Heine. (eds.) *Grammaticalization* II, pp.313–339. Amsterdam: John Benjamins.

Traugott, Elizabeth Closs. 福元広二訳(2011)「文法化と(間)主観化」高田博行・椎名美 智・小野寺典子編『歴史語用論入門―過去のコミュニケーションを復元する』 pp.59–70. 大修館書店

宇佐美まゆみ監修(2011)『BTSJ による日本語話し言葉コーパス(トランスクリプト・ 音声)2011 年版』http://www.tufs.ac.jp/ts/personal/usamiken/btsj_corpus.htm

山田孝雄(1924)『日本文法講義』訂正 3 版. 東京寶文館

山本亮介(2016)「新語？「ほぼほぼ」気になりますか」朝日新聞 2016 年 6 月 30 日

◈ コラム

発話の「周辺部」における変化

東泉裕子

　発話の「周辺部（periphery）」とは、話しことばの単位であるイントネーショ
ン・ユニットあるいは節の冒頭部、終結部のことである。それぞれを「左周辺
部（left periphery、LP）」、「右周辺部（right periphery、RP）」と呼ぶ。両周辺部に
は言語形式と意味・機能の対応関係の変化について興味深い現象が見られる。
これらの周辺部には、談話標識に代表される、様々な語用論的意味・機能をも
つ言語形式が現れることが多い。例えば、話し手の会話運営上の意図、話し手
の聞き手への配慮などを表す要素がしばしば観察される（小野寺 2014: 16–17；
両周辺部に現れる要素の主な意味・機能については Beeching and Detges（2014:
11, TABLE 1.4）参照）。
　発話の周辺部に着目して、これまでの日本語の話しことば研究の成果を眺め
るとどのようなことが言えるだろうか。日本語の会話には、LP には感動詞や
接続詞、RP には終助詞や名詞化辞などが生起することが多い（Onodera 2014:
108–111）。例えば、接続詞「だから」、接続助詞「から」は話しことばにおいて
話者交代が起こる場所、すなわち LP と RP に現われ、相互行為に深く関わって
いる（横森 2011 など）。次例では、LP の「だから」はターンの開始を、RP の「か
ら」はターンの終結を示している（表記は簡略化する）。

399 01G これ、こないだのー、あのさー、あれに入ってた。
400 01A だから、そのおれがー。
401 01F だからこれやりはじめると、負担が変わってきたりしますからね。

```
401 01A そうなんだよ。
```
現代日本語研究会編(2002)

　両周辺部において「だから」と「から」はそれぞれ異なる語用論的意味・機能を担っており、LP では「だから」は談話標識化が進み(Ono et al. 2012)、一方、RP では「から」は終助詞化(Thompson and Suzuki 2011; Ono et al. 2012)している。

　通時的にみると、現代日本語において談話標識として使われる接続詞は「コピュラ(だ)＋助詞」から拡張したものが多く、日本語の周辺部の要素は RP から LP へと用法が拡張する傾向があると考えられる(Onodera 2014: 101, TABLE 5.1)。例えば、接続詞「だから」は「コピュラ＋接続助詞『から』」から成る。接続助詞「から」の用法から、指示副詞(岡崎 2010)のような用法「それだから」を経て、現代語の談話標識的用法を獲得したと考えられるが、現代語の LP の「なので」と RP の「ので」も同じような拡張過程が観察できる(Higashiizumi 2015)。一方、英語では LP で使われる but や though が、現代の話しことばでは RP にも現れることがあり (Thompson and Suzuki 2011; Couper-Kuhlen 2011)、LP から RP へと用法が拡張している。英語では語用論的意味・機能をもつ要素は LP に生起するものが多いが、通時的にみると RP にも現れるようになってきているという(Traugott 2016)。

　話しことばの観察を通して、言語使用の中に変化の兆しやその過程を見ることができるのである(小野寺編 2017)。

参考文献

Beeching, Kate and Ulrich Detges. (2014) Introduction. In Kate Beeching and Ulrich Detges. (eds.) *Discourse Functions at the Left and Right Periphery: Crosslinguistic Investigations of Language Use and Language Change*, pp.1–23. Leiden: Brill.

Couper-Kuhlen, Elizabeth. (2011) Grammaticalization and Conversation, In Heiko Narrog and Bernd Heine. (eds.) *The Oxford Handbook of Grammaticalization*, pp.424–437. Oxford: Oxford University Press.

現代日本語研究会編（2002）『男性のことば・職場編』ひつじ書房

岡崎友子（2010）『日本語指示詞の歴史的研究』ひつじ書房

Ono, Tsuyoshi, Sandra A. Thompson and Yumi Sasaki (2012) Japanese Negotiation through Emerging Final Particles in Everyday Talk. *Discourse Processes* 49: pp.243–272.

Onodera, Noriko O. (2014) Setting Up a Mental Space: A Function of Discourse Markers at the Left Periphery (LP) and Some Observations about LP and RP in Japanese. In Kate Beeching and Ulrich Detges. (eds.) *Discourse Functions at the Left and Right Periphery: Crosslinguistic Investigations of Language Use and Language Change*, pp.92–116. Leiden: Brill.

小野寺典子（2014）「談話標識の文法化をめぐる議論と「周辺部」という考え方」金水敏・高田博行・椎名美智編『歴史語用論の世界―文法化・待遇表現・発話行為―』pp.3–27.　ひつじ書房

小野寺典子編（2017）『発話のはじめと終わり―語用論的調節のなされる場所』ひつじ書房

Higashiizumi, Yuko. (2015) Periphery of Utterances and (Inter)subjectification in Modern Japanese: A Case Study of Competing Causal Conjunctions and Connective Particles. In Andrew D.M. Smith, Graeme Trousdale and Richard Waltereit. (eds.) *New Directions in Grammaticalization Research*, pp.135–155. Amsterdam: John Benjamins.

Thompson, Sandra A. and Ryoko Suzuki. (2011) The Grammaticalization of Final Particles. In Heiko Narrog and Bernd Heine. (eds.) *The Oxford Handbook of Grammaticalization*, pp.668–680. Oxford: Oxford University Press.

Traugott, Elizabeth C. (2016) On the Rise of Types of Clause-Final Pragmatic Markers in English. *Journal of Historical Pragmatics* 17(1): pp.26–54.

横森大輔（2011）「自然発話の文法における逸脱と秩序：カラ節単独発話の分析から」『言語科学論集』17: pp.49–75.　京都大学

多重文法
「こと」の分析を通して

兼安路子・岩崎勝一

要旨　言語使用者は様々な言語環境を通し文法を獲得し結果的に複数の文法、「多重文法」を持つにいたる。「多重文法」を支える理論は、話者は実際の言語使用を通し認知的構造としての文法をボトムアップ式に積み上げ構築していくという、認知言語学者、機能言語学者の間で提唱されている「用法基盤文法」である。言語環境のなかで「会話」が最も基本的なものであることに間違いはないが、書記言語を持つ言語文化では「書きことば」も重要な言語環境である。話しことばとしての会話と書きことばはその媒体、制約、用途などの面で大きく異なっており、そこから生まれる文法も当然異なっている。このように多重に存在する文法は話者に言語に対する概念的な認識を与え、究極的には抽象文法と呼ばれる言語使用からは離れた文法の基礎となる。本稿では「会話」「社説」「講演」のデータの中に見られる「こと」の使用について考察し、これを「多重文法」の観点から説明する。

1. はじめに

　近年、言語学者の間で会話という言語行動に関する興味が高まり、会話と言語の規則性、すなわち文法との関係が盛んに議論されるようになってきた（Selting and Couper-Kuhlen 2001）。会話は確かにすべての話者が一生を通して参加する普遍的な言語行動であり（Longacre 1976: 165, Schegloff 1996: 54–55, Levinson 1983: 284, Chafe 1994: 41, Heritage 2001: 915）、ここから文法が生まれ、会話という環境に順応すべく変化していくというのは文法の

エコロジー的な発展仮説（Du Bois 1987; Hopper1987, 1988, 1998, 2000, 2004; Bybee and Hopper 2001; Thompson and Hopper 2001: 47）として理にかなったものであるように思われる。この視点に立ってみると従来の文法では想像もできなかった文法の姿が現れてくる。たとえば英語の *think* をもちいた補文構造は、普通［主語 + *think* + *that* + 節］という形をとり *that* 以下の節が補文として主語 + *think* という主文に埋め込まれていると説明される。しかし実際の会話では *I think* という句が単独で現れることも多く、節とともに現れる場合でも、必ずしもその前に表れるとは限らず、そのあと、あるいは節の内部に表れることもある。(例 "this is ... pepsin, *I think*, ... I am not sure" (Thompson 2002))。このような知見は最近では Interactional Linguistics（相互行為言語学）という名によりめざましい発展を遂げている。しかしここで考えなければならないことは、従来の文法に示されている文法規則はどこから出てきたものであるかということである。英語教育などで使われる従来の学校文法がその基礎としているのは自然会話ではなく往々にして書きことばであり、Linell (2005: 30) によると近代の言語学の多くも書きことばの基準のもとに作例された文を分析の対象としているとのことである。さらに作家、新聞記者、学者、など日常的に文を書くことを職業とする者は会話で使われる文法と書きことばに用いられる文法のふたつの文法を使いこなしている可能性があるということである。また書くことを職業とせず、実際に書きことばを産出しない者でも、それを理解するために使う文法、「理解文法」は書記言語[1] の発達した社会で生活する者の多くがその使用能力に差はあるにせよ獲得していると考えられる。このように考えると各個人は自分の置かれた言語環境によりいくつかの異なる文法を獲得し所有することになる。さらに話しことばおよび書きことばの中にはいくつかの違った「ジャンル文法」（詳しくは後述）が存在することも予想される。ここではこのような見地に立ち話者が重層的に獲得し運用する文法を「多重文法モデル」として提案する。

　本稿では、異なった文法の存在を確認するため、名詞および形式名詞とし

ての「こと」をとりあげ、これが、自然会話、新聞社説、学会講演という3つの異なった言語環境をもつジャンルの中でいかに使用されているかを観察・比較し、この結果を多重文法モデルの観点から考察する。次節でまず多重文法モデルの概観を述べ、3節で「こと」に関する先行研究のまとめをおこない、本研究の出発点を明らかにするとともに本稿の目的と意義を示す。4節ではデータについて説明し、5節では比較分析を行い「こと」の形式的・機能的特徴とジャンルの結びつきを議論する。6節では5節での分析を踏まえ多重文法を大きな視点から眺め人間の持つ言語能力について考える。最後に「多重文法」が言語理論に対して示唆する点を指摘し本稿を閉じる。

2. 多重文法モデル

近年、認知言語学者・機能言語学者の間では「用法基盤文法」(Usage-based grammar) の概念が提唱され支持されている（先行研究については兼安・岩崎コラム「用法基盤文法 (Usage-based grammar)」を参照）。これは我々人間が文法を獲得する際、実際の言語使用に触れることによりそこから帰納的に文法パターンを学び取り自分のものにするという考えである。まず乳幼児が最初に触れるのは母親、父親などまわりにいる大人との会話的言語行動である。最初は大人が一方的に子供に話しかけるわけであるが、次第に子供も会

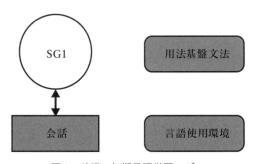

図1 幼児の初期言語学習モデル

話に参加していくことになる。図1は会話をもとにした幼児の文法獲得のモデルである。

　図1の左下に示した四角は幼児が言語に実際に触れる会話環境であり、幼児は言語習得の初期にはおもにこの環境で言語に接触することになる。その上の円形部分は幼児が会話環境から得た知識をもとに構築するであろう用法基盤文法の構造である[2]。幼児は会話環境でよく使用される言語表現を習得し自分でも使えるようになり、次第にこの段階における文法（SG1）の内容を複雑なものにしていく。この状態は幼児が書きことばに触れるまで継続されることになる。円形部分を SG1 と表記してあるが、これは Spoken Grammar 1 の略で幼児が最初に触れる話しことば（＝会話）をさす。以下に見るように成長するに従い人間は SG1 をもとに SG2、SG3 などさまざまなジャンルの話しことば文法を獲得していくことになる。

　では幼児が最初に書きことばに触れるのはいつなのか。これは米国の研究者によりアメリカの社会では就学以前にすでに「読み聞かせ」という言語行動により始まっていることが知られている（Sulzby（1985: 461–462）、Purcell-Gates（1988, 2001）など）。この状況は日本社会でも同様であると思われる。しかし会話を話しことばの原型とすることに異議はないものの、書きことばの原型はとなるとそれを探すことは容易ではない。豊富な文字文化を持つ日本などの社会で子供が最初に触れる書きことばはおそらくまず読み聞かせによる「おとぎ話」「童話」などのジャンルであると思われるが、このジャンルが会話に比べて普遍性の少ないものであることは容易に想像がつくであろう。

　特定のジャンルに触れる頻度が高ければ高いほどそれに付随する文法パターンの認知的定着度は高まってゆき、最終的に個人の中でそのジャンルに関する「理解文法」が「産出文法」に昇華されることもある。このように一個人の個人文法は小規模の会話文法から始まり、それが次第に発達していくとともに、異なるジャンルの文法をも順次付け加えてゆき、小学校入学以降、触れるジャンルの数を増やしていく。それとともに日本の学校教育では

多重文法　73

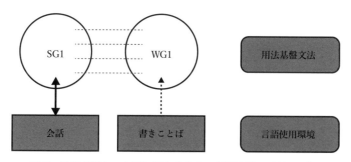

図2　幼児が書きことばに触れたあとの言語環境と文法モデル

「読書感想文」「日記」「作文」「小論文」などをとおして書く練習を積み、いくつかのジャンルの「産出文法」をも獲得していく(詳しくは後述)。図2は幼児が書きことばに触れた後の言語環境と文法の関係を示している。WG1 (Written Grammar 1)は幼児が最初に触れる書きことばから抽出する原初書きことば文法である。

　上図では話しことば環境とSG1は双方向の矢印で結ばれているが、書きことば環境とWG1は環境から文法への一方向の矢印の点線で結ばれている。これは書きことばの場合、言語習得の過程にある子供が得るインプットは会話のそれに比べ少なく、またそれのアウトプットの機会も非常に限られているという理解による。図2の円で示された用法基盤文法の中には完全定型表現(「バイバイ」「むかしむかし」など)から不完全定型表現(「(おみず)ちょうだい」「(たべても)いい？」など)がふくまれるが、子供の言語活動が発達するにつれ「(人)が　(食べ物)を　食べる」のような構文スキーマを理解、使用することができるようになる(Tomasello (2003)、Langacker (2000: 21)、Boye and Harder (2007: 572)など参照)。このように用法基盤文法の中にも具体的な言語表現から構文スキーマまで様々なレベルのものが存在すると考えられる。さらにSG1から発展する会話文法は話者が経験を積むにつれ次第に複雑なものになっていく。

　このように言語環境は話しことば環境、書きことば環境と二元化されてい

く。話しことばと書きことばは音声と文字といった全く違った言語素材を用い全く違った環境で習得されるものである以上、図2に示したように2つの質的に違った文法 SG1 と WG1 を形成すると考えるのは用法基盤文法の点から自然なことである。ただし、SG1 と WG1 は同じ言語の2つの異形であることに変わりはなく語彙、文型などの面で共通の項目も多くあることは事実であり、SG1とWG1の間にある横の点線は共通項の存在を示している。

「いま」「ここ」という現場に直結した言語行動から出発する子供たちは書きことばに出会うことにより「いま」「ここ」をこえた言語を獲得し、さらに Vygotsky (1962) のいう「内言」を認識し、言語を内省することや言語を創造的に使うことが可能になる。さらにこれは言語使用者が抽象度の高い構文スキーマを構築するきっかけとなる。最終的には下図3に示したように用法基盤文法内のある文法項目は究極の抽象化を経て「抽象文法」へと昇華することになる。

抽象文法のなかでは SG と WG の区別はない。言語能力の高いとされる話者は用法基盤文法の中に多くの構文スキーマを蓄え、さらに様々な文法知識を抽象文法の中に持つ人である (cf. Fillmore (1979: 93))。抽象文法というのはまさに形式主義言語学者の研究対象であるともいえる。ただし形式主義

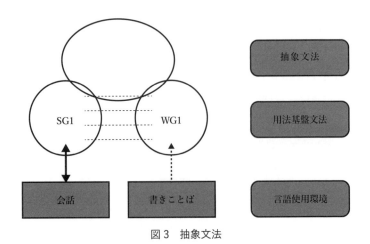

図3　抽象文法

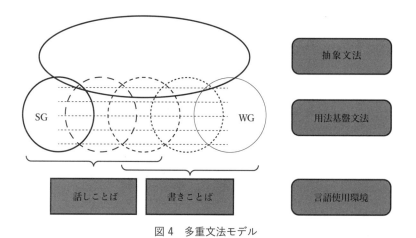

図4　多重文法モデル

言語学者が抽象文法をすべての話者が普遍的に持つものであると考えるのに対し機能言語学者は抽象文法は用法基盤文法をもとに構築されるもので、個人により違いのある言語能力と認識される。原初的な会話のジャンルをもとに話者はしだいに異なったジャンルの言葉に触れていく。図4は話者が多重に持つジャンル文法を考慮した文法モデルであり、左側に話しことばの典型である会話の文法 (SG) を、右側に会話から遠い論文、社説などの書きことばの文法 (WG) を想定している。この図がまさに本稿で提案する多重文法のモデルである。

　図4、用法基盤文法をしめす多数の円のうち実線で示したものは文の理解および産出に用いることのできる「産出文法」で、いいかえると話者が自由に使いこなすことのできる文法ということになる。線の太さは習熟度の度合いを示し、太い線は習熟度が高いということになる。点線で示した文法は理解のみに使用する文法、「理解文法」で、話者は自分ではこの文法を使い文を産出することはできない。左側の会話文法 (SG)、右側の論文、社説などの書きことば文法 (WG) の間にさまざまなジャンル文法[3]が想定されるが、その種類や習熟度は個人の間で違った様相を呈するものと想定される。単純な会話を行う場合、会話文法のなかでも抽象度の低い定型表現を多用するこ

とでことがたりる。これに比べ専門的な場での会話では書きことば文法および抽象文法をも駆使しなくてはならない場合も出てくる。

Iwasaki は 2015 の論文で、実在の話者（H 氏、研究者）の会話および論文データを分析し H 氏の 2 つの文法の存在を突き止めたほか、H 氏の会話データはほかの日本語話者の会話データと有意な差はなく、また H 氏の論文データは社説を書く人の用いる文法に近いこともつきとめた。この先行研究に基づき、ひとりの仮想日本語話者 A 氏について考えてみたい。A 氏は様々な人と日常会話を交わすほか、仕事柄、人前での講演をおこない、また公式な文章を書くことが多い。多重文法モデルの考えに従うと A 氏は「会話文法」のほか「講演文法」「公式文書文法」の少なくとも 3 種類の文法を持つことになる。上述の H 氏の多重文法研究で明らかになったように、A 氏における三種の文法の内容はそれぞれのジャンルに関して多数の話者からのデータで得られる情報をもとに推測される。以下ではこのことを踏まえ、日本語文法の中で用いられる「こと」を中心に 3 種の文法の違いを調べ、これらのジャンルを使用する話者の持つであろう多重文法について考察を進める。実際にはデータとして会話データに加え口頭での研究論文発表のデータ（学会講演）、公式文書の一例として新聞社説データを用いることにする。

3. 「こと」──先行研究と本稿の目的

『日本国語大辞典』（2001: 900–901）によると、「こと」には名詞用法と名詞化用法の 2 つがあり、名詞用法としての「こと」は「もの」が具体的な事物を指すのに対し、「ものの働きや性質、あるいはそれらの間の関係、また、形のつかみにくい現象などをあらわす語」と定義されている。また「こと」の名詞化用法は「語句の表す行為や事態や具体的内容などを体言化する形式名詞」とされている。名詞化用法は文法理論においては文の中に埋め込まれる補文をマークするための標識、補文標識と呼ばれ、ほかの補文標識「と」「の」「ところ」などとの微妙な差異が研究の対象となってきた（Kuno（1973:

221)、井上(1976)、Josephs(1976)、Akatsuka-McCawley(1978)、Horie(1979)、橋本(1990, 1994)、Shinzato(1996)、工藤(1985)、佐治(1993)、野田(1995)、Iwasaki(2013: 229–233)など)。

　これらの対照研究により「こと」の文法的機能の輪郭が明確になってきたが、これまでの研究は短い作例文によるものが多く、自然データを使った談話レベルでの考察はあまりない。このなかで Suzuki(2000)は会話、エッセイ、雑誌記事などにおける「こと」「の」を観察し、話し手、書き手の補文内容に対する確信度や伝達される情報との距離などを考慮することにより文レベルでは理解できない補文標識の使われ方を模索している。また近藤(1997)は新聞記事コーパスを用い「こと」「の」による名詞節が主語として現れる例を観察し「ことが」は比較的自由に自動詞、他動詞、使役形の主語になることができるのに対し「のが」はその使用に制限がありほとんどの場合、非対格自動詞、形容詞、名詞文の主語であることを報告している。本稿でもデータに表れた実際例を用い考察を進めるが、いままでの研究と異なり異種の補文標識の差を調査するものではなく、「こと」のみに焦点を当て、「こと」がどのような条件の下で名詞としてあるいは名詞化接辞(形式名詞・補文標識)として使われているかを調査する。具体的には次の例にみられるような自然会話、新聞社説、学会講演での「こと」の使われ方を形式、機能の面から比較し、異なる「こと」の文法がジャンルという違った言語環境の中で要求される機能を満たすために発生・発達した結果であり、この3種のジャンルを使いこなす話者は3種の文法を保持していることを議論していく。

- A:　でも何かさソーキそばみたいなんだけだったらどうするとかさ。
　B:　絶対そんなことないよー。(自然会話)
- 教師は普段から子供たちの変化に目を配り、早期にいじめの芽を摘むことが大切だ。(新聞社説)
- 翻訳しておかなければならないということで更にコストが高くなります。(学会講演)

4. データの種類および「こと」の頻度について

　本稿で使用したデータは以下のとおりである。会話は5〜30分程度の友人・家族の対面または電話会話を文字に起こしたトランスクリプトを計12[4]、学会講演は理工学、人文、社会の分野の学会における10〜25分程度の研究発表の録音を文字に起こしたトランスクリプトを計12使用した[5]。社説は2014年10月と11月に読売新聞、朝日新聞、毎日新聞、産経新聞がオンライン上で公開した社説をそれぞれ4つずつ、計16使用した。選択に当たっては内容が重ならないよう留意したことを除いては無差別である。また形態素分割にはChaSen、コンコーダンスにはAntConcを使用した。

　「こと」は会話で100例、社説で57例、そして講演で332例が確認された。各ジャンルの「こと」の単純頻度と10,000語当たりの相対頻度を以下の表に示す[6]。

表1　「こと」の出現頻度[7]

	会話	社説	講演
単純頻度	100/38,811	57/9,129	332/38,100
相対頻度	26/10,000	62/10,000	87/10,000

5. 分析—各ジャンルにおける「こと」の用法とその比較

　本節では「こと」の使用(「文法」)が3種のジャンルでどのように違うかを調査し、これらのジャンル内で言語を使用するためには話者はそのジャンル特有の文法を獲得していなければならないことを明確にする。

5.1 「こと」の前後の要素

　前節、表1に示したように「こと」の現れる頻度は3種のデータにより差があり、講演データで最も多く、社説データの1.4倍、会話データの約3.3倍の頻度で現れる。なぜ、「こと」が学会講演で重宝されるのかの考察を行うにはその機能の分析が必要であるが、ここではまず「こと」の前後に表れる形式の比較をする。まず「こと」の前に表れる要素を複雑系と単純系に分類した。複雑系は「こと」の前に節が現れる場合であるが、この場合節が直接現れるときと「という」あるいは「というような」などの二次的補文標識が現れるときがある。この現象に関しては後ほど詳しく論じる。また、定義として動詞述語や形容詞述語に主語（「あたし（が）」）やその他の補語（「自転車で」）による情報が付加されている場合のみを節とみなし（下の例、「あたし送ったこと」など）、動詞、形容詞のみが「こと」の前に表れる場合は単純な動詞、形容詞（すなわち単純系）とみなした（下の例、「忘れること」など）。次にいくつか例を示す。

複雑系
- でも、あたし送ったことないよ。（会話）
- サービス抑制や負担増に向けた取り組みのたがが緩むことがあってはならない。（社説）
- まず彼らの殆どが二回から五回にわたって移動労働を繰り返しているということが指摘できます。（講演）

単純系
- いいことが結構ある訳ね。（会話）
- 上司が悪意なく「子供のことを第一に考えろ」などという「昭和の価値観押し付け型」の四つだ。（社説）
- 我々あの音声対話システムをまあのーん長いこと取り組んでいる訳ですけども（講演）

80 第1部 「話しことばの言語学」理論編

表2は3種のデータにおける複雑系と単純系の比較である。

表2　ことの前要素

	会話	社説	講演
複雑系	34 (34%)	54 (94.7%)	285 (85.8%)
単純系	65 (65%)	3 (5.3%)	44 (13.3%)
その他[8]	1 (1%)	0	3 (0.9%)
合計	100 (100%)	57 (100%)	332 (100%)

　表2の示すように社説はほぼすべて「複雑系」でしめられ「単純系」の3
例のうち2つは引用の中に用いられている[9]。講演もほとんどが「複雑系」
で占められているのに対し会話では「単純系」が半数以上を占めている。こ
れはいいかえると会話では名詞機能が、社説、学会では補文標識機能が優勢
ということになる。ここで単純系の内容をさらに詳しく見てみる。
　会話では「こと」の前には単純な名詞、形容詞、動詞が現れることが多い。
まず名詞を見ると17例のうち、13例が単純な名詞で「彼女のこと、彼氏の
こと、親のこと、弟のこと」などの人物名詞や「家庭のこと、仕事のこと、
去年のこと、体質のこと」などの普通名詞で、やや複雑なものとして「東京
でのこと」という1例があり、あとの3例は定形表現「ほかのこと」であ
る。講演においては「こと」が名詞と共起するのはわずか3例（単純系の中
で6.8%）にとどまり、しかも単純名詞としては「数値計算のこと」の1例で、
ほかは「どの程度のこと、二番目のこと」のように比較を前提とした名詞で
ある。また社説で現れる名詞の唯一の例は「上司が悪意なく『子供のことを
第一に考えろ』などという『昭和の価値観押し付け型』」でこれは会話的文
の引用である。
　形容詞は会話では11例現れるのに対し、講演では5例、社説では皆無で
ある。さらに会話に表れる形容詞は「いろんなこと、いいこと、やなこと、
ばかなこと、すきなこと」などのような単純なものが多い。また会話に11
例みられる動詞は「話すこと、忘れること、会えること、見たこと」のよう

なもので節の形を形成していない無主語(「まだやったことないけどね」など)のものである。講演では6例のみで、社説では「『わからないことが多すぎる』というのは小渕氏以上に国民が抱いた印象であろう。」というように直接引用の中に表れるもの以外皆無である。

さらに単純系の中で目を引くのは「そういうこと」「そんなこと」など指示詞をともなう「こと」である。会話では単純系の33.8%(22/65)、講演では65.9%(29/44)にものぼる。しかし、社説ではわずか1例だけである。これの意味するところは次節で考察する。

次に「複雑系」を詳しく見ていく。まず、すでに述べたように社説も講演もほとんどの場合「こと」の前に節をとるが、学会では「こと」の前にさらに「という、っていう、って、といった」という二次的補文標識をとることが非常に多く、複雑系285例のうち178例(62.5%)を占めている。これに対し社説では1例を除き節は直接「こと」に前接している。さらに「複雑系」を詳しく分析すると、会話と講演・社説ではその複雑さの度合いに大きな差がみられることがわかる。下の例で明らかなように会話では動詞の他に1句しか情報がないことが多いのに対し社説と講演では2句以上の情報が含まれている。また、社説では2番目の例「…配り、…芽を摘む」)のように2つの節が並列されている例がいくつかみられる。

会話
- 自転車で行ったことある?
- でも、あたし送ったことないよ。

社説
- 改正法では、都道府県と気象台が共同で出す土砂災害警戒情報を市町村に伝えることも義務化された。
- 教師は普段から子供たちの変化に目を配り、早期にいじめの芽を摘むことが大切だ。

講演

- 1つは日本語のあ－書きことばにおいて批判と提案を行なう時に現われ
る緩和方策この特徴を明らかにすること それからもう1つは…
- えー移動者相互のネットワークであるとかえー斡旋業者仲介業者という
組織が移動契機を拡充していることが分かります。

「こと」の直後には表3に見られるように、全ジャンルで助詞が後続する割合が最も多い。しかし会話では無助詞のことが多く、社説・講演と対照的である。また、講演では助詞のほかにコピュラが現れる割合が他の2つのジャンルに比べ高い。社説では助詞が省略されることは皆無で、何らかの助詞が現れる割合が極めて高い。

表3　ことの後要素

	会話	社説	講演
助詞	48 (48%)	50 (87.7%)	216 (65.1%)
無助詞	33 (33%)	0	5 (1.5%)
コピュラ	10 (10%)	7 (12.3%)	79 (23.8%)
その他[10]	9 (9%)	0	32 (9.6%)
合計	100 (100%)	57 (100%)	332 (100%)

　以上「こと」の前後に現れる形式を見てきたが、会話では「こと」の前には単純な語句が現れ（66%）、あとには助詞が現れる（48%）が、無助詞である場合もそれに匹敵するほど多い（33%）。社説では「こと」の前に節が二次的補文標識をとらず現れるのが圧倒的に多く（92.9%）、あとには助詞が続くことが多い（87.7%）。講演では前要素には複雑系が多く（85.8%）、後要素には助詞（65.1%）のほかに「だ」「です」などのコピュラ（23.8%）も多いのが特徴的である。しかし、講演で最も特徴的なのは「という」などの二次的補文標識が頻繁に現れることである（62.5%）。
　以上見てきたように、「こと」の前後要素は3種のジャンルによって違っ

た使われ方をしていることがわかる。多重文法の見地からするとこれらのジャンルを使用する言語使用者は一部重複しているものの「こと」に関する文法知識を 3 種保持し適宜使用しているということである。

5.2 「こと」の用法基盤文法

前節では「こと」の前後にどのような要素が現れるかを個別に観察したが、ここでは「こと」を含んだユニット全体を観察しその表現形式と意味・機能の関係、さらには各ジャンルにおける「こと」の中心的な用法を考察する。観察により得られた各ジャンルに特徴的な意味・機能的ユニットは以下のとおりである。

会話
- 単純な名詞用法が中心
- 「～ことがある・ない」などの定型表現
- 「こ・そ・あ・ど＋こと」（そういう＋こと／そんな＋こと）

社説
- 複雑な節を伴う補文標識が中心
- 「節＋こと＋助詞＋述語」
- 「こと＋だ」が文末に表れる分裂文（cleft）

講演
- 「こ・そ・あ・ど＋こと」
- 補文標識用法が中心
- 「という＋こと」

このように 3 種のデータでは「こと」の使用はかなり異なっている。この点について以下、用法基盤文法の観点から観察、分析していく。

5.2.1　会話

　まず会話においては「こと」は「彼女のこと」「仕事のこと」「好きなこと」などの単純な名詞用法が中心である。「この部屋にいる<u>こと</u>自体がすごい切ないっていうかね」という補文標識用法も認められるが、その頻度からみて会話では中心的なものではなく周辺的である。さらに「こと」の前に来る要素に関しては単語か節かという形式面だけでなく、その情報量は極めて少ない。

　よく知られているように会話は時間的な制約のもとで産出される口頭言語であるため 1 つの intonation unit（以下 IU）の中に収められる情報量には制約がある（Chafe 1994, Iwasaki 1993）。このような時間制約のもとでは文の中にさらに補文を埋め込むということは容易なことではない。これは会話の中には関係節があまり見受けられないこととも関係している。会話文 100 例中 32 例は「こと」の前に節が現れているが、実例をよく観察するとこれらは「山に登った<u>こと</u>がありますかって聞こうとしてた」「で後は私が今何もする<u>こと</u>がないでしょうここでは」など「ことがある」「ことがない」などの助動詞的機能を持つ定型表現に付随するものがほとんどである。これは会話という言語環境が即時的、相互作用的であるため複雑な補文構造はうまく育たないということである。

　また、会話では「そういうこと」（6 例）「そんなこと」（15 例）などのように、指示詞と「こと」が共起することが多い。これは、会話が自然進行型の行為であるということが一因であると思われる。つまり話者はひとつのまとまった話をしようとする場合それを IU などの小さな単位で少しずつ披瀝していくわけであるが、どのような展開になるかはあらかじめ決まっているわけではない。話者はある程度まとまった情報を述べたと認識した後「そういうこと」「そんなこと」などでそこまでの話をくくり、このステップを踏むことにより話を次へと展開させていくことが可能となる。次の会話（1）

では、11行目にBは「そんなこと知らないから」と言っているが、Bはこの引用部分の前から延々と「よしお」(仮名)という名の自分の息子が不良から暴行を受けたいきさつを述べている。その暴行を受けていたという事実を「そんなこと」で代行しているわけである。

(1)
1　B：そいでよしおが「はい」って振り向いたら
2　A：うん。
3　B：その返事なんだってさ
4　A：うん。叩いたの？
5　B：喧嘩　うー　うん。そいでね暗闇引き込んでね
6　A：うん。
7　B：ポコポコにされたの。
8　A：夜？
9　B：夜。
10A：あら！
11B：で私達はそんなこと知らないから結局遅いねーなんつってね

　次の会話(2)では「そんなこと」は相手の発言をまとめている。Cは自分の母親がアメリカの大学院を出ているにもかかわらず結局就職せず主婦になっていることを説明した後、最初は「無駄なことをした人にしか見えなかった」が、今は「それもありかな」と考えるようになったと言っている。このCの説明を受けDは「そういうことが好きなら(それでもいいんじゃないか)」と反応している。ただしこの「そういうこと」の内容は非常に曖昧なものであり明確な命題を指示しているとはいいがたい。このような曖昧な情報が許容されるのは時には情報の精密さより相手との会話のスムーズな進行という相互行為が重視される会話という環境が許すものである。

(2)
　C：でもね、私、多分それは彼女的にはよかったんだろうと思うんだけど、私か

ら見るとさー、やっぱりさー、女の人のちゃんとできる人は働くっていうイ
メージがあるじゃない。何にもしてないからさ。
D：もったいない。
C：何かすごく無駄なことをした人にしか見えなかったのね。今、考えるとそれ
もありかなとか。
D：うーん。別にね、それでもいい、そういうことが好きならいいと思うけど。
C：ま前は就職する人も自体もいなかったらしいけどね。

　このように「そんなこと」「そういうこと」は自分あるいは相手の言った
ことの内容をまとめ、指し示し話を続けるのに便利である。さらに「そんな
こと」15例のうち6例は「そんなことない」という話者の評価や判断を示
す定型表現として使われていることにも注目しておきたい。下の(3)は沖縄
旅行の計画、(4)は和紙の人形について話しているが、(3)の場合「そんなこ
とない」は相手の懸念を払拭し、(4)では自分の理解を相手に投げかけ確認
しようとしている。もちろん相手が目の前にいない書きことばや、相手が積
極的に話の進行に参加できない学会講演の環境では起こり得ない言語行動
であり、この言語形態はそのような環境では育たない。

(3)
　A：全然いらないよ。うどん屋とかはあるからーうどん食べたりとかー。
　B：でも何かさソーキそばみたいなんだけだったらどうするとかさ。
　A：絶対そんなことないよー。

(4)
　C：なんか背が高すぎる気がするんだけどそんなことない？
　D：高すぎる？

　以上のように、単純な名詞用法、定型表現、そして前文脈の話をまとめて
後文脈に繋げる「そういうこと」「そんなこと」が会話における「こと」の
用法基盤文法の中心的存在であることがわかった。

5.2.2　社説

　社説は会話・講演と違い書きことばである。このような言語環境では言語表出は時間の制約や相互作用のルールにしばられることがないため、「こと」は構文的に複雑な補文標識用法として使われることが可能となる。さらに複雑系構文は相手との共有知識に限界がある書きことばでは単に可能な構文であるだけでなく、必要とされる構文でもある。

　今回のデータでは「こと」の大部分は「節＋こと＋助詞＋述語」の形で現れ、特に助詞が「が」「は」の場合は「重要だ」「不可欠だ」「大事だ」などの意見表明する述語の現れることが多く、筆者（新聞社）の意見を述べるために使われている。以下に例を示す。

- 事業所ごとに労使で共通認識を持つことが肝要だ。
- 周辺自治体の負担軽減につなげることが重要だ。
- しかし、住む土地の災害リスクを正しく知ることは、生命、財産を守るために不可欠だ。
- 無論、日中韓の協力の枠組みを立て直すことは大事だが、朴氏の意図がまだ見えない。

　また、コピュラが続く場合は以下の例のように分裂文として使われ、ある情報を前景化するために使われている。

- 必要なのは、女性が働きやすい環境をつくり上げることだ。
- 新聞の役割は、意見の対立をあおることではない。

　社説での「こと」の文法は生成的な補文標識用法が中心であるが、形はある程度決まっており、ヴァリエーションの少ないのが特徴であると言える。

5.2.3 講演

　講演は会話と同じく話しことばであると同時に、扱われる情報の量と複雑さは会話より社説に近いため、「こと」の用法に関しては会話とも社説とも共通点がみられる。まず、会話と同様、講演では既出情報を「指示詞」＋「こと」でまとめ、話を展開していく傾向がみられる。以下に例を示す。

- ま、ユーザーの意志っていうか、まー被験者の意志っていうのもあったかもしれません。ま、そういうこともあって次の値に進むケースも多いと、て、ま、こうしたことからえーとー要するに表現だけでは…

　会話と比べ、講演では「指示詞＋こと」の形の種類がより豊富で、指示詞が指し示す内容がより明確であるというのが特徴である。

　社説との共通点としては名詞用法よりも補文標識用法が優勢であるという点である。これは先ほども述べたように情報の複雑さが関係するが、講演では「こと＋が＋分かる／できる」「こと＋に＋なる」という語連鎖が目立ち、その機能は学会講演独特のものである。例えば、結果を表す「〜ことになる」は社説でも使われるが、以下にみられるようにその機能は異なる。社説では仮定された結果が多いのに対し、講演ではすでに起こった既定結果であることが多い。

- 積立金の不足した原発の運転を前倒しで打ち切れば、多額の追加負担が生じることになる。（社説、仮定結果）
- 学生達そのものが考えたのは相手の気持ちを害さないような表現を使うようにした人が六割ということになってます。（講演、既定結果）

　社説では現在の事実をもとに将来の予測や提案をするということが重要であるのに対し、講演では既に行った研究の成果を発表することが主な目的であることがこの意味的な差となって表れている。

他の2つのジャンルには見られない学会講演の特徴として「という」が「こと」と共起する割合が非常に高い（全体の半数以上）ということがあげらられる。

　これは「という」に話者または第三者の思考や発話行為と説明行為という2つのコミュニケーション形態を繋ぐ役割があることと関係している。さらにMatsumoto（1998）は「という」を疑似引用法とし、補文を（疑似）引用句として表現することにより、本当の引用文と同様の効果をもたらすとしている。話者・筆者は「という」疑似引用法により情報を新しいまたは注目に値する情報として示すことができ、それと同時に情報の真偽性に対する責任を回避することができる。つまり「という」で情報を引用化することにより、話者・筆者はその情報から距離を置き外的観点からその情報を扱うことができるのである。実際今回の講演データにおいて「という」が「こと」と共起しているのは、話者の研究実行者と発表者としての立場の分離が見られる場面である。以下の例のように、話者は情報を研究者の発話・思考として引用しそれに対し発表者の立場で考察、評価、アナウンスなどをしている。

- まこのようにですねえま多少の戸惑いを感じているんではないか<u>という</u><u>こと</u>がえー言えます（講演、考察）
- えー実際の騒音使った時にどうなるのかっ<u>ていう風なこと</u>がまだ不十分だと思います（講演、評価）
- その紹介されることのなかった国語の単元学習がどのようなものであったのかっ<u>ていうこと</u>を見ていきたいと思います（講演、アナウンス）

　講演における「こと」の使用について、最後にその実際の発話プロセスを考察する。本稿で用いた『日本語話し言葉コーパス』の学会講演データは、そのマニュアルによると0.2秒以上のポーズが認められる場合改行を行うとされている。下の例では「という<u>こと</u>が多いです」は直前の「不自然さ..がふくまれる」と0.3秒以上のポーズを境に発話されている。

(5)

1　え　不自然さ　（0.177）が　含まれる
2　（0.327）ということが多いです

これを IU 理論（Chafe 1994）に従って解釈するとこの話者は「不自然さ ..
がふくまれる」と発話している時点ではこれを次の「ということ」で補文
化することは考えておらず 0.327 秒[11] のポーズの間にこの判断をしたと考え
られる。つまりもともと「こと」による補文構造をそなえた文ではなくアド
ホック的に補文構造をとったということになる。
　次の例も同様である。この話者は 2 行目で「ええ このような差を えーっ
と（=0.465）[12] 定量的に表現」とまず発話し、1 秒以上のかなり長いポーズを
とりそのあとでアドホック的に「することは」と補文化している。さらにこ
の補文を「外国語教育に .. フィードバック」に結び付け、0.5 秒後「できる
であろう」という述語を与えている。さらに 0.3 秒のポーズを置き今度は引
用の「と」で全体の情報を「考えられます」の引用部分としている。

(6)

1　えこれらの
2　（0.524）ええこのような差を　えーっと（=0.465）　定量的に表現
3　（1.136）することは　えー（=0.187）　外国語教育に
　　えー（=0.166）　フィードバック
4　（0.559）できるであろう
5　（0.343）と考えられます

　この発話は一行一行は文法的であるが、すべてをまとめた場合「このよう
な差を定量的に表現することは外国語教育にフィードバックできるであろ
う」となり書きことばの基準で見るとこなれた文ではなく、「定量的に表現
することによりフィードバックできるであろう」とするか「定量的に表現す
ることはフィードバックにも役だつであろう」などと書き直されなければな

らない。この事実は話者は学会講演などのときに必ずしも書きことばの文法を用いて言語行動をしているのではないということを示している。また2行目、3行目は「表現」「フィードバック」という名詞で終わっており、それを支える「する」「できる」はそれぞれ1.1秒後、0.5秒のポーズを置いて次の発話の冒頭におかれている。これも「講演文法」の1つの特徴である。

　これらの例において学会講演では、思考と発話が行きつ戻りつしながら進行していく様子がみられる。話者は節を発話し、間をおいて「こと」でそれを補文に変換し、さらにそれを次に続けていく。この過程において「こと」は利便性の高いことばである。つまり学会講演における「こと」の文法は先行する文を後から補文化するためのことばであるということになる。

　このことは上の2例にも見られたように「節＋（という）こと＋助詞＋述語」は1つのIUにおさまらず「節」と「（という）こと」の間にはIUの境界線があるということの説明になる。実際『日本語話し言葉コーパス』にあたり調べてみると次のように「ということ」が独立したIUをなす例がよくみられる。

(7)
　1　えー上下の変動はまーあまり大きくない
　2　という<u>こと</u>が
　3　分かると思います

(8)
　1　えー実際の報知音に使うには　ん　どの辺の
　2　音の高さの音がいいのか
　3　っていう<u>こと</u>で
　4　えー実験してみました

　新聞社説では書き手は時間に制約されていない。このような言語環境では補文を主文に埋め込む際の時間的、認知的妨げはなにもない。そのため補文

標識としての機能が存分に発揮され、(9)のように何重にも埋め込みがなされたり、(10)のように複数の補文を1つの述語の目的語とすることなどが可能になる。

(9)
[[[[サービス抑制や負担増に向けた]取り組み]のたが]が緩む] <u>こと</u> があってはならない。

(10)
[働く女性が妊娠・出産を理由に職場で不利益を被る] <u>こと</u>や、[職場で精神的・肉体的な嫌がらせを受ける] <u>こと</u> を「マタニティーハラスメント（マタハラ）」という。

　以上、会話、新聞社説、学会講演での「こと」の使われ方を時間的制約および相互作用からの制約との関係で検証してきた。このように「こと」の用法基盤文法、つまり「こと」の中心的用法はそれぞれのジャンルで違っており、その特性はそれぞれのジャンルの特性に順応しエコロジー的に抽出されたものであると考えられる。1人の言語使用者の知識という観点から見れば、実際の使用を通し段階的にそれぞれの文法を構築、獲得してゆき、それらを適宜使い分けているとされる。このような過程を経て個人は多重文法を獲得していく。

6. 多重文法からみたこれからの言語理論

　前節では「こと」の使用法が会話、新聞社説、学会講演のジャンルで違うことを示し、この違いはそれぞれの環境の要求あるいは容認する使用法によるものであることを述べた。これは文法発生のエコロジー的説明である。これを個人話者の多重文法の観点からもう一度整理し直してみると、話者は

違った環境での言語使用に触れることにより、次第に環境によって異なっている複数の文法を獲得していくということになる。本稿で見た3種のジャンルに関していうとこの3種のジャンルを使用する日本語話者はまず幼児の時から「会話文法」を学びそれを発達させるとともに、おそらくおとぎ話や童話などの書きことばを通し環境の全く違う「書きことば文法」を学び、「作文」「小論文」などの練習を通しそれを洗練し、しだいに社説のような仕事で必要とされる特殊な書きことば文法を学んでゆく。おそらく講演[13]に用いられる「講演文法」は会話文法の即時性と書きことばの複雑性を交配してできた文法であるが、これは書きことば文法を学んだ後に獲得されるものと思われる。本稿では1人の話者が持つであろう多重文法を、多くの話者の産出したデータを基に考察したわけであるが、これからは1人の特定話者が違った環境で産出するデータを基に多重文法の正当性をさらに確認していくことが必要である。

　ここで示した多重文法モデルはこれまでの言語学理論に対しいくつかの示唆を提供する。用法基盤文法理論を含め最近の機能言語学者は会話を文法が生まれる基盤と捉えるが、ここで見たように話者の保持する文法は会話からだけでは得られない複雑なものである。この点は日本語や英語など書記言語の歴史の長い言語においては十分に考慮されなければならない。英語の「節」を会話データにより分析した Thompson and Hopper (2001: 53) も英語話者の「節」への理解は会話からだけでなく書きことばからも影響を受けている可能性を述べており、話者の文法知識は書きことばや会話以外の話しことばからの影響も考慮しなければならないとしている。また書きことばの産出文法は高等教育をうけ執筆を専門とすることにより習得度が高まる (Miller and Weinert 1998) とされることから多重文法の内容は個人により異なっており、これはさらに話者および状況によっては会話の中に書きことばの文法が混ざる可能性もあり、これからの会話の分析においては話しことばの中の書きことば要素に関しても研究が進められていかなければならない。認知文法の分野では文法はボトムアップ式に実際の発話をもとに次第

に抽象化され「構文スキーマ」(constructional schemas)が構築されていくとされるがこの過程が用法基盤文法のなかで実際にどのように構成されているのか、どのような過程を経て変化していくのかも調査していく必要がある(Langacker (2000)、Boye and Harder (2007)、Dąbrowska (2014)など参照)。最後に形式主義を唱える言語学者の興味は本稿でいう抽象文法にあると思われるが、この文法を直接観察することは難しく様々な文法判断を話者に求め抽出していくことになる。ただし話者が文法判断を下すとき本稿で様々な図をもって示した文法構造のどの部分を用いて判断をしているのかを見極める必要がある。

　これからの言語学の発展のためには会話の分析は欠かせないものである。会話が言語使用の原型であり、会話が書きことばを持たない言語社会に生活する話者も含めすべての人間の普遍的な言語インプットとなっていることは確かであり、言語の類型論的な比較をする際にもこの種の言語からのデータを比較する必要があるであろう。しかし、書記言語が生活の多くを占める社会に暮らす者の文法がこの言語体系から影響を受けていることも確かであり、これからの言語理論に多重文法の視点は欠かせないものと思われる。

注

1　ここでは「書きことば」と「書記言語」はほぼ同義であるが、後者はとくに書きことばを体系として認識する場合に使うことにする。

2　この節で用いる図は抽象的概念を説明するのに便宜的に用いるものでありLangackerの用いる図とは無関係である。

3　ニュースの読み上げなど純粋の話しことばと書きことばが混在しているジャンルもある。特に最近はIT技術を用いた新しいメディアによるチャット、ブログ、テキストメッセージなどの新しいジャンルが次々と創造されている。

4　会話データは宇佐美(2007)、Aoki et al. (to appear)、Linguistic Data Consortium (1996)から3つずつ使用した。ほとんどに音声データが付随しており分析には音声情報も考

慮している。

5 　講演データは『日本語話し言葉コーパス』の学会講演データ（国立国語研究所 2004）を使用した。すべて音声データが付随しており、その情報も分析に欠かせない要素である。

6 　「こと」は「事」「コト」とも表記できるが社説ではすべて「こと」で統一されていた。講演の書き起こしでは「心配事」「事は足りる」2 例を除きすべて「こと」であった。なお「心配事」「事は足りる」はここでは除外してある。

7 　単純頻度の斜線の左の数値は「こと」の述べ語数、斜線右の数値は分析対象データの総語数を示す。

8 　「その他」は明らかな言い間違えおよび解析不可能な発話である。

9 　引用中に用いられたものは上述の単純系の例のほか「『わからないことが多すぎる』というのは小渕氏以上に国民が…」および「考える材料をいかに社会に提供できるかにある。そのことを改めて確かめておきたい。」である。

10 　「その他」の項目の主なものは「ことなのかね・な」「ことのほうがおおい」「ことってゆうか」「なんてことない女の子」などの定型表現である。

11 　書き起こしの中で括弧に表示した秒数は本稿の執筆者によるものである。

12 　「えーっと（=0.465）」は「えーっと」というさしはさみのことばの長さが 0.465 秒あることを示す。以下同様。

13 　ここでは書いたものをそのまま読み上げる講演スタイルは除外する。

参考文献

Akatsuka-McCawley, Noriko. (1978) Another Look at *no*, *koto*, and *to*: Epistemology and Complementizer Choice in Japanese. In John Hinds and Irwin Haward. (eds.) *Problems in Japanese Syntax and Semantics*, pp.172–212. Tokyo: Kaitaku-sha.

Boye, Kasper and Peter Harder. (2007) Complement Taking Predicates: Usage and Linguistic Structure. *Studies in Language* 3(13): pp.569–606.

Bybee, Joan and Paul J. Hopper. (2001) *Frequency and the Emergence of Linguistic Structure*. Amsterdam: John Benjamins.

Chafe, Wallace. (1994) *Discourse, Consciousness, and Time: The Flow and Displacement of Conscious Experience in Speaking and Writing*. Chicago: University of Chicago Press.

Dąbrowska, Ewa (2014) Recycling Utterances: A Speaker's Guide to Sentence Processing. *Cognitive Linguistics* 25(4): pp.617–653.

Du Bois, John W. (1987) The Discourse Basis of Ergativity. *Language* 63: pp.805–855.

Fillmore, Charles. (1979) On Fluency. In Charles. J. Fillmore, Dan Kempler, and William S.-Y. Wang (eds.) *Individual Differences in Language Ability and Language Behavior*. New York: Academic Press.

橋本修（1990）「補文標識「の」「こと」の分布に関わる意味規則」『国語学』163: pp.1–12.　国語学会

橋本修（1994）「「の」補文の統合的・意味的性質」『文藝言語研究　言語篇』25: pp.153–166.　筑波大学文藝・言語学系

Heritage, John. (2001) Ethno-sciences and their Significance for Conversation Linguistics. In Klaus Brinker, Gerd Antos, Wolfgang Heinemann, and Sven Sager. (eds.) *Linguistics of Text and Conversation: An International Handbook of Contemporary Research Vol.2*, pp.908–919. Berlin: De Gruyter.

Hopper, Paul J. (1987) Emergent Grammar. *Proceedings of the Thirteenth Annual Meeting, Berkeley Linguistics Society*, pp.139–157. Berkeley: Berkeley Linguistics Society.

Hopper, Paul J. (1988) Emergent Grammar and the A Priori Grammar Constraint. In Deborah Tannen. (ed.) *Linguistics in Context: Connecting Observation and Understanding*, pp.117–134. Norwood, NJ: Ablex.

Hopper, Paul J. (1998) Emergent Grammar. In Michael Tomasello (ed.) *The New Psychology of Language: Cognitive and Functional Approaches to Language Structure*, pp.155–175. Mahwah, NJ: Lawrence Erlbaum.

Hopper, Paul J. (2000) Grammatical Constructions and their Discourse Origins: Prototype or Family Resemblance? In Martin Pütz and Susanne Niemeier. (eds.) *Applied Cognitive Linguistics: Theory, Acquisition and Language Pedagogy*, pp.109–130. Berlin: Mouton/de Gruyter.

Hopper, Paul J. (2004) The Openness of Grammatical Constructions. *Chicago Linguistic Society* 40: pp.239–256.

Horie, Kaoru. (1979) Three Types of Nominalization in Modern Japanese: *No, Koto* and Zero. *Linguistics* 35: pp.879–894.

井上和子（1976）『変形文法と日本語』大修館書店

Iwasaki, Shoichi. (1993) The Structure of the Intonation Unit in Japanese. In Soonja Choi (ed.) *Japanese/Korean Linguistics 3*, pp.39–53. Stanford: CSLI.

Iwasaki, Shoichi. (2013) *Japanese – Revised Edition*. (London Oriental and African Language Library). Amsterdam: John Benjamins.

Iwasaki Shoichi. (2015) A Multiple-grammar Model of Speakers' Linguistic Knowledge.

Cognitive Linguistics 26(2): pp.161–210.

Josephs, Lewis S. (1976) Complementation. In Masayoshi Shibatani (ed.) *Syntax and Semantics 5: Japanese Generative Grammar*, pp.307–369. New York: Academic Press.

近藤康弘（1997）「「こと」「の」による名詞節の性質―能格性の観点から」『国語学』190: pp.1–11. 国語学会

工藤真由美（1985）「ノ、コトの使い分けと動詞の種類」『国文学　解釈と鑑賞』50(3): pp.45–52. 至文堂

Kuno, Susumu. (1973) *The Structure of the Japanese Language*. Cambridge: MIT Press.

Langacker, Ronald W. (2000) A Dynamic Usage-based Model. In Michael Barlow and Suzanne Kemmer. (eds.) *Usage Based Model of Language*, pp.1–63. Stanford: CSLI.

Levinson, Stephen. (1983) *Pragmatics*. Cambridge : Cambridge University Press.

Linell, Per. (2005) *The Written Language Bias in Linguistics: Its Nature, Origins and Transformations*. London: Routledge.

Longacre, Robert. (1976) *An Anatomy of Speech Notions*. Belgium: The Peter de Ridder Press.

Matsumoto, Yoshiko. (1998) The Complementizer *toyuu* in Japanese. In Noriko Akatsuka. (ed.) *Japanese/Korean Linguistics 7*, pp.243–255. Stanford: CSLI.

Miller, Jim and Regina Weinert. (1998) *Spontaneous Spoken Language: Syntax and Discourse*. Oxford: Oxford University Press.

野田春美（1995）「ノとコト―埋め込み節をつくる代表的な形式」宮島達夫・仁田義雄（編）『日本語類義表現の文法（下）』pp.419–428. くろしお出版

Purcell-Gates, Victoria. (1988) Lexical and Syntactic Knowledge of Written Narrative Held by Well-read-to Kindergarteners and Second Graders. *Research in the Teaching of English*, 22: pp.128–160.

Purcell-Gates, Victoria. (2001) Emergent Literacy is Emerging Knowledge of Written, not Oral Language. In Britto, Pia Rebello and Jeanne Brooks-Gunn. (eds.) *The Role of Family Literacy Environments in Promoting Young Children's Emerging Literacy Skills*, pp.7–22 San Francisco: Jossey-Bass.

佐治圭三（1993）「「の」の本質―「こと」「もの」との対比から」『日本語学』12(11): pp.4–14. 明治書院

Schegloff, Emanuel A. (1996) Turn organization: One intersection of Grammar and Interaction. In Elinor Ochs, Emanuel A. Schegloff, and Sandra A. Thompson. (eds.) *Interaction and Grammar*, pp.52–123. Cambridge: Cambridge University Press.

Selting, Margaret and Elizabeth Couper-Kuhlen. (2001) *Studies in Interactional Linguistics*.

Amsterdam: John Benjamins.

Shinzato, Rumiko. (1996) A Cognitive Analysis of Structural Dichotomies. *Gengo Kenkyu* 109: pp.1–22.

Sulzby, Elizabeth. (1985) Children's Emergent Abilities to Read Favorite Storybooks: a Developmental Study. *Reading Research Quarterly*. 20: pp.458–481.

Suzuki, Satoko. (2000) Japanese Complementizers: Interactions between Basic Characteristic and Contextual Factors. *Journal of Pragmatics* 32: pp.1585–1621.

Thompson, Sandra A. (2002) "Object Complements" and Conversation: Towards a Realistic Account. *Studies in Language* 26(1): pp.125–164.

Thompson, Sandra, A. and Paul J. Hopper. (2001) Transitivity, Clause Structure, and Argument Structure: Evidence from Conversation. In Bybee, Joan L. and Paul J. Hopper. (eds.) *Frequency and the Emergence of Linguistic Structure*, pp.27–60. Amsterdam: John Benjamins.

Tomasello, Michael. (2003) *Constructing A Language: a Usage-based Theory of Language Acquisition*. Cambridge, MA: Harvard University Press.

Vygotsky, Lev. (1962) *Thought and Language*. Cambridge, MA: MIT Press.

辞書

『日本国語大辞典(第 2 版、第 5 巻)』(2001)日本国語大辞典第二版編集委員会　小学館

データ

宇佐美まゆみ監修(2007)『BTS による多言語話し言葉コーパス－日本語会話(1)(2007年版)』東京外国語大学大学院地域文化研究科 21 世紀 COE プロジェクト「言語運用を基盤とする言語情報学拠点」

国立国語研究所(2004)『日本語話し言葉コーパス』(CSJ). 独立行政法人国立国語研究所・情報通信研究機構・東京工業大学

Aoki, Hiromi, Yuka Matsugu, Mizuki Miyashita, Tsuyoshi Ono, and Misumi Sadler (n.d.) Unpublished raw data and transcripts. Department of East Asian Studies at University of Arizona, University of California, Santa Barbara, Spoken Discourse Research Studio at the University of Alberta.

Linguistic Data Consortium (1996) *CALLHOME Japanese Corpus*. Linguistic Data Consortium, University of Pennsylvania.

多重文法　99

ソフトウェアプログラム

ChaSen for Windows version 2.0 (1999) Computational Linguistics Laboratory, Graduate School of Information Science, NAIST (Nara Institute of Science and Technology).

Anthony, Laurence. (2011) AntConc (Version 3.2.2) Tokyo, Japan: Waseda University. Available from http://www.antlab.sci.waseda.ac.jp/

◈ コラム

用法基盤文法（Usage-based Grammar）

兼安路子・岩崎勝一

　Usage-based model（用法基盤モデル）という用語は Langacker が認知文法の基本的構想を説明するために 1987 年の論文で初めて使用した言葉である。このモデルによると言語使用者が言語知識を獲得するためには実際の言語活動（usage event）を経験することが必須の条件であるとされる。この考えは生成文法の見地にまっこうから反対するものとして提出され、ミニマリストが話者の獲得する文法は最小限にとどまると唱えるのとは逆に話者の言語知識は無駄と思われる項目をも含む膨大なものであるとするマキシマリスト的考え、また話者のメンタル辞書には規則で生成できるものはリストされないという生成文法の還元主義観（reductionism）に対する非還元主義観（non-reductionism）、さらに抽象的な文法規則はその発端を実際の言語使用から徐々に抽象化されて形成されるというボトムアップ的考えを提唱する（Barlow and Kemmer（2000）参照）。

　Usage-based model（用法基盤モデル）の考えは「談話と文法」の関係を考えていた Chafe、Givón、Hopper、Thompson、Du Bois、Bybee などの機能言語学者により Usage-based grammar（用法基盤文法）として新しい発展を遂げることになる。つまり Langacker が「用法」をあくまで認知言語学の理論的枠組みの中で抽象的に想定してきたのに対し、「談話と文法」機能言語学者は「用法」をデータに表れた実際の言語使用ととらえ、言語使用環境が文法形成にどのように影響を及ぼすのかの実地調査を開始した。この考えは Du Bois の「文法は話者が頻繁に行う言語行動を記号化するもの」（1987:851）という提案や、Hopper の創発的文法観（Emergent Grammar）、つまり話者はこれまで聞いたあるいは自分

でも使った文法パターンをコミュニケーションの場での有用さゆえ再利用し、それが文法形成につながるというエコロジー的文法観とも合致して発展を遂げることになる。Bybee（2006 など）は文法を言語経験が認知的に体系化されたものと定義し、特に言語形式の使用頻度が文法に与える役割を詳細に分析している。たとえば「構文」（construction）とよばれる、全体あるいは一部が規定されている言語形式（日本語では「〜たり〜たりする」など）や collocation あるいは prefab とよばれる語連鎖（日本語では「そんなことないよ」など）が言語場面で頻繁に使用されることにより事例が蓄積され、それが使用者の認知構造のなかに原型モデルとして確固とした地位を占めるようになる。言語使用者の認知組織は原型モデルと同じ言語形式を認識するとそのモデルをさらに強化し、原型モデルとは同一ではないが、音韻面、意味面、語用論面で似通った言語形式を認識すると別の原型を作り、もとの原型モデルに近いところに記憶する。さらにある原型モデルはその機能を変化させることもある。日本語では「〜たり〜たりする」という例示表現から「たり」のみによる、表現を和らげる終助詞的機能が生まれたのはその一例である。（「お母さんもテニスお上手なんですって」に対して「ええ、ときどきシニアクラスで優勝しちゃったり」と答えるなど）。

　文法が実際の経験を通して形成されていくということは異なる言語環境を経験する個人の中にはいくつかの異なった文法が形成される可能性があることを示唆する。話者はまず会話という言語の最も基本的な文法環境から「会話文法」を習得するが、日本語のように書きことばの発展している環境では、会話文法とは違った「書きことば文法」をも獲得していくことになる。これは時間に制約されることがなく、目の前に直接の相手の存在しない書きことばの環境が会話での文法とは違った文法を形成しうるというエコロジー的考えにのっとった多重文法モデルの考えである（Iwasaki（2015）参照）。

参考文献

Barlow, Michael and Suzanne Kemmer. (eds.) (2000) *Usage-based Models of Language.*
　Stanford: CSLI.

Bybee, Joan. (2006) From Usage to Grammar: The Mind's Response to Repetition. *Language* 82(4): pp.711–733.

Du Bois, John W. (1987) The Discourse Basis of Ergativity. *Language* 63: pp.805–855.

Iwasaki, Shoichi. (2015) A Multiple-grammar Model of Speakers' Linguistic Knowledge. *Cognitive Linguistics* 26(2): pp.161–210.

Langacker, Ronald W. (1987) *Foundations of Cognitive Grammar: Theoretical Prerequisites*. Stanford: Stanford University Press.

第 2 部

「話しことばの言語学」実践編

イントロダクション

1. はじめに

　「話しことばの言語学」の基盤となる原理的な解説に続き、第2部ではその応用編として具体的な分析例を紹介する。原理的根拠に多様な立場があるように、話しことばを言語学的に探究するアプローチも一様ではない。ことばを扱う学問という意味での「言語学」的素養に依拠しながらも、談話分析や相互行為分析、さらに社会学や人類学の手法を用いることで「話しことば」を包括的に扱う道筋が近年できつつある。第2部ではその流れを意識しながら、同一データを「相互行為言語学」、「社会言語学」、「言語人類学」、「ナラティブ研究」といった異なるアプローチで分析することにより、どういった問題意識がどのように浮き彫りとなり、いかなる解決（あるいは更なる課題）へと導かれるかを提示したい。

　ここで提示される分析は、2013年12月に東京大学駒場キャンパスにて開催された『第8回話しことばの言語学ワークショップ』（「インタビュー・データを読み解く：ナラティブ分析、言語人類学、相互行為言語学の観点から」）に端を発し、異なる分野の研究者が同一の会話データを異なる視点から分析することで、分野間の交流を通じて新たな知見を共有しようと試みたものである。ただしここで「異なる」のは、後述するようにアプローチそのものというよりも、採用されたアプローチへの比重の置き方である。

　まずデータの詳細を以下に示す。

- テーマ：「出産・育児に関する意識変化」
- 資料収集の方法：半構造化インタビュー
- 収録日・収録地：2012年5月15日に栃木県県央部にて収録

106 第 2 部 「話しことばの言語学」実践編

- 分析データ：約 1 時間のインタビューのうち、「震災前後の子育て意識
  の変化」についての約 7 分間の会話
- 参加者：A（アツコ：インタビュー調査者）、B（ブンタ：参加者 C の夫）、
  C（チホ：A の友人で B の妻／二児の母／同様の内容で震災前にインタ
  ビュー済み）

　収録地となった栃木県県央部は、東日本大震災において震度 6 強の地震に
見舞われたが、その記憶も冷めやらぬ時期に収録されたデータである。ブン
タとチホの自宅は震災によって半壊し、地理的には日常のインフラ（水道な
ど）も暫くの間使用できず、放射能による農作物の風評被害に遭った地域で
もあることから、両者は自らを被災者として位置づけている。しかし、7 分
間のデータの中には、その被災者としてのアイデンティティを表出しながら
もなお（あるいは実際に被災したからこそ）、「東北」とは一線を画す語りが
現れる。この点について、本書第 2 部の執筆者からはこの語りをそのまま出
版することを懸念する声が挙がった。しかし、被災者自身から発せられたそ
の時点での率直な心情であり、実際の声として分析する意義があると考え、
そのまま採録・分析することとした。
　なお、この研究企画そのものは震災に絞ったものではなく、出産・育児体
験談にみるアイデンティティや社会規範に主眼をおいており、今現在（2017
年 11 月現在）も継続中である[1]。
　データの書き起こし記号は基本的に Du Bois et al. (1993) に依拠するが、そ
の後の改訂（http://www.linguistics.ucsb.edu/projects/transcription/A05updates.
pdf）を踏まえつつ、適宜会話分析の手法 (Jefferson 2004) も参考にしながら
第 2 部の執筆者が取捨選択したものである。したがって、執筆者の研究分野
や目的に応じて書き起こし方法が少しずつ異なる。この点も、各々の分野が
何を焦点化するか――つまり問題意識の異なる提示方法――を知る上で有益
な手がかりとなるだろう。
　第 2 部への導入として、以下に各章の要旨を述べる。異なる分野における

アプローチは、各々の分野が内包する問題を解決するための最適な手段（であるはず）である。同一データにどのように接近し、独自の意義を見出すのかを対照することで、「話しことばの言語学」がなしうる貢献の可能性と分析の幅を感じ取っていただくことができれば幸甚である。

2. 各論文のアプローチ

以下の論考では、言語項目という小さな単位を端緒とし、一連の発話の背後にある社会構造やイデオロギーといった大きな単位へと焦点を移しながら、話しことばが内包する人間の心と社会性を解き明かそうと試みる。

まず**横森**は、相互行為言語学の立場から対象データの中で繰り返し使用される副詞「やっぱり」に着目する。相互行為言語学とは、会話分析の知見と方法論を活用することで、特定の言語形式の相互行為における働きについて明らかにしようとするアプローチである。その方法論に基づき、参与者が相互行為連鎖内のどのような位置で、どのような相互行為上の課題に対処するために「やっぱり」を用いるのかを検証している。他のデータも参照しつつ、一見些細にみえる「やっぱり」により、どのような活動がその使用の背後に進行していると理解できるかを論じる。

横森に続き、社会言語学からの接近を試みたのが**岡本**論文である。岡本は、わずか7分間のデータの中で、夫（ブンタ）が「自称詞」を使用しない状態から3種類もの異なる自称詞を使用した点に着目する。その変化が起きた経緯について分析した結果、自称詞の変化は、妻と「ママ友」同士であるインタビュアーの2名によって構築された語りに対峙したブンタが、自己の語りを構築しようとする試みであったとの結論を導き出す。つまり岡本は、自称詞の変化を、「今・ここ」で構築されている語りに対応した変化であると同時に、そのことによって自己の領域を相互行為的に調整しようとする挑戦であると主張する。

続く**片岡**は、上記被災者のナラティブにおいて、詩的特徴が表面化した様式とプロセスを考察する。特に、ナラティブを誘発したある種の質問が家族

の「生還」に潜在する往復スキーマを典型的に喚起し、そのスキーマに沿う形で語りが進展したことを指摘する。加えて、そのスキーマ展開を補助・促進した特徴として、聞き手のあいづちによる構造化支援を挙げる。このような言語・身体的な資源の下で、被災者の談話的一貫性と主体性の発露を、「指標性」における循環的／求心的移行という現象として捉え直す。

　最後に、**秦**はナラティブ研究からの接近を試みる。秦はデータ中で参与者同士の意見に不一致が見られた部分を取り上げ、参与者がそれをどのように収束させているのか（あるいはさせないのか）を考察する。具体的には、参与者達が作り出す会話の協働構築を「スモール・ストーリー」分析によって明らかにし、その中で援用されたジェンダー・イデオロギーや、話題の微細なシフトが参与者間の意見の不一致を処理するための「問題解決機能」を持つことを明らかにする。この分析により、人がいかに（意識的／無意識的に）他者との衝突を避け、「今・ここ」の場を柔軟に生きているのかを明らかにする。

　以上4編の論文が示すのは、話しことばの言語学が内包する展開の可能性と懐の広さと言えるだろう。特定のアプローチが「話しことば」の断面から様々な現実と背景を浮き彫りにするにとどまらず、データの共有と方法論の相互参照により、個別のアプローチでは達成できない、多層的な現実への異なる視座を提供することが可能となる。読者には、これらの多様性を楽しんでいただきたい。

片岡邦好・秦かおり

謝辞
第2部で使用されたデータは、JSPS 科研費挑戦的萌芽研究 JP22653060（研究代表者：秦かおり）「出産・育児体験ディスコースに見る女性の意識と社会・文化環境：日英米比較研究」の成果の一部であり、同共同研究者の岡本多香子氏採録によるものである。

参考文献

Du Bois, John W., Stephan Schuetze-Coburn, Susanna Cumming, and Danae Paolino. (1993) Outline of Discourse Transcription. In Jane A. Edwards and Martin D. Lampert. (ed.), *Talking Data: Transcription and Coding in Discourse Research*, pp.45–89. Hillsdale, NJ: Erlbaum.

Jefferson, Gail. (2004) Glossary of Transcript Symbols with an Introduction. In Gene H. Lerner. (ed.), *Conversation Analysis: Studies from the First Generation*, pp.13–31. Amsterdam: John Benjamins.

相 互 行 為 言 語 学 か ら の ア プ ロ ー チ

認識的スタンスの表示と相互行為プラクティス
「やっぱり」が付与された極性質問発話を中心に

横森大輔

要旨 本稿は、分析課題として与えられたインタビューデータについて、相互行為言語学の立場からどのような分析を提示できるか示すことを目的とする。相互行為言語学とは、会話分析の知見と方法論を活用することで、特定の言語形式の相互行為における働きを明らかにする研究分野である。本稿では、課題データの中で繰り返し使用される表現である副詞「やっぱり」に着目し、参与者がやりとりの中のどのような相互行為上の位置で、どのような相互行為上の課題に対処するために「やっぱり」を用いているか検討する。また、「やっぱり」を活用した相互行為プラクティスの記述に基づき、「やっぱり」が頻出するこのインタビュー場面をどのような活動が進行しているものと理解できるかを論じる。

1. はじめに―相互行為言語学とは

　本書の第2部イントロダクションで述べられているように、本稿は、同一の会話データ（以後「課題データ」）に対して異なる研究アプローチによる分析の比較を行うという趣旨で集められた論考のうちの1つであり、特に「相互行為言語学（Interactional Linguistics）」と呼ばれる立場からのケーススタディを例示することを目的としている。まず、本節では相互行為言語学の概説を行おう。

　20世紀後半、機能主義の立場に立つ言語学者たちは、言語が現在の形をしているのはなぜかという問いの下、言語現象をその使用文脈との関係

で理解することの重要性を唱え、実際の話しことばを収録して分析に用い始めた。このようなアプローチは「談話機能言語学（Discourse-functional Linguistics）」と呼ばれ、話しことばに特徴的な言語事実を次々と報告し、従来の書きことば中心の文法観に強く再考を促している（Cumming and Ono 1997、本書の大野・中山論文および鈴木論文を参照）。

1990 年代ごろより談話機能言語学の研究者の一部は、社会学の一分野である「会話分析（Conversation Analysis; CA）」の知見と方法論を積極的に採用し、相互行為秩序の観点から言語研究を行ってきている。会話（および相互行為一般）とは複数の主体が協働的に参与する社会的事象であり、その中で参与者たちは様々な課題に直面し（例えば、現在進行中の発話がいつごろ完了し、その後には誰がどのような反応をすることが期待されているのかを理解し、その理解に従って適切に振る舞うこと等）、そのような課題に対して様々な工夫や仕掛けを用いることでお互いにとって理解可能な形で対処を行い、さらにそういった対処が各参与者に対してまた別の課題を生みだしていく。このような意味での相互行為秩序の達成のされ方やそこで用いられる工夫や仕掛けを研究するのが CA という分野である（串田 2006a , Sidnell 2010: 1–19）。CA の発展を背景に、相互行為秩序の達成のために言語がどのように用いられているか、あるいは相互行為秩序を達成する中で言語がどのように形作られているかといった問いに取り組む学際的な研究潮流が現れ、1990 年代には「相互行為と文法（Interaction and Grammar）」と呼ばれ、2000 年代以降は狭義の「文法」だけでなくあらゆる言語現象を射程に収めることを念頭に「相互行為言語学」と呼ばれている（Couper-Kuhlen and Selting 2001, Lindström 2009, Fox et al. 2013）。

相互行為言語学は、「特定の言語形式に焦点を当て、それがどんな相互行為上の働きをしているか明らかにする」または「特定の相互行為上の働きに焦点を当て、それがどんな言語形式によって達成されているかを明らかにする」ものである（Fox et al. 2013）。ここでは、特に関係の深い 2 つの分野である談話機能言語学および CA との間の緩やかな対比を頭に入れておきた

い。まず、談話機能言語学における研究の主眼が、会話データに特徴的に見られる言語形式（特に、作例や書きことばデータからは気付かれにくい言語形式）について記述し、それらの動機付けを談話機能の視点から捉えようとすることであった。これに対して、相互行為言語学では、分析対象の言語形式が、相互行為の参与者間で行われる様々な営み（例えば発話を通じた行為の組み立て、複数発話の間での行為連鎖、ターン交替など）においてどのような意味合いを持っているかということに焦点を当てる。他方、CAの研究は、相互行為を秩序立たせるさまざまな仕組みや手続きの記述を行うものであり[1]、言語形式はそういった仕組みや手続きを構成する一要素でしかない。したがって、言語を相互行為秩序の中で捉えるという点ではCAと相互行為言語学の間に違いはないが、相互行為言語学はあくまで言語形式そのものの性質を記述することに主目的があるという点でCAと異なっている。

2. 分析対象―「やっぱり」とその認識的スタンスをめぐって

2.1 課題データにおける「やっぱり」

　上述の通り、相互行為言語学とは、ある言語形式が相互行為の中で人々にどのように利用されているかを明らかにしようというアプローチである。筆者は、本稿で展開する事例分析の対象となる言語形式を定めるため、まず課題データを文字化して検討した。その過程で筆者の目を引いたことの1つが、副詞「やっぱり」（およびその縮約形である「やっぱ」）の生起頻度の高さである。今回の課題データは、第2部イントロダクションにもある通り、3人の参与者の間の7分間の会話の録画だが、この短い区間の中に「やっぱり」および「やっぱ」が計20回使用されている[2]。このことを踏まえ、本稿では、ケーススタディの題材として副詞「やっぱり」および「やっぱ」を取り上げる。なお、課題データはインタビュー活動の中の一場面であるが、「やっぱり」はインタビューにおいてよく用いられる傾向があるという指摘もある（蓮沼 1998）。したがって、このケーススタディは、「やっぱり」およ

び「やっぱ」についての理解を深めるだけでなく、それを通じてこの課題データにおいて進行している相互行為について理解を深めることも期待できるだろう。なお、「やっぱり」「やっぱ」がケーススタディの題材として相応しい理由は、頻度の高さ以外にもある。次節で述べるように、「やっぱり」「やっぱ」について考察することは、認識的スタンスの標識が相互行為の中でどのような働きをしているかという、近年の相互行為言語学にとって重要なテーマに取り組むことになるという点も指摘しておきたい。

2.2 「やっぱり」に関する先行研究の知見

副詞「やっぱり」および「やっぱ」は、「やはり」の口語形であり、日常的な日本語使用の中で頻繁に用いられているが、これらの性格を特徴付けることが容易でないことは長く知られてきた。現代日本語の文法記述の到達点として定評がある益岡・田窪（1992: 45-47）では、副詞の記述に関しては、「様態の副詞」（例「ゆっくり」）、「程度の副詞」（例「はなはだ」）、「量の副詞」（例「たっぷり」）、「テンス・アスペクトの副詞」（例「かつて」）、「評価の副詞」（例「あいにく」）等のカテゴリーへの分類を行う一方で、「やはり」「せっかく」「さすが」等についてはこういった分類に収まらないものとして「その他の副詞」とするに留めている。また、日本語学習者にとっても、「やはり」および「やっぱり」は習得が難しい表現であることが指摘されている（川口 1993）。

その一方で、「やはり」「やっぱり」のもつ意味論・語用論的な性格については、1990 年前後から知見が蓄積されてきており（西原 1988, Maynard 1991, 蓮沼 1998）、その議論は一定の収斂を見せているように思われる。例えば蓮沼（1998）は、副詞「やはり」「やっぱり」の基本機能を「前提命題と当該命題の適合の再認識・確認」としている。蓮沼は、前提命題と当該命題の適合に関する分類として、(1)「言語的文脈に明示されている情報」と当該命題の適合（「食べるか我慢するか迷ったが、やっぱり食べることにした」）、(2)「話者の既有知識や予想」と当該命題の適合（「あー、やっぱり君ら付き

合ってたんだ」)、そして(3)「常識・社会通念」と当該命題の適合(「やっぱり1杯目はビールに限るよね」)などを挙げている(例文は本稿筆者による)。さらに蓮沼は、「やはり」は「先行文脈の情報、あるいは話者が前提とする知識との照合を行った結果、当該の結論がそうした情報・前提的知識に根拠づけられた妥当な結論だという話者の認識的態度、発言態度を表示する」と述べている。これと同様の記述は、西原(1988)やMaynard(1991)など、他の先行研究にも見て取れる[3]。

2.3　残された課題
―相互行為の資源としての「やっぱり」の認識的スタンス

　以上のように、「やはり」「やっぱり」に関して、「当該の命題が、先行文脈・既有知識・一般常識などの前提と照らし合わせて整合的な、妥当な結論である」という話し手の態度を伝える表現であるという見解が多くの先行研究の間で概ね一致しているように思われる。残された課題は、相互行為の中で、なぜ話し手はわざわざそのような態度を表示するのか、ということである。談話における「やはり」「やっぱり」の具体的な機能に関して、蓮沼(1998)は、間つなぎ、独断の緩和、判断の責任回避、ためらい表示などをあげているが、それぞれの詳細な検討はなされておらず、当該命題に関する話し手の態度を「やはり」「やっぱり」で表示することが具体的な談話機能とどうつながっているのかという問題は十分に論じられていない。

　一般に、ある命題の情報・知識としてのステータス(例えば、その命題がどれだけ確からしいか、直接経験に基づくものか、伝聞などの形で間接的に得られたものか)について、自分がどのような立ち位置をとるかということに関する話者の態度は、認識的スタンス(epistemic stance)と呼ばれている。認識的スタンスの標識として従来の言語学研究で中心的に扱われてきたのは、英語や日本語の助動詞類(例えば、can, may, must, should、「ようだ」「らしい」「はずだ」など)であるが、蓮沼(1998)の記述の中でも言及されていたように、副詞「やはり」「やっぱり」もまた認識的スタンスの標識として

位置づけることができる。

　近年、CA の分野では認識的スタンスに関する研究がきわめて盛んになっており (Stivers et al. 2011)、CA を背景にもつ相互行為言語学にとっても、その強みを発揮できる領域として認識的スタンスを表示する言語形式の研究があげられている (Fox et al. 2013)。CA および相互行為言語学における認識的スタンスの研究において重視されているのは、相互行為の資源としてスタンス表示を捉える視点である。すなわち、話者が表示しているスタンスは、実際の話者の認知状態を正確に反映するものというよりも、その場で話し手が直面している相互行為上の課題に対処するための資源として理解されるべきなのである (Heritage 2005)[4]。相互行為上の課題に対処するためのパターン化された手続きはプラクティスと呼ばれている。本稿は、相互行為言語学のケーススタディとして、話し手が「やっぱり」を用いて「当該の命題が、先行文脈・既有知識・一般常識などの前提と照らし合わせて整合的な、妥当な結論である」というスタンスを伝えることで、どのような相互行為プラクティスの中で用いられ、どのような相互行為上の課題の対処に活かされているかを示していく。

3. データと分析方法

　上記の研究目的を鑑み、できるだけ多様な場面における多数の「やっぱり」の事例の観察を行うため、本稿では課題データだけではなくその他の会話データからの事例も分析に含めることとした。分析対象データとして用意したのは、課題データを含めて合計約 10 時間の日本語の自然会話のデータである。内訳は対面会話が約 8 時間、電話会話が約 2 時間で、対面会話は原則として動画撮影したものである。なお、対面会話データのうちおよそ 40 分ほど、『千葉大 3 人会話コーパス』(Den and Enomoto 2007) の一部を利用している。

　分析にあたっては、まず上記のデータソースを文字化した資料（トランス

クリプト)を用いて、「やっぱり」とその異形態を検索し、その前後文脈を含んだ断片を収集してデータベースを作成した。その結果、「やはり」1 例、「やっぱ」および「やっぱり」94 例が見つかった[5]。なお、「やっぱし」は今回のデータソースからは見つからなかった[6]。

　その次の段階として、収集された各ケースに対して CA の知見と方法論に基づく質的分析を実施し、「やっぱ」および「やっぱり」がどのような連鎖環境（sequential environment; Schegloff 2007）で、どのような相互行為上の資源となっているかという観点からみて、類似した事例同士をグルーピングした。連鎖環境とは、当該の発話が、どのような行為の連鎖の中のどのような位置において生起しているかということである。これは、一般的な言語学研究において文脈と呼ばれる観点を、特に行為の側面に焦点化したものと考えてよいだろう（詳細は Schegloff（2007）を参照）。

4. 「やっぱり」による相互行為プラクティス概観

　本稿では、以上の手続きによる分析を行った結果を踏まえ、「やっぱり」「やっぱ」が相互行為の資源として作用している例として、1 つの相互行為プラクティスを取り上げて記述する。焦点となるプラクティスについて詳しく述べる前に、今回のデータベースから見て取れる、「やっぱり」「やっぱ」を用いたプラクティス群を概観しておく。以下は収集された事例をグルーピングした結果である[7]。

(A) ある判断を（いまその場で思いついたことではなく）検討を踏まえた結果として位置づける

(B) 後続発話の展開に向けて共有しておきたい前提を導入する

(C) 一般的言明について確認を求める

(D) 極性質問を行う際に肯定回答が見込まれていることを示す

これら4つのカテゴリーのうち、(D)が本稿で詳しく取り上げるプラクティスである[8]。本節では、(A)、(B)、(C)について順にごく簡単に述べる。なお、本節における事例の紹介では、紙幅の都合上、「やっぱり」を含む発話のみを引用している。相互行為プラクティスとして検討するには、前後のやりとりの詳細な記述が必要であるが、それは別の機会に譲る。

(A) ある判断を(いまその場で思いついたことではなく)検討を踏まえた結果として位置づける

以下の2つの発話例を見てみよう。

(1) ((チーズを食べて))「**やっぱ**これ，チーズ硬いな」
(2) 「**やっぱり**全体を写すのは諦めて，2人・2人にして」

(1)は、1人の男性が、食卓の上に残っているチーズを食べ、独り言のように産出した発話である(声が聞こえる範囲に男性の妻がいる)。これは、「これ，チーズ硬いな」のように「やっぱ」を伴わずとも評価や判断を下す発話として機能するが、「やっぱ」を用いることにより、今その場で初めて感知したことではなく、それより前にもっていた経験や想定を踏まえた結論であるということを示すことができる。(2)は、4人の参与者からなる会話のビデオ撮影を行おうとして、ビデオカメラのアングルを検討している状況で発されたものである。ここでは直前まで「全体を写す」ことが試みられており、そこからの方針変更として「2人・2人に」すること(2台のビデオカメラで2人ずつを撮影すること)が提案されている。方針を変更することは、周りの参与者に対して説明が求められる事態である。ここで仮に「やっぱり」を伴っていなかった場合、直前までの方針を唐突に諦めることを宣言することになってしまう。「やっぱり」を用いることにより、その判断が単なる思い付きではなく、検討を踏まえた結果であることが示され、そのことが方針変更の説明として作用している。

認識的スタンスの表示と相互行為プラクティス　119

(B) 後続発話の展開に向けて共有しておきたい前提を導入する

　このパターンは、具体的には、(3)のように「から節」や「ので節」等、理由を表す従属節の中で用いられる場合と、(4)のように「前提導入節」とでも呼ぶべき発話ユニットの中で用いられる場合がある。ここでいう前提導入節とは、形式上はいわゆる主節の形式をしていても、談話においては後続して展開する語りのための前提を導入するものとして理解され、そこでターン交替が起きないような発話ユニットのことである。

(3)「**やっぱり**亡くなった人もいっぱいいるから :,」
(4)「んであの , **やっぱ**高 3 の学祭って燃えるじゃん」

　これらはいずれも、後続発話の土台になる情報を導入する発話ユニットである。「やっぱり」は、当該命題を共有知識や社会通念と整合的なものと示す表現であり、詳細に説明せずとも、その部分が疑いの余地が無いものとしてスムーズに受け入れられるものとして提示することができる。

(C) 一般的言明について確認を求める

　以下 3 例は、いずれも課題データからの引用である ((5)はチホの、(6)と(7)はブンタの発話)。

(5)「なんかそこが違うのかな**やっぱ** . 男と女で .」
(6)「> あ**やっぱり** <, (.) この , n- 仕事はしてても**やっぱり** , 家に - 家を守るってゆうそういう , (0.3) 奥さんの方が , (0.2) **やっぱり**感じるとこなんじゃない ?」
(7)「> あ(もう)< **やっぱり**そうゆうとこ母親なんじゃない ?> **やっぱ** <.」

　これら 3 例には、次のような共通点がある。まず、「かな」「じゃない ?」など話し手の側の不確かさを表示して、受け手からの同意・確認を誘う発話

としてデザインされている。また、そこで同意・確認を求めているのは、「そこが違う／男と女で」「仕事はしてても／家を守るってゆう／奥さんの方が／感じる」「そうゆうとこ母親」など、カテゴリーへの参照が行われていること及び非過去形（ル形）の述部が使用されていることで示されているように、特定の個人の具体的な属性や経験に関する言明ではなく、カテゴリーに関する一般的言明である。さらに連鎖環境についても、参与者たちの間で見解の対立や経験の不一致が顕在化した後の位置に生起しているという点で共通している。すなわち、そのような位置において「やっぱり」という、社会通念や既に共有されている前提との照合を示す表現を伴って一般的言明についての確認を求めることで、個人の見解や経験としては同意できなくとも、個人間の対立がカテゴリーの問題として図式化できるという点に関しては同意し合うことができる。それによって、そこまで進行していた個人の見解を対比させる連鎖を完了させ、新しい連鎖を開始することができる（一般的言明を通じた対立への対処については、本書の秦論文も参照されたい）。

　以上が、筆者が同定した「やっぱり」を用いた4つの相互行為プラクティスのうち、(A)、(B)、(C)のごく簡単な記述である。次節では、(D)として挙げた、極性質問を行う際に肯定回答が見込まれていることを示すというプラクティスについて、詳しく検討していきたい。

5. 「やっぱり」が付与された極性質問発話

5.1 「やっぱり」による肯定回答の見込みの表示

　「やっぱり」「やっぱ」を用いた相互行為プラクティスとして本稿が焦点をあてるのは、極性質問（polar question）に「やっぱり」「やっぱ」を付与することで肯定回答への傾きを示す、というものである。ここでいう極性質問とは、一般に Yes-No 質問などとも呼ばれる質問タイプで、ある命題に関して肯定または否定の回答を求めるものである。

　「やっぱり」「やっぱ」が極性質問に付随して用いられる場合、その質問に

対して肯定回答(例えば「うん」「そうだよ」「まあね」など)が返ってきそうであると判断できる手がかりが先行文脈の中に存在することが多い。具体例を見てみよう。

5.1.1　断片1の分析

　断片1は、課題データ、すなわちアツコ(A)からブンタ(B)に対する出産育児に関するインタビューが行われ、その場にはブンタの妻でアツコの友人であるチホ(C)が同席しているという場面の録画資料から収集されたものである[9]。この断片の18行目で「変わった_=やっぱり.」という発話が産出されている。

断片1

```
1  A:なんかイn-
2     (0.2)
3  A:カップラーメンとかも消費-賞[味期限[ごとに    ]ちゃんと=
        ((視線の先))BBBBBBBBBBCCCCCCCCCCCCCCCCCCCCCCCCCCCCCCC
4  B:             [>うんうん<.
               ((目を見開いた笑顔を浮かべながら細かい頷き))
5  C:                   [そ(h)-そhう.]
6  A:=[入れ替え[てるし      [:,    ][う:ん、うん.]
       BBBBBBBBBBBBBBBBBBBBBBBBBBBBB  CCCCCCCCCCC
7  B:        [>うんやってるやっ[てる<.]
8  C:  [そう         [  そ][::う::.]
9     (.)
10 C:その辺[(がわたし,)  ]
11 A:     [ん:,なに ]かが起こった時にと思って,=
12    =お水とかも貯めといたり[とか:,してるもんね_]
        ((「してるもんね」で大きく頷き))
        CCCCCCCBBBBBBBBBBBCCCCCCCCCCCCCCCCCCCC
13 C:                [うんう::ん. ]
14    (0.9)
```

15C:(もう[ね::)_   ]
16B: [tch! .hh でも]子供達も少し変わったんじゃない?
              BBBBBBBBBBBBBBBBBBBCCCCCCCCCCCCCCCCCCCCC
17   (0.6)
18A:**変わ**[**った**_=**やっぱり.**]
19B: [まあやっぱり水,] 水とかも並んだぐらいじゃん.
20   (0.4)
21B:[.hh ((鼻吸気))
22C:[<並んだね[:_> ((しみじみした声色))
23A: [あ::そっか[そっかそっ-]
24B: [うち, 水]:,
25   (.)
26B:飲めなかったから自衛隊にもらうのに並んだぐらいだから,

　ここでの「変わった」の末尾は、明確な上昇調があるとは言えないまでも末尾での下降音調がなく、文型や文脈の特徴とも総合すると、「変わったかどうか」を尋ねる極性質問として理解可能な発話デザインになっている。したがって、この発話は「やっぱり＋極性質問」の事例として認められる。

　それでは、この18行目の発話はどのような連鎖環境に生起しているだろうか。18行目でアツコが直面している相互行為上の課題を理解するためには16行目を理解する必要があり、16行目を理解するために1行目から15行目までの展開を理解する必要がある。

　まず、1行目から12行目にかけて起きているのは、この断片の直前にブンタが「震災後、非常用食材をきちんと管理するようになった」と述べたことに対する同調的反応として理解可能である。すなわちアツコは、具体的な自分の行動（非常食を賞味期限ごとに入れ替えたり、水を貯めたりしていること）に言及することを通じて、自分にもブンタやチホと同様の変化があったことを示している。このようにブンタとチホに対して同調的な発言を、両者に視線を交互に向けながら産出するアツコに対し、ブンタとチホはさらにアツコに同調する反応を示している（4行目から13行目にかけての両者の振

る舞いに注目されたい）。そして、ここまで進行していた連鎖か完了しても
おかしくない位置（12 行目および 13 行目の末尾）[10] が訪れた後に 0.9 秒の間
（14 行目）が生じ、新しい連鎖を開始することができる局面になってブンタ
の発話「でも子供達も少し変わったんじゃない？」が産出されている（16 行
目）。

　16 行目の発話の特徴を少し詳しく検討しよう。第一に、この発話を産出
する前に、ブンタは舌打ち音と吸気音を出している。これにより、それまで
のやりとりと明確に境界づけられた形で発話が開始されている。第二に、そ
れまでは自分たちが非常用食材をどう扱っているかということについて話し
ていたのに対して、この発話では「子供達」という別の主体を持ち出し、話
題を推移させている。第三に、ブンタはこの発話産出において、(1) 視線を
チホに向ける、(2)「子供達」というブンタとチホの家庭内の領域に属する
話題に言及するなど、発話をチホに「宛てる（address）」ための技法（Lerner
2003）を用いている。これにより、16 行目からは単にトピックが移り変わっ
ているだけでなく、「参加フレーム」（西阪 2009）、すなわち、参与者たちが
相互にどのような立ち位置でその場に参加し、どのような活動を構成してい
るかが変化している。具体的には、それまでアツコが自分の行動について述
べ、それに対してブンタやチホが同意するという構図の、3 人の間のおしゃ
べりの活動が進行していたのに対し、この 16 行目によって新たに「夫婦 2
人の間のやりとり」に移行し、アツコは 2 人のやりとりを傍観する周辺的
参与者として位置づけられることになる。第四に、この発話はチホに宛てら
れているという点に加え、「〜んじゃない？」という同意や確認を要求する
形式の発話であるという特徴も持っている。このように、確認要求のような
隣接ペアの第一部分を特定の参与者に宛てることは、その参与者を次の話し
手として指定する振る舞いであり（Sacks et al. 1974）、16 行目の後にはチホ
がターンを取り、ブンタに対して反応を示すことが強く期待されることとな
る。第五に、この発話は単に同意や確認を要求しているだけではなく（相手
から同意を取り付けること自体が目的であるようには聞こえない）、「子供達

も少し変わったんじゃない?」と妻であるチホに投げかけることで、子供達の変化に関して自分とチホには語ることのできるエピソードがあり、それについて語り合おう（あるいは、アツコの目の前で思い出を語り合うことでアツコに聞かせよう）という提案になっている。

このように 16 行目の直後はチホからの反応が強く期待されるにも関わらず、チホは即座に反応しておらず、結果として 0.6 秒の間があく（17 行目）。その後（18 行目）にアツコによって産出されるのが、問題の「**変わった_=やっぱり.**」である。既に確認したように、この発話は音調などから極性質問として判断される。この極性質問が、この連鎖環境において持つ特徴は以下のようなものである。

まず、この極性質問は、「直前（16 行目）の発話の一部を繰り返し、それについて肯定否定を問う極性質問」という特徴を有している。一般に、直前の発話の一部を繰り返して確認を行うというプラクティスは、発話の聞き手が修復（repair；発話の聞き取りや理解におけるトラブルに対処すること）を開始するための一技法として広く用いられるものである（Schegloff et al. 1977）が、この技法は連鎖環境や発話デザインの微細な特徴によって、修復開始以外の行為に用いられることもある（Schegloff 1997）。

ここで繰り返されることで確認されている「（子供達が）変わった」という命題は、上述の通り、ブンタにとって（そしておそらくはそれを問いかけられているチホにとっても）真だと捉えられているものとして、16 行目の発話デザイン（「〜じゃない?」）に表現されている。さらに「やっぱり」が付与されることにより、「先行文脈で得られていた想定あるいは一般的に考えられる想定を再確認する」という話し手の認識的スタンスが示される。18 行目の「**変わった_=やっぱり.**」は、極性質問であるため肯定回答（「変わった」）と否定回答（「変わっていない」）のいずれも可能であるが、連鎖環境と発話デザインの特徴により、肯定回答が強く見込まれることを示す質問となっているのである。

また、連鎖環境に関してもう 1 つ重要なのは、この発話は、直前（16 行目）

にブンタがチホに対して隣接ペア第一部分を宛て、チホからの反応が来ていないという位置に生起している点である。すなわち、ブンタが新たに開始した夫婦間のやりとりの中にアツコが割って入るという参与の構図になっている。このような連鎖環境において、肯定回答が強く見込まれるという認識的スタンスを表示してブンタの直前の発話に関して確認を求めることで、アツコは子供達の変化に関する語りをブンタやチホに対して促すことができる。

　なお、ここでは「やっぱり」を伴わずに単に「変わった_」と言うのみでも、語りの促しを行うことはできたと思われるが、仮に「やっぱり」がなければ修復開始あるいは疑義の呈示をしているという解釈の可能性が残るだろう。それこそが、アツコがまず「変わった」を産出し、その直後に「やっぱり」を急いで補ったという生起順序の要因であるように思われる。

　さらにより大局的なレベルの連鎖環境（あるいは会話の全域構造の組織（overall structural organization; Schegloff and Sacks 1973））も関わっているように思われる。というのも、この課題データの冒頭部分はインタビュアーであるアツコからブンタへの「震災の前後で育児に関する変化があったか」という問いかけから始まっている（以下の断片3の記述も参照）。断片1においても、アツコがブンタ（およびチホ）から「育児に関して震災の前後で変わった」点について聞きたがっているということは、参与者の間で共有された状態で会話が進行していると考えられる。断片1の直前や前半部分はもはやインタビュー活動としての性格が薄れ、友人同士のおしゃべりのような参加フレームでやりとりが進行しているが、14行目でそこまでのやりとりが一段落した際に、ブンタが「（子供達が）変わった」ということを新しいトピックとして選び、チホとの間での体験の語り合いを始めようとしたことは、アツコが震災の前後で変わった点について聞きたがっていることを志向した振る舞いであると見ることができる。そしてアツコの側もまた、「変わった」を焦点として取り上げることで、ブンタがそのような一歩を踏み出したことに巧みに対応している。そのような中で用いられている「やっぱり」は、「先行文脈を再確認する」という認識的スタンスの表示により、元々進行してい

たインタビューの話題や元々共有されていた「アツコが変わった点について聞きたがっている」ということとのリンクを示し、それまで雑談の参加フレームの中にいたアツコがインタビュアーとしての立ち位置に復帰する契機として作用していると理解できるだろう。

　以上の分析は、18 行目の後の各参与者の振る舞いから裏付けることができる。ブンタは、18 行目の発話開始とほぼ同時に「まあやっぱり水，水とかも並んだぐらいじゃん .」と、チホと共有された具体的な体験に言及しながら、引き続きチホから応答を引き出そうとしている[11]。チホは、22 行目で「<並んだね :_>」としみじみした声色で、かつゆっくりとした発声で発話産出することで、ブンタとチホの間の共有体験の思い出語りを開始している。ここでは、具体的な体験（「並んだ」）を共有されているものとして提示（「ね :」）することで、夫であるブンタを発話の受け手とし、アツコをやりとりの傍観者として位置づけている。さらにアツコは「あ :: そっかそっかそっ-」（23 行目）と言って「2 人のやりとりを聞くことで、自分が直前まで認識していなかったことを認識するに至った」というスタンスを示している[12]。以上のように、16 行目からブンタとチホが思い出を語り合い、アツコはそれを傍から聞く立場で参与しているという参加フレームとなっていることは、参与者自身の振る舞いによって証拠づけられている。

5.1.2　断片 2 の分析

　同じように、極性質問が「やっぱり」「やっぱ」とともに用いられ、肯定回答への見込みの強さを示している事例を検討しよう。断片 2 は、課題データとは別のデータから来ている。テルとユミという夫妻の自宅に、ユミの友達 3 名が遊びに来ている場面を収録したものである。この断片では、結婚すると年末年始などに配偶者の実家に滞在するということが話題になっている。なお、この場にいるユミの友人 3 名はいずれも未婚の女性である。この断片において、極性質問と「やっぱり」「やっぱ」による発話は、29 行目「エプロンって持っていくん .= やっぱ .」、35 行目「やっぱ手伝うもんなん ?」

認識的スタンスの表示と相互行為プラクティス　127

と 2 回現れている[13]。順に検討しよう。

断片 2

1 ユミ　：　あた(h)しほんとにさあ,
　　　　　　((チエ・テルの方に向きを変え、左手を前髪のところにやりながら。
　　　　　　愚痴や苦労話を予感させるような口調))
2　　　　　(0.8)　((ユミ、左手で額をぽりぽりかく。他の4人は頷きなどもせず、
　　　　　　微笑を浮かべながら静止した状態でユミのことを見つめている。))
3 ユミ　：　困ったねえ.　((他人事のような、軽い口調))
4　　　　　(0.3)
5 ナツ　：　[°困る　　[(よね)°　]　((ユミをみて頷きながら))
6 チエ　：　[ん::(h), a [HAHA　　][hh .kh][.kh　　　]=
7 ミカ　：　[AHHA　　[hhh　　][h .HH　]
8 ユミ　：　　　　　　[huhu　][hahaHuh][huhhuh]
9 チエ　：　=[[.kh　]
10ミカ　：　[[やっぱ,]困る[よねえ.]　((どちらかというとユミの方を向いて))
11ナツ　：　　　　　　　　[困るよ　]ねえ[:.　((ミカを向いて))
12ミカ　：　　　　　　　　　　　　　[う:ん.=
13チエ　：　=う[:ん.=
14ユミ　：　　[.hh
15ユミ　：　=↑なん[か↓さあ,　　　]
16ミカ　：　　　　[そうだよ.　↑率]先してはいけない=
17　　　　　=[よね_人の　　][おど-台所]に.=　((ナツキに))
18ナツ　：　[いけないよね_]　((ミカを向いて))
19ユミ　：　　　　　　　　　[う:::ん.　]
20ユミ　：　=男の子だったらさ:あ,(0.3) そんな:, 率先-=
21　　　　　=>っていうか<まあ,
22　　　　　(0.4)
23ミカ　：　なんにも[することないもんね_]
24ユミ　：　　　　　[エプロン持って:い　]:ってどうの>とか=
25　　　　　=しなくていいけど女の子は<,
26　　　　　　　(0.4)

128　第2部　「話しことばの言語学」実践編

```
27ユミ　：　ま，（.）いるじゃんか．=そういうの↑が．
28チエ　：　↓˚んん[::_˚ .hh　　　　]
29ミカ　：　　　　[エプロンって持っ]ていくん．=[やっぱ．　]
30チエ　：　　　　　　　　　　　　　　　　　[ghh((咳))]
31ユミ　：　　　　　　　　　　　　　　　　　[持ってい]った:_
32ミカ　：　[えぇ::_　　　　]
33チエ　：　[<えらいなあ]:>．
34　　　　　（0.3）
35ミカ　：　やっぱ手伝うもんなん？
36　　　　　（0.7）（（ユミ、直前に口に含んだ紅茶を飲み込む））
37ユミ　：　手伝った．
38ミカ　：　へ[ええ_　　　　　　　]
39チエ　：　　[˚（やっぱ/なんか)す]ご[いー˚（（ミカを向いて））
40ミカ　：　　　　　　　　　　　　　[自分から申し出るん．=それ．
```

　配偶者の実家に滞在するという話題になり、ユミはなにか愚痴や苦労話を予感させるようなシグナルを言語的・非言語的に出しながら発話を開始する（1行目）。そのような発話開始の直後に、左手で頬をぽりぽりかきながらの0.8秒の沈黙（2行目）があると、周りの参与者にとっては注視に値するものとなるだろう。周りの参与者の注意を十分にひきつけてからユミは「困ったねえ」と言う（3行目）。これは配偶者の実家に関する否定的評価（「困った」）という倫理的な規範から逸脱する発言を周りの参与者と共有可能なものとして提示（「ねえ」）しているため、笑いの対象となる発言として理解される。さらに、単に「困る」と評価するだけでなく、「困った」とタ形を用いることにより、具体的なエピソードを持っていることをほのめかしている。それと同時に、そのエピソードそのものについてはこの段階では語らないため、周りの参与者が興味を示せば語る準備があるということを示すプラクティス（串田 2006b）として理解できる。その後、周りの参与者たちから笑い声（6–9行目）と共感（10–13行目）が示されると、ユミは「↑なんか↓さあ，」といって発話を開始する姿勢を見せる。

認識的スタンスの表示と相互行為プラクティス　129

　15 行目のユミの発話開始とほぼ同時に、ミカが「そうだよ .↑率先して
はいけないよね _ 人のおど - 台所に .」と言ってターンを取得すると、ナツ
が「いけないよね _」とミカに対する明確な同意を表明し、この 2 人の間で
見解の共有が達成される。その後にユミが再びターンを取得し、ミカの用い
た「率先」という語を用いて「う :::ん . 男の子だったらさ : あ , (0.3) そんな :,
率先 - > っていうか < まあ ,」と、「男の子」という自分達と対比的なカテゴ
リーを持ち出すと、その統語的続きと聞かれ得る要素としてミカは「なんに
もすることないもんね _」と言ってユミへの同意を示す。しかし、ここでは
単純にユミとミカの同意が形成されているわけではない。ユミは、ミカの発
話とオーバーラップしつつ、「エプロン持って : い : ってどうの > とかしな
くていいけど女の子は <, (0.4) ま , (.) いるじゃんか . = そういうの↑が .」と
自身の発話に対する続きを比較的長く産出することで、ミカによる同意を発
話連鎖の中で存在しなかったもののように扱う。この断片 2 における極性質
問と「やっぱり」の発話が最初に産出されるのは、この直後である。
　29 行目でミカは「エプロンって持っていくん . = やっぱ .」と尋ねる。こ
の発話は断片 1 の事例と同様、相手が直前の発話で産出した「エプロン持っ
てい」くという語句をそのまま反復して確認を求めている。また、直前の発
話においてユミは「女の子」はエプロンが要ると述べており、ミカによるこ
の極性質問に対してユミが肯定回答を行うことは極めて確からしいものと
理解されるだろう。ここでは「社会通念や一般常識と整合的である」という
認識的スタンスを「やっぱ」で表示しながら確認を行うことにより、命題の
真偽を問題にしているのではなくむしろ命題が真であることを前提にそれ
についてさらに語ることを求める発話となっている。なお、この事例もまた
「やっぱり」を伴わずとも確認を求める発話になり得る(実際、ユミは「やっ
ぱ」が産出される前に答え始めている)が、その場合、エプロンを持ってい
くかどうかを純粋に尋ねているという解釈の余地が残ることにミカが志向し
た結果として「やっぱ」が間をおかずに追加されたと見なすことができるだ
ろう。

断片 2 の後続文脈では、35 行目において再びミカの口から極性質問と
「やっぱ」を組み合わせた発話が行われる。この「やっぱ手伝うもんなん?」
がこれまでに見てきた 2 例と異なるのは、「手伝う」という表現が先行文脈
に現れていない点である。ただし、これまでに言及された「エプロンを持っ
ていく」「お台所で率先して」といった内容から、「手伝う」ということが話
題であることは共有されていると言えるだろう(エプロンを持っていったが
手伝うというわけではない、というのは、何か特別な事情がない限り考えに
くい)。そのような推論により、ユミが手伝ったという事実は前提とされて
いる。その意味でこの事例もこれまでに見た 2 例と同様、極性質問で確認
する命題の蓋然性が直前の発話において示されているという図式が当てはま
る。また、この事例についてもここで「やっぱ」なしで「手伝うもんなん」
とだけ聞いたら、手伝うということの倫理的な妥当性について疑義を呈して
いるように聞こえる可能性があるという点が指摘できる。

これらの発話事例と対照を成すのは、40 行目のミカの質問「自分から申
し出るん .= それ .」である。ここではこれまでのやりとりと同様、ミカがユ
ミに対して極性質問を行っているが、「やっぱり」が用いられていない。こ
れは、29 行目および 35 行目の発話事例と異なり、尋ねられている命題(「自
分から申し出るかどうか」)について、先行文脈での言及もなければ、先行文
脈から回答の方向性を容易に推測することもできないということが関わって
いるように思われる。

5.2　応用プラクティス─回答の方向付けを示して反応を追求する

ここまで、認識的スタンスを示す副詞「やっぱり」が極性質問と共に用い
られることによって、その質問に対して肯定回答が強く見込まれることを示
すことができるという相互行為プラクティスについて検討してきた。今回の
データ分析を通じて、このプラクティスはやや異なる連鎖環境で応用される
ことも確認された。すなわち、疑問詞質問の後に、極性質問と「やっぱり」
を組み合わせた発話ユニットが産出されることで回答の方向づけが示され、

それによって元の疑問詞質問への反応を追求する、という応用プラクティスが存在する。これは以下のように図式化できる。

[1] 参与者 X：《疑問詞質問》（答えにくさを有する）
[2] （反応の不在）
[3] 参与者 X：《極性質問》＋「やっぱ(り)」
[4] 参与者 Y：《回答》

　ある参与者 X が別の参与者 Y に対して疑問詞質問(question-word question) [14] を問いかけた後、何らかの理由(例：漠然としている)でその質問が答えにくさを有すると、参与者 Y からの回答が返ってこない場合がある。そのような際に、元の疑問詞質問に対する回答候補を、「やっぱり」の付与された極性質問の形式で提示することで、最初の質問への答え方を方向付け、反応を追求することができる。これは、当該の命題を元々の考えや一般的通念と整合的なものとして提示するという「やっぱり」の認識的スタンスの表示が、疑問詞質問に始まる連鎖の進行を促進するという相互行為プラクティスのための資源となっていることを示すものである。

5.2.1　断片 3 の分析
　具体的な事例を検討しよう。断片 3 は、課題データの冒頭近くの部分のやりとりであり、11 行目に「気になる ?= やっぱり .=(もう).」という、「やっぱり」が付与された極性質問の発話事例が生起している。課題データの冒頭では、インタビュアーであるアツコが「じゃあ最後に」と前置きした後、震災の前後で子育てに関する意識の変化はあったかとブンタに尋ねる。その質問に対してブンタは、子供の口に入れる飲食物に関して心配するようになったという旨を答える。その回答をアツコが「うん.」と短い発話で受け止め、0.7 秒の間が空いてから産出されたのが断片 3 の 1 行目である。

132　第2部　「話しことばの言語学」実践編

断片3

```
 1  A:地震に関してはどう?
 2     (0.3)
 3  A:こ- 今後のその, なんていうんだろう,
 4     (0.6)
 5  A:<天災>とかさ,
 6     (.)
 7  C:°う:ん.°
 8  B:う [::ん.  ]
 9  A:    [う:ん.]
10     (1.6)
11 A:気になる?=やっぱり.= [(もう).  ]
12 B:              [子供  ]は? (.) 怖 [がるか [って?    ]
13 A:                            [子供  [に- =う]:ん.
```

　1行目の「地震に関してはどう?」は質問(「どう」を用いた疑問詞質問)の発話であり、「どう?」の部分までで1つの発話ユニットとして完結している[15]。こういった点だけを考えれば、直後にターンが交替し質問への回答が行われることが期待されるはずであるが、実際にはアツコがどのような答えをブンタから引き出そうとしているかはきわめて漠然としており、ブンタとしては質問に答えづらい状況に直面している。質問が漠然としていたという点は、アツコ自身によって認識されており、「こ- 今後のその, なんていうんだろう, (0.6) <天災>とかさ,」と回答の方向性に関する候補を挙げて相手からの回答を引き出そうとしている(3-5行目)。インタビュイーであるブンタは「う::ん.」とだけ声を発し(8行目)、その後には1.6秒という長い沈黙が続いている。その後に「気になる?=やっぱり.=(もう).」という、極性質問と「やっぱり」を組み合わせた発話がアツコによって産出されている。

　この11行目の発話は、新しい連鎖を開始するものというよりは、1行目から始まるアツコの一連の発話に対する付け足しとして理解できるデザインになっている。一般に、極性質問は肯定か否定かという2つの選択肢を軸に

回答の候補が決まっているのに対し、疑問詞質問では回答の候補が（一定の幅に収まるということはあっても）基本的にオープンである。そのため、同じ話題であっても、「どう?」と尋ねられた場合はオープンな選択肢の中から回答を探し出さなければならないが、「気になる?」と尋ねられた場合は「気になる」か「気にならない」かのどちらかを軸に回答を産出すればよい。その意味で、極性質問を疑問詞質問の後に付け足すと、回答の候補に絞り込みをかけることになる。加えて、11行目の発話では「やっぱり」が付与されており、単に極性質問を付け足す場合以上に、特定の方向（この場合は「気になる」という回答）に相手の反応を導くことになっている。すなわち、ここでの「気になる?=やっぱり.=（もう）.」は、単に「気になる」か「気にならない」かを尋ねる発話ではなく、きっと気になるに違いないという話し手の見込みを伝えた上で、「気になる」点を中心に語ることで1行目の「地震に関してはどう?」への反応を行うようにと、相手を誘導する行為が行われているのである。

　なお、この断片では方向付けが結局うまくいかず、ブンタは12行目で「子供は?(.)怖がるかって?」とさらにアツコが何を訊きたいのかを確かめる発話を行っている。これは、「極性質問＋やっぱり」という発話形式が必ずしも確実に相手の反応を獲得するものとは限らないことを示すものである一方で、この「極性質問＋やっぱり」がブンタの反応を獲得しようとするアツコによる一連の動きの中の一手として発されたものであること、そしてブンタの側の反応が鈍いのは、アツコがどのような方向でこの場のやりとりを進めようとしているかを図りかねているからであるということの証左として考えることができる。

5.2.2　断片4の分析

　引き続き、極性質問と「やっぱり」の組み合わせによって、疑問詞質問の後の連鎖において反応追及が行われている事例を検討しよう。断片4は、課題データとは異なるデータに含まれるやりとりで、アメリカでの生活を始め

134 第2部 「話しことばの言語学」実践編

て数ヶ月の日本人夫婦2組(トシ・ナホ夫妻とケン・エミ夫妻)が4人で会話しているところを収録したものである。この断片は、4人の共通の友人が日本に帰国するため、プレゼントを贈るために品物を包装している場面であり、21行目に「関係ないですかやっぱ(り).」という、「やっぱり」が付与された極性質問の発話が生起している。

断片4

```
1 トシ  : ほらもう, [そっから違    ]う気が [するもん俺(°なんか°).]
2 ナホ  :         [Huhhuhhuhhuh]       [ .hhh なんで.   ]違う,
3       (1.0)
4 ナホ  : べ[つの, (.) 包み方     ]が=
5 トシ  :   [え:, なんかもっと斜めに.]
6 ナホ  : =あるん [↑だって.]
7 トシ  :        [え(h)Heh] [あ(h)っそ(h) [う(h).]
8 ケン  :              [hh      [hH  ] [uhh  ].kh .kh
9 エミ  :                       [nhh  ] [nhuh ]
10      (0.8)
11 ナホ : あの:, ↑お歳暮みたいなやつ↑さ_
12      (0.6)
13 トシ : hhお(h)せ(h)いぼ?
14 ナホ : うん.
15 トシ : .hhh
16      (0.9)
17 ナホ : ここら辺で_ (0.4) 切れば.
18      (1.3)
19 エミ : あ:, アメリカにいたらお歳暮とか, どうするんですか.
20      (0.4)
21 エミ : 関係ないですか [**やっぱ(り).**]
22 トシ :            [あ:うー    ] うん, 僕ねえ,=
23      =基本的にそうゆうの<やって>なくて:,=
24 エミ : =あ:.=
25 ナホ : = [元からね ].
```

認識的スタンスの表示と相互行為プラクティス　135

```
26 トシ ：　　［お歳暮　］も:_
27　　　　（0.3）
28 エミ ： うんうん.
29 トシ ： お中元も:,
30 ケン ： ほ［:ん_　］
31 エミ ：　　［うんう］ん.
```

　この断片の冒頭部分で、トシが妻であるナホの包み方に対して批判する（1
行目）と、ナホはそれを笑いによって受け止めつつ、「別の包み方がある」と
弁解する（2行目、4行目、6行目）。その弁解に対して、まず批判の当事者
であるトシが笑いながら受け入れ（7行目）、続いてそのやりとりを傍で聞い
ていたケンとエミが笑って反応する（8–9行目）と、ナホは「別の包み方」に
ついて改めて詳述するための情報として「お歳暮みたいなやつ」と言及する
（11行目）。その後、17行目のナホの発話と18行目における1.3秒の間によっ
てそこまでのナホとトシの間での批判と弁解の連鎖が一段落したことが理解
可能な状況になる。すると、エミが直前のやりとりで言及された「お歳暮」
という内容に関連付けて、新しいやりとりを開始する（19行目）。

　この「あ:, アメリカにいたらお歳暮とか, どうするんですか.」という発
話は、お歳暮を「贈るのか贈らないか」を尋ねているのか、あるいは「どの
ような手段で贈るのか」を尋ねているのかなど、何を尋ねているのかがわか
りにくい質問という特徴を持っている。加えて、この後のやりとりで明らか
になるように、トシ・ナホ夫妻はアメリカに滞在しているかどうかに関わら
ずお歳暮を贈る習慣がない事情があり、お歳暮を贈る習慣があることを前提
にした質問であるエミの問いかけは、トシにとって答えづらさを有するもの
だったと言える。

　その後、0.4秒の間を経てから、エミはすぐに「関係ないですかやっぱ
（り）.」と言って、自分がいったん進めようとしたやりとりを終結に向かわ
せる発話を行う（21行目）。これは、エミがなんらかの理由で19行目の自分
の質問が首尾よい回答を得られないということを察知したことを示してい

る。このように、この事例もまた、答えにくさを有する疑問詞質問の後に回答が即座に返されない場合に、質問者の側から1つの可能な回答の候補を提示して「やっぱり」の付与された極性質問の形で尋ねることで、相手に答えやすくし、それによって自分が始めた連鎖が終結に向かうよう進めている例である。「社会通念や一般常識と整合的である」という「やっぱり」の認識的スタンスを表示することで、「関係ないか否か」を尋ねているのではなく、きっと関係ないに違いないというスタンスで質問を行うことになり、結果として連鎖を終結にもたらすことに貢献している。

　以上のように、「やっぱり」の付与された極性質問は、「先行文脈や一般的想定と整合的である」という認識的スタンスの表示を通じて肯定回答への見込みを示すことで、疑問詞質問によって開始された連鎖がその質問の答えづらさゆえに滞った際に、回答の方向付けを示して反応を追求するというプラクティスにも利用される。

6. おわりに

　本稿では、課題データを用いて相互行為言語学の立場からどのような分析が示すことができるかを例示することを目的に、課題データで頻出する言語形式である副詞「やっぱり」に焦点をあてて分析を行った。副詞「やっぱり」が、当該命題が元々の考えや一般的通念と整合的であるという話し手の認識的スタンスを示す表現である点に着目し、このような認識的スタンスの表示が具体的な相互行為プラクティスにどのように活用されているかを検討した。現象の見通しをたてるため、課題データだけではなく筆者の手元の会話データ約10時間分から「やっぱり」の使用例を収集し、「やっぱり」の認識的スタンスが活用される相互行為プラクティスを複数同定し、その中の1つである、極性質問に「やっぱり」を付与して肯定回答への見込みを示すというプラクティスについて詳細な記述を行った。その中では、疑問詞質問によって開始された連鎖が相手からの反応を得られずに滞った際に、回答の方

認識的スタンスの表示と相互行為プラクティス　137

向付けを示して連鎖の進行を促すための手立てとしてこのプラクティスが応用されているパターンがあることが確認できた。

　最後に、課題データ固有の相互行為上の要請について考察したい。このインタビュー状況において、インタビュアーはどう尋ねるのが良いか探りながら尋ねており、他方、インタビュイーはどう答えるのが適切か探りながら反応している。したがって、すぐに焦点が明確な質問をするよりも、まず漠然とした質問を産出し、少しずつ相手の出方を観察しながら質問の方向性を限定していくという展開の仕方はインタビュアーの側からすれば合理的であり、逆にインタビュイーの立場では、インタビュアーからの方向付けの仕方をモニタリングしながら自身の回答を組み立てていくのが合理的だろう。その意味で、当該命題の妥当性を先行文脈や一般通念と結びつけて担保する表現である「やっぱり」は、この場面でたびたび用いられるのに有用であると言えるだろう。

　本稿では、紙幅の都合や論文の目的の性格もあり、「やっぱり」が関わるその他の相互行為プラクティスについては、一部を簡単に示唆したのみである。また、「やっぱり」と「やっぱ」の違いや、これらがターン中の冒頭に用いられた場合と末尾に用いられた場合の違いなど、微細な言語形式上の違いが相互行為上の違いとどのような対応関係があるか、検討することはできなかった。これらの詳細な検討は別の機会に譲りたい。

注

1　会話分析という分野についての詳細は、Sidnell (2010)などを参照のこと。

2　第 3 節で述べるように、課題データを含む約 10 時間の会話データベースから「やっぱり」とその異形態が 95 例見つかった。そのうち 20 例が課題データからのものであることを考えると、課題データ以外において「やっぱり」はおよそ 8 分間に 1 回の頻度で生起していることになる。データ別に見ても 4 〜 6 分間に 1 回という生起頻度がほとんどであり、課題データにおける「やっぱり」の生起頻度はきわめて高いと言っ

てよさそうである。

3　西原（1988）は、「やはり」「やっぱり」が使用される際には当該の命題とは別の命題
の存在が前提となっており、「やはり」「やっぱり」は当該の命題がその前提からの妥
当な論理的帰結であるという話し手の判断を示しているとしている。Maynard（1991）
は、「やはり」「やっぱり」は、命題内容と関連知識の間の語用論的・意味論的に重要
なつながりを話し手が見出していることを伝える装置であるとしている。

4　認識的スタンスについては遠藤コラム「会話における認識的スタンス」も参照された
い。

5　「やはり」1例が見つかったのは、初対面の大学院生同士のやりとりで、一方が他方
に質問紙調査を実施するという場面だった。

6　なお、「やっぱ」および「やっぱり」については、今回は区別せず、合算して集計し
た。「やっぱ」と「やっぱり」は、音韻論的に言えばアクセント核の位置が異なって
おり、母語話者の知識には弁別可能な形式として登録されていると思われるが、自然
会話における音声においてはそのような区別が明確でない場合も多い。少なくともト
ランスクリプトにおいて「やっぱ（り）」や「やっぱ゜り゜」と書き起こされているケー
スなど、「り」が発音されているかどうかが曖昧な（あるいは曖昧に発音されている）
場合が少なくない。アクセント構造に関しても、自然会話においてはピッチの上下が
明確には実現しないことも多い。談話における振る舞いに関しても、「やはり」との
差異に比べて、「やっぱ」と「やっぱり」は相対的に類似していることが指摘されて
いる（Shinzato and Masuda 2009）。

7　ここでこの4つのカテゴリーを示すことは、「やっぱり」「やっぱ」の全体像に関して
当座の見通しを立てるためであり、決して完成された用法リストとして意図されてい
るわけではないことに注意されたい。例えば、これらのカテゴリーの一部の間に何ら
かの包含関係があるかもしれないし、実際の事例には複数のカテゴリーにまたがるも
のもあるだろう。また、これらのいずれにも属さないような事例も存在する。

8　このカテゴリーは、そこで進行している話し手・聞き手の間の相互行為が「やっぱり」
「やっぱ」によって影響を受けていることが特にわかりやすいため分析の焦点として
選ばれた。

9　本稿における会話データの転記法は、会話分析の標準的な記法（Jefferson 2004）に準拠
している。転記記号は次の通り。

凡例	意味
(.)	0.2秒未満のわずかな無音区間
(0.2)	0.2秒以上の無音区間は、秒数を小数点第一位まで記す
.h	吸気音（「引き笑い」の音声も含む）

h	呼気音(笑い声も含む)
は(h)い	言語音が、笑い声など呼気音まじりで産出されている場合、その音を表す文字の直後に(h)と記す。
↑は↓い	音の高さに有標な上下がある場合、矢印で記す。
°はい°	小さい音は、その区間を°で囲む。
(はい)	音声がはっきり聞き取れない区間は、聞き取りの候補を丸括弧で囲む。
( )い	音声がまったく聞き取れない区間は、空白を丸括弧で囲む。
< はい >	周囲の語より、相対的にゆっくりと産出されている区間は < > で囲む。
> はい <	周囲の語より、相対的に早口で産出されている区間は > < で囲む。
はい .	下降音調で韻律的な切れ目がある場合。書き言葉と異なり、統語や意味的な切れ目や、行為(疑問か断定かなど)とは独立の特徴として書き起こされる(以下も同様)。
はい _	平板な音調で韻律的な切れ目がある場合。
はい ?	上昇する音調で韻律的な切れ目がある場合。
はい ,	すぐに言葉が続きそうな形で、韻律的な切れ目がある場合。
は -	産出しかけた言葉を途中で切った場合。
はい :	音が引き伸ばされる場合。
= はい	無音区間が一切無く発話の産出が続いた場合。
は［い］	複数の話者の声が重複した場合、[ ] でその区間を示す。
((Aに視線))	文脈情報や非言語的行動は、二重括弧で記す。

10 アツコの発言が明確な統語的区切り(「してるもんね」)を迎えたこと、そして3人が互いに同調的な態度を有しているという共通理解がそこまでに確立されていることなどが関わっている。

11 ここでの「並んだ」主体は、「子供達も少し変わったんじゃない」の直後に主格名詞句なしで産出されていることから、ブンタとチホの「子供達」であると理解されるだろう。

12 アツコは、ここでは「そうそう」や「あるある」など、自分も同じようなことをしたという形での同調的な反応はできない。

13 この断片の10行目にある「やっぱ困るよねえ」は、本節で取り上げている相互行為プラクティスとは区別されるものである。この発話形式は、確認・同意の要求であるとは言えるが、極性質問とは言い難い。別の言い方をすると、この例は「やっぱ」が無くても肯定要求が見込まれることが明確に表現されている。

14 「なに」「いつ」「だれ」「どう」などのいわゆる疑問詞を用いた質問。一般的にはWH質問とも呼ばれる。

15 Sacks et al. (1974) の表現を用いれば、「ターン構成ユニット」として完了可能であり、ターンの移行が適格な場所(TRP)が訪れている。

謝辞

本書の編者である鈴木亮子氏（慶應義塾大学）および秦かおり氏（大阪大学）には、本稿の内容を検討する過程で多大な協力をいただいた。また、本稿の草稿に対して遠藤智子氏（成蹊大学）および平本毅氏（京都大学）から貴重なコメントをいただくことができた。深く感謝したい。

参考文献

Couper-Kuhlen, Elizabeth and Margaret Selting. (2001) Introducing Interactional Linguistics, Margaret Selting and Elizabeth Couper-Kuhlen. (eds), *Studies in Interactional Linguistics*, pp.1-22. Amsterdam: John Benjamins.

Den, Yasuharu and Mika Enomoto. (2007) A Scientific Approach to Conversational Informatics: Description, Analysis, and Modeling of Human Conversation. In Toyoaki Nishida. (ed.) *Conversational Informatics: An Engineering Approach*, pp.307–330. Hoboken, NJ: John Wiley & Sons.

Cumming, Susanna and Tsuyoshi Ono. (1997) Discourse and grammar. In Teun A. van Dijk. (ed.) *Discourse as Structure and Process*, pp.112–137. London: Sage.

Fox, Barbara A., Sandra A. Thompson, Cecilia E. Ford and Elizabeth Couper-Kuhlen. (2013) Conversation Analysis and Linguistics. In Jack Sidnell and Tanya Stivers. (eds.) *The Handbook of Conversation Analysis*, Oxford: Wiley-Blackwell, pp.726–740.

蓮沼昭子（1998）「副詞「やはり・やっぱり」をめぐって」吉田金彦（編）『ことばから人間を』pp.133–148. 昭和堂

Heritage, John. (2005) Cognition in Discourse. In Hedwig te Molder and Jonathan Potter. (eds.) *Conversation and Cognition*. Cambridge, pp.184–202. UK: Cambridge University Press.

Jefferson, Gail. (2004) Glossary of Transcript Symbols with an Introduction. In Gene H. Lerner. (ed.) *Conversation Analysis: Studies from the First Generation*, pp.13–23. Amsterdam & Philadelphia: John Benjamins.

川口良（1993）「日本人および日本語学習者による副詞「やっぱり」の語用論的前提の習得について」『日本語教育』81: pp.116–127.

串田秀也（2006a）「会話分析の方法と論理―談話データの「質的」分析における妥当性と信頼性」伝康晴・田中ゆかり（編）『講座社会言語科学6　方法』pp.188–206. ひつじ書房

串田秀也（2006b）『相互行為秩序と会話分析―「話し手」と「共―成員性」をめぐる参加の組織化』世界思想社

Lerner, Gene H. (2003) Selecting Next Speaker: The Context-sensitive Operation of a Context-free Organization. *Language in Society* 32: pp.177–201.

Lindström, Jan. (2009) Interactional Linguistics. In Sigurd D'hondt, Jan-Ola Östman, and Jef Verschueren. (eds.) *The Pragmatics of Interaction*. Amsterdam and Philadelphia: John Benjamins.

益岡隆志・田窪行則(1992)『基礎日本語文法　改訂版』くろしお出版

Maynard, K. Senko. (1991) Discourse and Interactional Functions of the Japanese Modal Adverb *Yahari/yappari*. *Language Sciences* 13: pp.39–57.

西原鈴子（1988）「話者の前提—やはり（やっぱり）の場合—」『日本語学』7(3)：pp.89–99.　明治書院

西阪仰（2009）「活動の空間的および連鎖的な組織—話し手と聞き手の相互行為再考—」『認知科学』16(1): pp.65–77.

Sacks, Harvey, Emanuel A. Schegloff, and Gail Jefferson. (1974) A Simplest Systematics for the Organization of Turn-taking for Conversation. *Language* 50: pp.696–735.

Schegloff, Emanuel A. (1997) Practices and Actions: Boundary Cases of Other-Initiated Repair. *Discourse Process* 23: pp.499–545.

Schegloff, Emanuel A. (2007) *Sequence Organization in Interaction: A Primer in Conversation Analysis, vol.1.* Cambridge, UK: Cambridge University Press.

Schegloff, Emanuel A., Gail Jefferson, and Harvey Sacks. (1977) The Preference for Self-Correction in the Organization of Repair in Conversation, *Language* 53(2): pp.361–382.

Schegloff, Emanuel A., and Harvey Sacks. (1973) Opening up closings, *Semiotica* 8: pp.289–327.

Shinzato, Rumiko and Masuda Kyoko. (2009) Morphophonological Variability and Form-Function Regularity: a Usage-based Approach to the Japanese Modal Adverb *yahari/yappari/yappa*. *Language Sciences* 31: pp.813–836.

Sidnell, Jack. (2010) *Conversation Analysis: an Introduction.* Chichester: Wiley-Blackwell.

Stivers, Tanya, Mondada, Lorenza, and Steensig, Jakob. (eds.) (2011) *The Morality of Knowledge in Conversation.* Cambridge: Cambridge University Press.

◆ コラム

会話における認識的スタンス

遠藤智子

　人と何かについて話すとき、相手がその話題についてどこまで知っているのかは決定的に重要である。グライスの会話の公理でも知られているように、話す内容は求められていることより多くても少なくてもいけない。さらに、相手が自分より詳しく知っていることについて語りすぎたり、教えるような立場から——いわゆる「上から目線」で——語ることは、話し手と聞き手の社会的関係に悪影響を及ぼしかねない。

　日本語の文法研究においてこのような観点から分析をした先駆的研究は、神尾昭雄の「情報のなわ張り理論」である。文末詞や文の形式等の様々な言語現象について、神尾は「聞き手と話し手のどちらのなわ張りにある情報か」という点で整理を行った (神尾 1990, 2002)。「情報のなわ張り」という視点は非常にユニークであり、日本語のみならず他の言語の文法を考える上でも非常に示唆に富むものであった。

　しかし一方で、神尾の理論には、情報のなわ張りに対する話し手の配慮が文法形式の内在的に持つ特徴として理解されかねないという問題がある。相手がどれだけ知っていて、自分がどれだけ知っている者としてふるまうのかは、会話のやりとりの流れの中で絶えず交渉される。会話の参加者たちが互いの持つ情報や経験をどのように扱い対処するのかは、会話の連鎖の構造そのものに反映され、また影響を与えるものである。近年、会話分析の分野では、参加者たちの情報や知識の配分に対する理解や態度を「認識的スタンス」と呼び、参加者の間で誰がよりよく知る者として振る舞う権利を持つのか、それがどう相互行為の形に影響するのかについての関心が高まっている (Stivers et al. (eds.) 2011)。Heritage (2012a,

b) は、参加者間の認識状態の不均衡が相互行為のきっかけとなるものであることや、文法的に異なる様々な形式が参加者の認識的スタンスの違いと対応するものであることを指摘した。例えば、(1) Are you married? (2) You're married, aren't you. (3) You're married. という3つの形式はどれも聞き手の状態に関する内容を含むが、(1) が全く知らない者として聞いているのに対し、(2) ではある程度の知識を持つ者として、(3) は知識がある者として発話する際に用いられる。また、評価的発話の連鎖では、評価を最初に行うということそのものが、その対象についてよりよく知る者であるという態度の表明につながる (Heritage and Raymond 2005)。日本語の会話に関しては、Hayano (2011) が文末詞に関してこの観点から詳細な分析を行っている。彼女は参加者間の認識状態に関する理解の不一致 (epistemic incongruence) が非選好的であり、非同意等の非選好的応答と同様に連鎖の拡張へとつながるということも指摘している。

　認識的スタンスは、従来の言語学で用いられてきた「認識的モダリティ」という概念 (Palmer 2001、日本語に関しては仁田 2009, Narrog 2009 参照) と関連が深い。認識的スタンスと認識的モダリティの違いは、前者は相互行為のレベルにおける概念であるのに対し、後者は意味的・文法的カテゴリーの概念であるという点である。認識的モダリティという用語は、ある語や文法形式の意味を記述する際に用いられ、しばしば助動詞や文末詞等、同じ語類の他の形式、または同じ形式の他の意味が表す義務的モダリティや根源的モダリティ等の意味と対比される (Bybee et al. 1994, Van der Auwera and Plungian 1998)。これに対し、会話分析における認識的スタンスはあくまでも相互行為上の問題であり、ことばの意味ではなくことばを用いることで参加者が表明する態度を指す。その分析においては、ある特定の言語形式に注目する場合でも、それを話し手が会話の連鎖のどのような位置で用い、どのような社会的行為を達成しようとしているのかという視点が不可欠である。

参考文献

Bybee, Joan, Revere Perkins, and William Pagliuca. (1994) *The Evolution of Grammar: Tense,*

Aspect, and Modality in the Languages of the World. Chicago: University of Chicago Press.

Hayano, Kaoru. (2011) Claiming Epistemic Primacy: *Yo*-marked Assessments in Japanese. In Stivers, Tanya, Lorenza Mondada and Jakob Steensig. (eds.), *The Morality of Knowledge in Conversation*, pp.58–81. Cambridge: Cambridge University Press.

Heritage, John. (2012a) Epistemics in Action: Action Formation and Territories of Knowledge. *Research on Language and Social Interaction* 45(1): pp.1–29.

Heritage, John. (2012b) The Epistemic Engine: Sequence Organization and Territories of Knowledge. *Research on Language and Social Interaction* 45(1): pp.30–52.

Heritage, John and Geoffrey Raymond. (2005). The Terms of Agreement: Indexing Epistemic Authority and Subordination in Talk-in-interaction. *Social Psychology Quarterly* (68)1: pp.15-38.

神尾昭雄（1990）『情報のなわ張り理論』大修館書店

神尾昭雄（2002）『続・情報のなわ張り理論』大修館書店

Narrog, Heiko. (2009) *Modality in Japanese*: *The Layered Structure of the Clause and Hierarchies of Functional Categories*. Amsterdam/Philadelphia: John Benjamins.

仁田義雄（2009）『仁田義雄日本語文法著作選 第2巻 日本語のモダリティとその周辺』ひつじ書房

Palmer, Frank R. (2001). *Mood and Modality. Second edition.* Cambridge: Cambridge University Press.

Stivers, Tanya, Mondada, Lorenza, and Steensig, Jakob (eds.) (2011), *The Morality of Knowledge in Conversation*, pp. 58-81. Cambridge: Cambridge University Press.

Van der Auwera, Johan and Vladimir A. Plungian. (1998) Modality's Semantic Map. *Linguistic Typology* 2: pp.79-124.

社 会 言 語 学 か ら の ア プ ロ ー チ

語りにおけるインタビュイーの自称詞使用
なぜ「おれ」は「パパ」になり「わたし」になったのか

岡本多香子

要旨 栃木県在住のある夫婦への出産育児に関する体験インタビューにおける「震災
前後で子育てに関する意識に変化はあったのか」という質問に焦点を当てる。7分弱
の相互行為の中で、夫は自身を指示する自称詞を変化させる。その変化が起きた経緯
について社会言語学的分析を行った。データ分析の結果、自称詞を変化させたのは、
妻とインタビュアーによって構築された語りの領域に対峙し、語りの権利を自分に引
き寄せ、自己の語りの領域を構築しようとする夫の試みであったと結論づける。自称
詞の変化は、「今・ここ」で構築されている語りへの言語的適応であると同時に、自
己の領域を再構築しようとする語り手の相互行為的挑戦であると論じる。

1. はじめに

　本研究の話しことばデータは、筆者と共同研究者(井出・秦)が行っている
「出産育児体験を聞く」プロジェクトにおいて収集されたものである。この
プロジェクトはインタビューによって、女性の出産育児体験を聞くというも
のであるが、本研究で使われたインタビューは、インタビューを行った女性
の夫に、妻に聞いたものと同じ出産育児体験について質問し、それに対する
夫の意識を探るという趣旨で行われた。本研究では、インタビュー内に出現
した言語現象の中から、インタビュイーである夫の発話に出現した自称詞を
取り上げる。特に、今回コアとなった相互行為において、夫が自身を指し示
す自称詞が3回変化したことに焦点を当てる。一見するとこの自称詞の変化

は、発話者の気まぐれで起こっているように捉えられる。しかし、会話参加者との相互行為の中で起こる様々な言語・非言語現象をミクロに分析することで、その変化が相互行為的な必然であることが見えてくる。結果として、今回のデータで見られた自称詞の変化の理由は、「今・ここ」で行われている相互行為における自己領域の獲得へのアプローチであったと考察された。このような他者との相互行為、つまり社会的行為を行う中で、いかに言語・非言語を駆使しているかを明らかにすることが、本研究の目指す社会言語学的アプローチを用いたことばの研究である。

2. リサーチクエスチョン

　本研究のデータ内で、著者が特に興味を引かれたのは、インタビュイーである夫が使用する自称詞の変化である。自称詞とは「発話の中で話者が自分自身を指示したり、自分自身に言及するために用いる語のことをいう」（鈴木 1982: 19）。英語の自称詞は、一人称代名詞を中心に、親族名称などが使われるが、日本語の自称詞は、各種人称代名詞に加えて、様々な種類の語を含み、使用のコンテクストに合わせて、異なる語が使用される（Ono and Thompson 2003）。さらに自称詞に関してはその語順（Ono and Suzuki 1992）、使用の有無（Ono and Thompson 2003）に関しても議論の対象となっている。本研究は、これらの議論を概観した後、実際の相互行為例を用いて、出現した自称詞についての変化とその理由を語用論的機能と「今・ここ」の相互行為における「語り手」という権利を主張するための装置と位置づけて議論を行う。

　本研究で使用するデータは3名の参加者による相互行為であるが、その相互行為の参加者のひとりが発話状況に応じて、異なる自称詞を使用するという点において、以下の2つのリサーチクエスチョンを検証するのに適している。まず1つめは、インタビューという相互行為のフレームにおいて、インタビュイーが自称詞を使用するのはなぜか、ということである。他言語と比

較して見ると、日本語の自称詞は、特に話し言葉の中での使用頻度がきわめ
てまれである。しかしながら、今回取り扱うデータでは、短時間の相互行為
において、同一話者が自称詞を連続して使っている。この理由について、ま
ず検証することとする。2つめは、連続する相互行為内で、インタビュイー
が自称詞を変化させたのはなぜか、ということである。前述したとおり、
自称詞を使うこと自体、日本語の話し言葉ではまれである（Shibatani 1990:
390–391）のにもかかわらず、同一話者が短時間のデータ内で、3種類もの自
称詞を使用した理由について考察する。実際の例を検証する前に、自称詞の
談話機能、語順と自称詞の機能の関係、名詞の1つである自称詞の指標性に
ついて先行研究を概観する。

3. 先行研究

3.1 日本語の自称詞とは

　日本語の自称詞をカテゴライズする前に、そもそも自称詞を含む代名詞が
日本語において、どのようなものであるかを概観する。日本語の代名詞で
は、それぞれの人に対する呼び名がスピーチ・レベル、ジェンダー、方言
の違いにより多様であること、社会文化的要因によって、様々に変化するこ
と、人称代名詞と普通名詞は形態統語的に区別がないことから、印欧語の
代名詞からみると「普通ではない」代名詞と特徴づけられている（Ono and
Thompson 2003: 322–324）。つまり、使用の側面からみると、自己や他者を
指示する語は、多岐の代名詞に跨り、また、代名詞という括りに入るものば
かりでもないことから、この文法カテゴリーを日本語の文法に当てはめる
ことは不可能である。比較言語の観点からみえてきたこの事実から、鈴木
（1982）は、発話内での話者が自らを指示したり、言及したりする語全般を
「自称詞」、発話の相手を指示したり、言及したりする語を「他称詞」と区分
した。つまり「自称詞」の中には「わたし」「ぼく」「おれ」などの代名詞、
「よっちゃん」「佐藤」などの固有名詞、「お姉ちゃん」「お母さん」などの普

通名詞（親族名称）というように様々な語が含まれる。

　様々な語で表される日本語の自称詞は、その機能にも特徴があると指摘されている。そもそもコンテクストへの依存度が高い日本語では、自称詞・他称詞は省略されることが多い（Shibatani 1990: 390–391）。これは、敬語、「やり・もらい」表現、「したい・したがる」表現など、述部の働きにより主部の予測が可能であるからである（Jones, ms.）。つまり、自称詞は使用されること自体にもなんらかの意味・機能を有していると考えられる。

　Ono and Thompson（2003）は、日本語の日常会話において一人称の出現はまれであることを前提に、自称詞には主語を指し示す「指示機能」はあるものの、それ以上の機能を果たす場合も多いことを明らかにした。指示機能以上の機能とは談話語用論的機能で、その中でも語り手の感情を表す機能（emotive function）とフレームを設置する機能（frame-setting function）があるとした。また、Ono and Suzuki（1992）では、自称詞「わたし」を含むいくつかの言語表現を例に挙げ、それらが述部の後ろに出現する場合、述部と同じイントネーション・ユニットを構成しながら、命題、指示内容、トピックに関する語り手のスタンスあるいは感情を表す終助詞的な役割を果たしていることを明らかにしている。

　以上のように、日本語会話において自称詞が果たす談話語用論的機能の分析が行われてきている。しかし今回は、同一人物がインタビューという時系列的に流れていく相互行為の中で自称詞を変化させる現象を扱うため、自称詞を一括りに分析している Ono and Thompson（2003）や Ono and Suzuki（1992）だけでは十分な説明を施すことができない。この点に説明を加えるため、シルヴァスティンによって理論化された名詞階層性の理論（Silverstein 1981）を小山（2008, 2009）の説明を参照してまとめる。

3.2　名詞句階層と日本語の自称詞

　コンテクストで生起する社会文化的コミュニケーションの原理に基づいて、様々な名詞句が、階層的に序列化されていると考えたのが、シルヴァ

スティンによる「名詞句階層」の考えである（小山 2008, 2009）。シルヴァスティンによると、一人称代名詞(I, we)、二人称代名詞(you, thou, y'all)、発話内照応詞(s/he, it, they)、指示詞(this, that)、固有名詞、親族名詞、人間(社会地位)名詞、有生名詞(動物名詞)、具体名詞、抽象名詞(小山 2008: 233)という名詞句は、「オリゴ」(＝コミュニケーションにとっての「今・ここ」、相互行為の中心、発話出来事の中心)からの近接性の度合い、つまり「指標性」の強弱に基づいて、順序だって階層化されている(p.235)。この階層によると、一人称代名詞(I, we, わたし、おれなど)は「今・ここ」で起きている相互行為での発話出来事の中心(オリゴ)に最も近い発話参加者を指し示していることとなる。一人称代名詞のオリゴへの近接性は、一人称代名詞がオリゴからの影響力を最も強く受ける名詞句のタイプであることを意味する。つまり、「今・ここ」という発話出来事の中心に自己が立つ場合、その人物は自己を英語のＩに相当する代名詞で表すこととなる。ただし英語と異なり、日本語ではＩに相当する代名詞に性的属性に由来する制約(女性であるか、男性であるか)、年齢による制約(話し手の年齢がどのくらいであるか)、そして社会的属性に由来する制約(「今・ここ」に存在するであろう「他者」との関係性)がすでに課せられている。例えば、「今・ここ」にいる男性が、比較的親しい人の前で自分のことを「おれ」と呼ぶのに対し、同じ男性が職場の会議の場で自分を「わたし」と呼ぶことは、性的属性の他に、社会的属性による制約が強く関わってくる。また、同じ男性が未就学児の年齢の時、どのような状況においても「ぼく」と自分を呼んでいたことは、年齢による制約が関わっているからである。

　このように考えると、シルヴァスティンによる名詞句階層の各カテゴリーには、日本語の自称詞に当てはまるものが分散していることとなる。つまり自称詞の中には「一人称代名詞」(わたし、あたし、おれ、ぼく、あたしたち、おれたち、うちたち)、「固有名詞」(よしこ、まーくん)、「親族名詞」(パパ、ママ、お姉ちゃん、兄ちゃん、ばあちゃん、じいじ)、「人間名詞」(先生、おまわりさん)などが含まれる。今回のデータでは、「一人称代名詞」と

「親族名詞」が自称詞として使われている。そしてこれらの自称詞は時系列に沿って、「一人称代名詞」（おれ）から「親族名詞」（パパ）、「一人称代名詞」（わたし）へ変化していく。つまり、この変化には、オリゴへの近接性という「今・ここ」の相互行為に端を発する要因が関連していると予測できる。これは、時系列によって次々と変化している「今・ここ」というコンテクストに存在する事柄（例えば参加人物をどう捉えるか、会話の内容がどのようにかかわるか）が関連していると考えられる。これを踏まえ、実際の相互行為をミクロに分析しながら、その要因がどのようなものであるか検証する。

4. データ

4.1 インタビュー・ナラティブ

　データ分析に移る前に、本研究で使われたデータがどのようなものかを説明する。本研究で使用したデータは、日本各地を始め、米国・英国で出産育児を体験した女性たちにその体験を聞く一連のインタビュー調査で得られたデータの1つである（詳細は片岡・秦による第2部イントロダクションを参照）。インタビューは決まった質問項目を設け、その質問項目の投げかけの後、自由にインタビュイーに語ってもらう形を取った。本来、インタビューとは、インタビューというフレームの中で役割を与えられた者たち（インタビュアー、インタビュイー、立ち聞き者（overhearer）（Goffman 1981: 132）など）が、共同構築していく一連の相互行為をいう。その上でその構造をみると、インタビューを受ける者（インタビュイー）に対する何らかのテーマに沿った質問と、その質問に対する答えを基本とし、その基軸となる質問から派生したさまざまなテーマの相互行為が生起して構築されるものと特徴づけられる。フレーム内での参加者の役割（インタビュアー、インタビュイーなど）は明確で、事前にインタビュアーが質問内容を準備しているという点で、自然会話とは一線を画す。一方で、今回の場合、インタビュー内容が「出産育児体験」という非常に個人的な内容であるが故に、インタビュアーは、

インタビュイーが語りやすい状況を整えるため、語りかけを自然会話のように行うことを心掛けた。これは、事前準備されるものではなく、「今・ここ」というインタビューが行われている状況下で予測不能に生起するものであり、その働きかけが要因となり、インタビュアーとインタビュイー双方が構築する一連の語りが生まれるのである[1]。以上のように構築された語りを本研究では「インタビュー・ナラティブ」と呼ぶ。

4.2 データの背景説明

前節で触れたように、このインタビューは、女性に出産育児体験を聞く[2]という調査の追加調査として行われた。これは、女性に聞いた出産育児体験についての質問項目を、そのパートナーである男性（夫）に尋ね、男女の出産育児への意識の違いを探ることを目的としたものであった。そのため、以前にインタビューを行った女性の夫で、インタビューの趣旨を理解していただける方たちに協力をお願いした。

今回取り上げたデータのインタビュイー、ブンタは、インタビュアーである筆者（アツコ）の友人チホの夫である。アツコとチホは、近所の公園で互いに子どもを遊ばせていた、いわゆる「ママ友」同士である。ママ友が集う公園はチホ宅に隣接していたため、公園帰りなどに、アツコ親子はチホ宅に立ち寄ることも多かった。ブンタは仕事柄、夜勤・準夜勤が多く、日中家にいることが多かったため、アツコとブンタも顔見知りとなった。その後、家族ぐるみで食事会を催したり、子ども同士が同じ幼稚園に通っていたこともあり、アツコとチホは互いにあだ名で呼び合う仲である。チホには今回のプロジェクトにおいて、過去2回インタビューを行った。1回目はインタビュアーと一対一で、今回ブンタに行ったのと同じ質問内容を尋ねた。2回目は、グループでインタビューを行い、今回の質問と同様の内容を友人と共に話し合った。

インタビューは、チホ宅にアツコが訪問する形で行われた。インタビューを依頼した時点では、インタビュアーである筆者（以下アツコ）とブンタと

の一対一のインタビューの予定であったが、チホとアツコの雑談からの延長線上にインタビューが開始されたため、自然と、3人でのグループインタビューという形となった。なお、インタビュー当時、チホは3人目の子どもを妊娠中(妊娠8か月)であったことも付け加えておく。

4.3 本データの詳細

　本研究の分析データは上記インタビューの最終部分にアツコが行った質問「震災前後で育児に関しての気持の変化があったか」に対するブンタの回答から始まる7分弱の相互行為である。本インタビューは東日本大震災から1年2か月経った2012年5月に行われた[3]。以前に行われたチホの単独およびグループインタビューは震災前に行われたため、震災に関する質問はなかった。今回の震災に関する質問は、震災がインタビュイーたちの記憶に新しかったことに加え、新たに出産を控えたチホとブンタが、子育てへの地震の影響についての意識を強くもっていると考えた上、アツコがアドリブで行ったものであった。

5. 震災ナラティブにおける自称詞変化の分析

　データ分析を行うにあたり、今回の相互行為を構造化した。この相互行為は、全体の語りを包括する3つの語り(大文字STORY)と、その包括する語りを構成する小規模な語り(小文字story)で構成されている[4]。以下に本データの構造図をその構成要素であるSTORYとstoryの関係を織り交ぜながら、時系列に沿って図式化した。

　大文字のSTORYはインタビュアー、アツコが投げかけた「震災前後で子育てに関する意識に変化はあったのか」という問いに対する夫ブンタの回答とそれを構築する過程で行われた相互行為(STORY I)、妻チホの回答とそれを構築する過程で行われた相互行為(STORY II)、そしてブンタ、チホ、アツコが共同で「震災後の子どもたちの変化」についての語りを構築する相

語りにおけるインタビュイーの自称詞使用 153

図 1　本相互行為中における語りの構成

互行為（STORY III）である。そして小文字の各 story は、それぞれ大文字の STORY の内容を構成する語りである。

　STORY I において、インタビュアーはアツコであり、インタビュイーはブンタである。ブンタはアツコから投げかけられた「震災前後で子育てに関する意識に変化はあったのか」という大問に対して、「原発事故の影響による食べ物飲み物への懸念」というテーマで語りを展開する（story 1）。「大地震」による意識の変化を聞き出したいインタビュアー、アツコは、「震災を機に起こった原発事故の影響」を語るブンタに、「大地震の影響による意識の変化」を改めて質問しなおす。その質問に対して展開された語りが story 2 である。ブンタは story 2 において、地震が予期せぬ天災である限り、人間にできることに限界があると、当時多発していた、児童の登校列に車が突っ込むという自動車事故を喩に回答する。そして自身が語り始めた大問に対する回答である story 1「原発事故の影響による食べ物飲み物への懸念」の語りに回帰する。さらに、大問への別回答として、東北に子どもたちを連れて行きたくないという story 3 が展開される。

　STORY II では、インタビュアーであるアツコは、ブンタへ問いかけたものと同じ質問を妻チホに投げかける。前述の通り、アツコはチホに過去 2 回

インタビューを行ってきたが、いずれも東日本大震災前に行われたため、震災に関する質問は設定されておらず、今回、この質問はブンタだけではなくチホにも初めて投げかけられたものであった。story 4 は大問に対するチホの回答で、震災後、家族、特に子どもたちを外に送り出すことへの不安を語っている。チホはその語りの中で、震災を機に感じた不安から、子どもたちに危険の回避を指南する自己の姿を引用する story 5 を差し挟む。この story 5 を差し挟みつつ、story 4 は長く展開される。さらに、その不安感から派生した「災害への備え」に関する語りが story 6 となる。これら STORY I, II で夫婦それぞれの震災前後の意識の変化が語られた後、STORY III は、夫ブンタが妻チホに「震災を経た子どもたちの態度の変化について」問いかける形で語りが展開され、終結部を迎える。

　以上のように展開された7分弱の語りの中に、夫ブンタの自称詞の変化を組み込んだのが以下の図1-1 である。ブンタの自称詞が埋め込まれた部分は1)から5)で示されている。

　図1-1 をみると、STORY I、STORY III では、ブンタは自称詞を使用していない(「ゼロ自称詞」：次節にて詳述)ことがわかる。一方、妻チホが語り

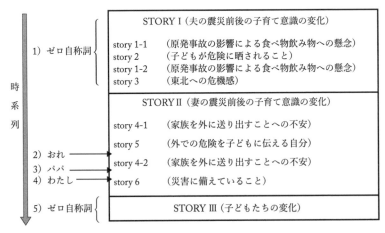

図1-1　本相互行為中における語りの構成とブンタの自称詞の変化

の主導権を取っている STORY II において、ブンタは自称詞を使用し、さらにその変化が起こっている。この概要図を基にし、次節以降では、それぞれの自称詞の変化を実際のコンテクストの分析を含めて詳細にみることとする。

5.1　STORY I, III におけるゼロ自称詞

先行研究にあるように（Ono and Suzuki 1992, Ono and Thompson 2003）、日本語において自称詞を述べることは、発話の主語としての自己を指示するというより、それに付加する事柄（指示内容に対する話者のスタンス感情）を指標することである。つまり、自称詞が使われることは有標であり、自称詞が使われないことは無標であるといえる。では、無標の状態は何を意味するのか。

本データにおいて夫ブンタが自称詞を使わない相互行為の部分（以下、ゼロ自称詞）では、ブンタが自己の役割である「インタビュイー」としての立場を遂行している様子がみられる。例1は STORY I の story 1-1 の冒頭である。ここでは、アツコの質問（1–10 行）「震災後に子育てに関する意識は変わったかどうか」にブンタが「放射能汚染による子どもが口にする食べ物飲み物に対する不安」という回答を述べているが、ブンタの回答には自称詞は出現しない。

例1）STORY I, story1-1[5]
```
1   アツコ：ぅんと
2         (0.9)3(0.1)　テン11があったじゃん
3   ブンタ：(.)゜ん゜
4   アツコ：..震災があったと
5   ブンタ：..N
6         ..で　震災があって：
7         ..その前と後と：
8         ..子どもを育てていて
```

9　ブンタ:..N
10　　　　..意識の変化ってのはあった?
11　ブンタ:(.)食べ物
12　アツコ:..NN
13　　　　(.)飲み物.
14　アツコ:NNん:
15　ブンタ:..<qホントq>いままでうちは
16　　　　..義理のお父さんがいっぱい
17　　　　=野菜を
18　アツコ:(.)[んん]
19　ブンタ:　　[<q違うかq>((首を振りながら))]山菜取って[₁きてくれたから]
20　アツコ:　　　　　　　　　　　　　　　　　　[₁ん　ん　んんん]
21　　　　..そっか((チホに向き直り、右手を差しながら))
22　　　　..[₂そうだよ　　　]
23　ブンタ:　[₂それをいつも][₃楽しみにしてたんだけど]
24　アツコ:　　　　　　　　[₃ん　ん　ん　ん　　　]
25　ブンタ:..そういうところ
26　　　　(0.4)も気になる[し:]
27　アツコ:　　　　　　　[ん]　ん　ん　ん
28　ブンタ:(.)<qやっぱりq>
29　　　　..子どもたちに食べさせるものは
30　　　　(0.5)<s気にするかなs>
31　アツコ:(.)NNん:
32　ブンタ:..3.11の後は

　自称詞が使われない要因は、このSTORY Iにおいて、ブンタが自称詞によって自己を特定する必要性がないことを意味する。この不必要という要因が、無標という形で現れている。そもそもこのインタビューは、ブンタに「夫の立場から出産育児を語る」ことを要求しているものであり、その範疇において、ブンタが自分の発話を有標化する必要はない。その証拠に、この語りの中で、インタビュアーであるアツコはブンタに語りを促すあいづちは打つが(12, 14, 18, 20, 24, 27, 31行)、自己の考えや意見を差し挟むことはしない。

語りにおけるインタビュイーの自称詞使用　157

このように「語り手」としての権利を与えられているブンタは、自称詞によって「語る権利」を有標化する必要がない。

　同様に STORY III は、ブンタによってテーマ「震災後の子どもたちの変化」を与えられた語りである（例2）。ここでブンタは、震災前後で、自分たち親だけでなく、子どもたちの生活に対する意識も変化したと主張し（331行）、妻チホの同調を求める。

例2）STORY III

331　ブンタ：[8(tsk) HHでも]子どもたちも少し変わったんじゃない↑
332　アツコ：(0.5)変わ [9ったやっぱり]
333　ブンタ：　　　　　　[9XXだって水　]　水とかも並んだぐらいじゃん
334　チホ　：(0.3) [1並んだ] [2ね∷]

　例1同様、例2において、語りの主導権は、新たな語りのテーマ（「子どもたちの変化」）を提供したブンタにある。ここでブンタは、インタビュアーに準ずる役割を果たし、本来、インタビュアーとしての役割を果たしていたアツコの知らない情報を提供し、語りを構築しようとする。そのため、共通の情報を持つ妻チホに同意を求め（331, 333行）、この語りに対する裏付けを取っている。つまりここでは、語る権利はブンタにあり、わざわざ自称詞でその権利を所有していることを有標化する必要はない。このように、例1、2共に、ブンタが主導権を持つ語りにおいては、ブンタは自称詞を使用していない。

5.2　STORY II における自称詞の変化

　前節ではブンタが自称詞を使用しない理由を議論したが、本節では、STORY II において、ブンタが自称詞を使用した理由、さらに異なる自称詞を使った理由を分析する。STORY II において、ブンタの自称詞は3回出現し、時系列順に「おれ」、「パパ」、「わたし」と変化する。今回、本研究執筆

のため、ブンタとチホが揃った場で、両者にデータの再確認と、普段ブンタが使っている自称詞についてフォローアップインタビューを行った。その結果、ブンタは「おれ」という自称詞を使う頻度が高いが、子どもが同席する場では「パパ」を使うこともあると確認できた。ただし、「わたし」という表現については、ブンタは全く使わないと述べ、チホは、仕事上、上司に対してよれに使う場合があるかもしれないが、明確ではないと述べた。それを踏まえ、今回の分析で使用したインタビュー箇所のビデオ画像と音声をブンタとチホ両者に再度確認してもらった。その結果、自称詞を述べる部分は、それぞれ「おれ」、「パパ」、「わたし[6]」と述べていることが確認された。

　では、これら3つの自称詞はどのようなコンテクストで出現したのであろうか。自称詞出現前後、STORY IIで行われていることは、妻であるチホと、インタビュアーであるアツコを中心とした相互行為である。おおまかに結論付けるならば、ブンタはその相互行為の内容に対して、不同意あるいは不理解を提示していると考えられる。つまり自称詞はこのブンタの不同意、不理解を指し示している。これはOno and Suzuki (1992)の自称詞の出現が「トピックに関する語り手のスタンスあるいは感情を表す」という分析に一致する。

　例を具体的にみる。例3はSTORY IIの中盤に位置するstory 4-1である。STORY IIは、インタビュアー、アツコがチホに向き直って「チホちゃんは、どう思う」(91–92行)と震災後の意識の変化を尋ねることから始まる語りである。この問いかけからはじまるstory4-1でチホは「あたしは、必ず行ってきますの顔を見る」(93–94行)と述べるとともに、「.. やっぱり亡くなった人もいっぱいいるから：(中略)(0.5)いつ　そう　いつ(中略).. いつそ：ゆ：ふうになってもおかしくない状況だから：」(100, 102, 104行)と、家族が外出先で出会うかもしれない震災、事故などの災害への不安を述べる。この語りに対して、インタビュアー、アツコは「すごいわかる」(139行)と強い同意を示しながらチホに語りを促す。STORY I, IIでアツコはブンタに「震災後の子育てに関する意識の変化」を尋ねたが、アツコが予測していた意識の変化を語ったのは妻、チホであった。それは137行目にアツコが「意識変わる

よね」と述べ、チホの意識の変化を肯定しているところから明らかである。また、アツコはチホと同じ子どもを持つ母親であることから、チホの語る意識の変化に強い同意を示した。それはブンタに意識の変化を聞いた STORY I には出現しなかった先取りの発話[7]や、オーバーラップの発話[8]が多発することからも判断できる。アツコの先取り発話は、チホの語りを借りて、アツコ自らの震災後の心の変化を述べたものだとも考えられる。例えば 116 行目にチホが述べた「新鮮」という発話と同時に発話される 117 行の「ほっとする」は、114 行でチホが述べた「ただいまーって帰ってくるのがすごい」に続く先取り発話である。本来、チホのこの発話はアツコの発話とオーバーラップする「新鮮」という発話につながる。アツコはチホの発話に自分の発話を続けることで、チホの発話内容に同調を表し、自分の震災前後の意識の変化を示している。また、139–149 行の相互行為では、アツコがチホの家族の無事を願う語り (132, 134–135 行) に示した「すごいわかる」(139 行) という強い同調を示すと同時に、チホが「無事に帰ってきてってゆぅのがぁ」(140 行) という家族への思いをオーバーラップして述べ、さらにアツコの「よね」という終助詞を含むオーバーラップ「て思いがあるよね」(141 行) によって同調を示す構造になっている。さらに、自分のことより、家族の安全を願うと述べるチホが「自分よりー、思うかな」(143–144 行) と述べるのに対して、アツコは「思う」(145 行) と同調を示す。このようにアツコは、震災後、家族が家から離れることへの不安を述べるチホに同調を示しながら、先取り発話やオーバーラップを差し挟みつつ、積極的にチホの語りに加担している。言い換えれば、これは、「震災後の子育てに関する意識の変化」の語りをチホとアツコが共同で構築する語り——いわゆる「共話」(水谷 1983) であるといえる。このチホとアツコの共話にブンタは「やっぱりそぉゆぅとこ母親なんじゃない」(146 行) と口を差し挟む。ブンタはチホとアツコが震災後に意識を変化させたことに、同調せず、その同調できない理由をチホ・アツコに共通する「母親」という属性と、自らの「父親」という属性の違いと認識した上で、「母親なんじゃない」とラベル付けして、立ち位置の違い

を示したと分析する。ここでブンタはチホとアツコの語りに積極的な「不同意」の態度を示しているわけではない。しかし、この「父親 VS. 母親」というラベル付けで、自らが違う意見を保有していることを暗示したと考えられる。しかしブンタのこの発話はアツコの「んんん」(147 行)というあいづち以外、明確な反応は得られなかった。一方でアツコはチホの語りへの同調を再度示して(148–149 行)、チホとの共話を構築する意思を明らかにする。

例3) STORY II, story 4-1

91 アツコ：(1.0)((チホに向き直って))チホちゃんは
92　　　　(0.5)どう思う？
93 チホ　：(.)あたしは
94　　　　..必ず行ってきますの顔を見る
95 アツコ：..あ:
96　　　　[<@ そうなんだ @>.]
97 チホ　：[も:なんか　　　　　]
98 アツコ：=ん
99 チホ　：..なんだろう
100　　　　..やっぱり亡くなったひともいっぱいいるから:
101 アツコ：(.)んん
102 チホ　：(0.5)い[$_1$つ そう いつ]
103 アツコ：　　　　[$_1$離れててね　　]
104 チホ　：..いつそ:ゆ:ふうになってもおかしくない状況だ [$_2$から:]
105 アツコ：　　　　　　　　　　　　　　　　　　　　　　 [$_2$んんん]
106 チホ　：.. [$_3$<qま　パパもそうだけど:q>]
107 アツコ：　 [$_3$((ブンタに顔を向けて戻す))]
108　　　　.. [$_4$んんんん　　　　　　　]
109 チホ　：　 [$_4$いってらっしゃいって]
110　　　　(0.2)<q自分は家にいるかもしれない [$_5$けど]q>
111 アツコ：　　　　　　　　　　　　　　　　 [$_5$んん]んん
112 チホ　：..出した [$_6$方:で　　　　　]
113 アツコ：　　　　 [$_6$((声なしうなづき))]

114 チホ　：..<qただいま:q>って帰ってくるの [₇が]すごい
115 アツコ：　　　　　　　　　　　　　　　　[₇ん]
116 チホ　：..[₈新鮮　　　]
117 アツコ：..[₈ほっとする]
118 チホ　：(0.2)そお
119 アツコ：..ん:
120 チホ　：(0.2)なんか:朝とか
121 アツコ：..ん
122 チホ　：..必ず行ってらっしゃい
123 アツコ：..ん
124 チホ　：..って顔を

125 　　　　(0.2)パパ:@ちょっと忙しくて [₁<@見れない]　　　　　　[₂時間になるけど@>]
126 アツコ：　　　　　　　　　　　　　　[₁((ブンタに顔を向ける))][₂@@@@@@@@]
127 ブンタ：　　　　　　　　　　[₁₋₂ @@@@@@]
128 チホ　：.. [₃<q見送りが減ってきましたけどおq>]
129 アツコ：　[₃@@@@@]
130 ブンタ：　[₃@@@@@]
131 アツコ：..@@@
132 チホ　：(0.2)そぉなんか<q気を付けてねq>って [₁いうのは]
133 アツコ：　　　　　　　　　　　　　　　[₁ん:　　　]
134 チホ　：(0.8)なんかもぉなんだろ
135 　　　　..玄関をこ閉まるまで[₂((子どもの名前))の後姿見てたり:] (0.8)
136 アツコ：　　　　　　　　　　　　[₂ <sNNNs>]
137 　　　　(0.5)意識変わるよね
138 チホ　：(.)ん((「ん」に濁点の「ん」))
139 アツコ：.. [₃すごいわかる]
140 チホ　：　[₃無事に帰ってきて] [₄ってゆぅ((言う))のがぁ:]
141 アツコ：　　　　　　　　　　[₄て思いがあるよね].
142 チホ　：(.)ん:
143 　　　　..自分より:
144 　　　　(0.5)[₁思うかな]
145 アツコ：　　　[₁思う]

162　第2部　「話しことばの言語学」実践編

146 ブンタ：[₁°やっぱりそぉゆぅとこ母親]なんじゃないの°((アツコに向いて))
147 アツコ：(.)んんん
148　　　　(0.5)すごいそれは思う
149　　　　..[₂あたしも]

　以上の story 4 1 では、チホとアツコは共同で「震災後、家族を外へ送り
出すことへの不安」という語りを構築する一方で、ブンタがその語りに異議
を持つ可能性のある様子が観察できた。この story 4-1 に続く story 5(例4)
では、チホとアツコが構築した語りにブンタが明確に異議を唱える様子が観
察できる。例4の冒頭部分では、story 4-1 以上にチホとアツコがスムーズ
に共話を完成させていく様子が観察できる。150–156 行では、チホがテレビ
ニュースに端を発して、危険に出会ったときに、どのように対処したら良い
かを子どもに指南していると述べる。アツコは自分も子どもにチホと同様の
態度を取っていることを「ゆぅ　ゆぅ」(153 行)とチホを指し示す動作も交
えて述べ、さらに 156 行では自分がチホに同意していることをブンタにも
知らせるようにブンタに向き直りながら「ゆぅ」と述べる。ブンタはチホと
アツコの相互行為がスムーズになっていくに従って、少し気圧されるように
体を後ろに反らせ、視線を落とし、アツコとチホの発話領域から離れるよ
うな態度を取る。そして、その態度のまま、不明確な低音の発話で「へぇ」
(ゴシック、157 行)と述べる。この態度は、チホとアツコの語りに入り込め
ないことを物理的に示唆していると分析する。このように、ブンタはチホと
アツコの語りに「同意できない」あるいは「理解を示せない」自己を示し始
める。このブンタの不同意、不理解のサインはさらに 175 行(ゴシック)の
「ん :」という唸りにも表れる。この時も、チホの「竜巻への対処の仕方を子
どもに指南する」という語りに同意を示したアツコが、ブンタの方に向き直
り、反応を求める(ゴシック、174 行)。それに対してブンタは、是非を避け
た唸り「ん :」で回答を回避する。この回避は、ブンタの「不同意」を暗示
しているとも考えられる。

語りにおけるインタビュイーの自称詞使用　　163

例4）STORY II, story 5

150 チホ　：[₂そ　　やっぱ]ニュースとか見てても　：

151　　　　　..こぉなったら：

152　　　　　..（（子どもの名前））はこうしたほうがいいよ [₁とかって]

153 アツコ：　　　　　　　　　　　　　　　　　　　[₁んって　　]　ゆぅ
　　　　　　ゆぅ（（チホに指さし））

154 チホ　：..やたら言っちゃう [₂の　　　　　　　　　　　]

155 アツコ：　　　　　　　　[₂ゆぅ（（ブンタを向き直って））]

156　　　　　..ゆぅ

157 ブンタ：..°へぇ°（（後ろに下がった感じで、視線をアツコに向けたが、その後落
　　　　　　としながら））

158 アツコ：..ゆぅ.

159 チホ　：..敏感に [₁言っちゃうの]

160 アツコ：　　　　　[₁んん　　んん　　んん]（（大きく頷きながらチホに向き直る））

（中略）

174 アツコ：(.)**すごいよく分かる　それゆう** (.) [₁**わたし**]（（自分の胸の辺りを指
　　　　　　し示しながら顔はブンタへ向ける））

175 ブンタ：　　　　　　　　　　　　　　　　[₁**ん：**　]（（視線は下に落と気味
　　　　　　のまま））

176 チホ　：..そ：

177　　　　　..で車とか [₂通るんとか]も [₃やっぱ] (.)怖くて後ろから見てたり
　　　　　　とか：

178 アツコ：　　　　　　[₂そHxHx　　]　　[₃@@@　　]

179　　　　　..ね：

180 チホ　：[₄°なんちゃXX°]

181 アツコ：[₄ほんとに突っ込んで来る車] (.)いつどうなるか [₅わかんないもんね：]

182 チホ　：　　　　　　　　　　　　　　　　　[₅°そそそそ°　　　]

183 チホ　：..そ：

184　　　　　..自分が：(0.3)ねえ(0.3)注意してても：

185 アツコ：..うん

186 チホ　：..後ろから来たら [₁あれだから　　　　]

187 アツコ：　　　　　　　　[₁ん　ん　ん　ん]

188 チホ　：..とにかく落ち着いてどおろを歩<@きな [₂-hx]

164　第 2 部　「話しことばの言語学」実践編

189 アツコ： [$_2$んん] [$_3$ん　ん　ん]

190 チホ　： [$_3$((子どもの名前))
　　　　　に限っては特にね]

191 アツコ：(.)ん@@@@((ブンタの方を向いて)) [$_4$@　@@@@　　]

192 チホ　： [$_4$きょろきょろしたり]

193 [$_5$=カサを振り回したりしないで]

194 アツコ：[$_5$@@@@@@@@]((机に突っ伏しながら))

195 (.)え(.)はいはいはい [$_6$はいはいはい　　]

196 チホ　： [$_6$真剣に歩きなさい][$_7$って言って　]

197 アツコ： [$_7$はいはいはい]はいは
　　　　　い

198 チホ　：(0.5)ビビりだからさうちの子はさ

199 ..とりあえずゆっとこうと思っ[て]

200 アツコ： [ん]

201 ..ん　ん

202 チホ　：..そうでもなんか

203 (0.3)その今日行った姿とかを：

204 ..前よりじっくり見るってゆうか

205 アツコ：..ん　ん [$_1$ん　ん　]

206 チホ　： [$_1$こっから]も目で追っ[$_2$て：]

207 アツコ： [$_2$ん　][$_3$ん　　ん　　　　　]

208 [$_3$また二階に走ってって]
　　　　　[$_4$後ろからも見たりとか]

209 アツコ：[$_4$ん　ん<@hxhx@>　]

210 ..見送るよね

211 チホ　：(.)そお：

212 アツコ：(.)<qわかる[$_1$わかる　　]q>

213 ブンタ： [$_1$ああそっか]おれあんまりそやっ[$_2$て思わないな]
　　　　　((右頬に手を当てながら))

214 [$_2$<@ N @>　]

215 =3.11が過ぎた後も

216 チホ　：(0.8)思：う

217 ブンタ：思[$_1$わないな]

218 アツコ： [₁ 3.11の]後だと思う(.)それは/
219　　　..あたし/
220　　　..[₂ひいちゃんと/　　　　]
221 ブンタ： [₂**それが強くなったの↑**]

　その後もチホとアツコの共話は盛り上がりを増す。story 4-1 では、チホの発話へのアツコの先取り発話がチホの発話内容と異なることもあったが、story 5 では、チホがアツコの発話に応じる場面(181–182 行「ほんとに突っ込んで来る車いつどうなるかわかんないもんね:」「そそそそそ」、210–211 行「見送るよね」「そお:」)が出現し、互いの語りの意図がより符合してきた様子が観察できる。この story 5 でチホとアツコの相互行為を中心とする共話がより強固な形で成立したといえる。

　一方、ブンタは story 5 で、アツコの発話にオーバーラップして(213 行)チホへの同意をさえぎり、チホとアツコの語りに異議を申し立てる(ゴシック、213, 215 行「ああそっかおれあんまりそやって思わないな　3.11 が過ぎた後も」)。ここでブンタは、自称詞「おれ」を使用する(ゴシック斜体)。5.1 節で述べたように、ブンタは自分が語りの中心を担っていた STORY I, II では自称詞を使用しなかった。この story 5 でブンタが自称詞「おれ」を使用したのは、story 5 の語りの中心であるチホと、それに協調するアツコに対して不同意、不理解を明確に訴えようとする試みであると考えられる。さらにブンタは 217 行(ゴシック)で「思わないな」と発話を繰り返すことによって、不同意の態度を明確化する。その上、震災後に家族を送り出すことに不安を感じるというチホに疑問を投げかける(ゴシック、221 行「それが強くなったの↑」)。ブンタは story 4-1 では不明確であったチホとアツコの語りへの不同意をここで明確化することにより、自己の語りの領域を差し挟もうとしていると分析する。

　この story 5 はチホを発話の中心(オリゴ)とする語りである。さらに、その語りは共同構築者であるアツコによって強く支援されている。ブンタは

166 第2部 「話しことばの言語学」実践編

「おれ」という自称詞を使うことで、その語りに同意できない自分の語りを
強調しようとする。その結果、221 行で「それが強くなったの↑」とチホの
語りに疑問を呈したが、その発話はそれに続く例 5 の冒頭で、アツコとチホ
の肯定（222–224 行「強くなった」）を受けて断ち切られ、語りの領域は再度、
チホとアツコの「震災後、家族を外に送り出す不安」の語りに戻っていく。

　アツコとチホの語りの領域を奪取できなかったブンタは、彼女たちの語り
に不同意、不理解の態度を示すだけではなく、「不同意を示した理由」―東
日本大震災の最大震度である震度 7 を経験したのでそれ以上の災害に見舞わ
れることはそうそうないであろうと思っている―と述べることで（250–252
行、258、260、262 行）、再び自己の語りの領域を構築しようとする（例 5）。
この時、ブンタは、前回使った「おれ」とは異なる自称詞「パパ」を使う（ゴ
シック斜体、250 行）。ところがブンタの語りはチホに強く否定され（ゴシッ
ク、264 行「いやわかんないじゃん」、266 行「あの日だって来るとは思っ
てなく生活してたからさ」）、そのチホにアツコも同調する（265 行、267 行）。
上記例 3 でみたように、STORY II, story 4-1（例 3、145 行）でブンタは「やっ
ぱりそぅゆうとこ母親なんじゃない」と述べ、チホとアツコの語りが母親目
線の語りであると解釈を加えていると考えられる。そしてそれに同意できな
い理由として、自分が「母親」に対する「父親」であること、そして自分の
語りが「父親目線の語り」であることを述べるため 250 行で「パパ」とい
う自称詞を使ったと考察する。つまりこの「パパ」という表現は、ブンタは、
「今・ここ」のコンテクストにおけるチホとアツコとの人間関係・立場（父親
目線であること）を明確に指標したものである。ブンタは、地震への不安に
同意できない理由として、東日本大震災における最大震度 7 を目の当たりに
したことで、すでに被害の上限を理解していることを挙げ、その震度を経験
しても、現在、普通に生活しているのだから不安に思うことはないという解
釈に至ったということ、また、最大震度の地震がそうそう訪れるものではな
いと解釈をしたことを挙げ、それが「父親目線」の考えであると語る。とこ
ろがここでまた、父親目線の語りは、チホとアツコの語りに取って代わるこ

とはできず、チホとアツコが構築した、これから起こりうる災害への不安の
語りが継続される。

例5）STORY II, story 5

222 アツコ：(.)強くなった
223 チホ　：=強くなった
224 アツコ：=強くなった
225 チホ　：=ここで:もしかしてまた来たら:
226 アツコ：..うん
227 チホ　：..ただいまってあの子た[₁ち　]帰ってくるかな-[₂そ:　　]
228 アツコ：　　　　　　　　　　[₁うん]帰ってくるかな　[₂って思う]
229　　　　　=うん
230 チホ　：(0.8)そお思うの
231 アツコ：=ん
232 チホ　：..ブヒブヒってこないださ鳴った時[₁もさ]
233 アツコ：　　　　　　　　　　　　　　　　[₁あ　]
234　　　　　..そ↑:だよ
235　　　　　..きの:か↑
236 ブンタ：(.)゜きの:゜
237 アツコ：..きのお鳴ったよね
238 チホ　：(.)やっぱいることより((子どもの名前))をだけ-(.)<q抱いてたじゃ
　　　　　んあたしq>
239 アツコ：(.)あ　やっぱそうなんだね
240 チホ　：(.)いつもは「ごめ[₁ん　]抱っこできない」っ[₂て言ってたけどぉ]
241 アツコ：　　　　　　　　[₁うん]　　　　　　　　[₂うん　うん　　]
242 チホ　：=とっさに抱いて
243 アツコ：..ん　ん　ん　ん
244 チホ　：..なんか気づいたら
245 アツコ：..うん
246 チホ　：..ちょっと(0.6)重かっ[た(0.3)みたいなさ]
247 アツコ：　　　　　　　　　　[あ@@@@　　　　　]
248 チホ　：..守らなきゃみたいな

249 アツコ：=うんうん

250 ブンタ：(.)え(.)**パパ**もうあの

251　　　　(0.4)7を(1.0)　経験しちゃったから

252　　　　(0.8)HxHxもうこれ以上は(.)来ねええだろ(.)[$_1$てゆうのが頭にの(こ)ってるから]

253 アツコ：　　　　　　　　　　　　　　　　　　　　　　　[$_1$ああ：　ってあるんだね]

254 チホ　：(,)なんかそこが違うのか[$_2$なっ　　　]

255 アツコ：　　　　　　　　　　　　[$_2$うんうん]

256 チホ　：=男と女で

257 アツコ：=うんあたし[$_3$はね(.)まだあるんじゃないかと思うよね]

258 ブンタ：　　　　　[$_3$お　　んん　しずお　静岡][$_4$が来たってぇ　　]

259 チホ　：　　　　　　　　　　　　　　　　　　[$_4$うん　思う思う]

260 ブンタ：..千葉が来[$_5$たって]

261 アツコ：　　　　　[$_5$うん　]((カメラを向いて))

262 ブンタ：=5強ぐらいだろうぐらいしか

263 アツコ：=@@[$_6$@　]

264 チホ　：　[$_6$**いや**]**わかんないじゃん**

265 アツコ：(.)そお↑だよ：

266 チホ　：(.)**あの日だって来るとは思って**[$_7$**なく生**]**活してたから**[$_8$**さ**　]

267 アツコ：　　　　　　　　　　　　　　　　[$_7$んん　]　　　　　　　　[$_8$んん]ん

　このように、例5までをみると、チホとアツコによって構築された語りは強固であるといえる。その中で、ブンタが自己の語りの領域を獲得しようと挑戦する際の装置として、自称詞を変化させながら使用していると考えられる。

　さらに、例6で、ブンタは再び異なる自称詞「わたし」を使用する（ゴシック斜体、298行）。この例では、ブンタは例3–5より積極的に語りに参加している。例えば、チホが食事を共にする日常が災害や事故によって妨げられるかもしれない不安を語る（268–273行）と、ブンタは理解を示すあいづちを打つ（274行「ほお　ほ」、279行「そう」）。そして、語りの中心にいるチホではなく、チホに協調を示しているアツコに、共通項となる「仕事」という

糸口をもって語りかけ（285–288行）、チホとアツコの「語り」の領域に再び対峙する。ここでブンタは「仕事」という概念を共通項に、「男と女」という概念を対立項にして自己の語りを構築しようと試みる。ブンタの語りでは「奥さん＝家を守り、外に出ていく家族を迎える人」であり、仕事を持つ「奥さん」であるアツコもその範疇に含まれる。この語りをもってブンタは、専業主婦であるチホと、仕事を持つ「奥さん」であるアツコがチホに同調できた理由を「家を守るという意識を持っていること」と導き出した上で、それを「仕事」で共通項を持つアツコに向け、同意を得ようとしたと考えられる。また、この「仕事」というキーワードは、仕事でまれに使うという「わたし」（298行）という自称詞を引き出したとも考えられる。ブンタの勤務体制は週に数回夜勤・準夜勤を含むものであり、この勤務体制によって、専業主婦同様、日中家にいる時間を持つことができることを強調し、そこにチホとアツコとの共通項を示そうとしている。その上で、自分は必ずしもそうではないが、男というものは、家を守ろうという意識を持つ「奥さん＝女性」とは異なる意識を持つものであるということを語り、自身を「奥さん＝女性」の語りの領域への理解を持ちつつも、そこから区別された男性として、自身の語りを構築しようとしていると分析する。つまりここでもブンタは、「今・ここ」のコンテクストにおける自分の立ち位置を指標したのである。このブンタの発話を受け、アツコとチホは自身の語りの立ち位置が「女性目線の語り」であることを最終確認し（305–307行）、男性と女性の語りが違うことを認識したと考える。その一方で、アツコは「女は思うね」（ゴシック、305行目）とチホに同意を求め、あくまでチホと共に構築した「女性」の語りの領域を保守しようとする。

例6）STORY II, story 5
268チホ　：(.)またこの日の朝普通にご飯一緒に食べたけど：
269アツコ：(.)うん
270チホ　：..またただいまって帰ってきて

271 　　　..夜一緒に食べれるかな:とか/
272 アツコ:..うん
273 チホ　:(0.5)すごく
274 ブンタ:ほ[₁お　]　ほ
275 チホ　:　[₁毎]日思　[₂う　]
276 アツコ:　　　　　　　[₂んん]
277 　　　..思う
278 　　　..それはすごく思う/
279 ブンタ:°=そう°
280 アツコ:..うん
281 チホ　:..だか(ら)ご飯食べてても:
282 アツコ:=うん
283 チホ　:..やっぱり(.)一緒に顔m-(.)見なきゃ(.)とか
284 アツコ:(.)ん　　ん
285 ブンタ:(.)<qあやっぱりq>
286 　　　−あの(0.3)仕事はしてても
287 　　　=やっぱり家に(.)家を守るってゆうそおゆう
288 　　　=奥さんの(.)やっぱり感じるとこなんじゃない↑
289 アツコ:..ああ::[₁:　　]
290 ブンタ:　　　　　[₁男は]やっぱり出て
291 　　　(1.5)ねえ[₂仕事をして]帰ってくる[₃ってゆう]
292 アツコ:　　　　　[₂行くからね]　　　　　[₃んんんん]
293 　　　..ん
294 ブンタ:=ほお((方))の人だから
295 アツコ:..んんん[₄んん]
296 ブンタ:　　　　　[₄<qあんまりそうはq>]思わないのかもしれない
297 アツコ:(.)ん:
298 ブンタ:..<qまぁ*わたし*q>((自分の顔を右手で指差す))夜勤やってるから見
　　　れるけど
299 　　　=や(.)やってなかったら子ども行くのなんて<q絶対見られないq>
300 アツコ:(.)見られないもんね↑
301 　　　=そうだよね↑
302 　　　=んん:

303 ブンタ：‥あんまり男はそう思わないかもしれない [ね]
304 アツコ：　　　　　　　　　　　　　　　　　　 [ん] んんんん
305 　　　　(1.5) **や女は思うね** ((目線がチホの方へ))
306 チホ　：(.) 思う [ね:]
307 アツコ：　　　　[すごい] 思う

　以上のように、ブンタの自称詞はチホとアツコが構築した語りの領域、言い換えれば、シルヴァスティンが述べたオリゴを中心に据えた領域に対峙するときに変化している。つまり、一連の相互行為の開始部(STORY I)では、語る権利を与えられたインタビュイーであったブンタが、自称詞を使うことなく、自らの語りを語った。しかし、その後、語る権利がチホに移動したことで、自らの語る権利の主張を差し挟むために自称詞を使ったと考えられる。これは時系列的に流れる会話の、ある一部に自分の発話を入れ込む turn taking を行っているだけではない。すなわちブンタは、会話の内容に合わせながら「おれ」、「パパ」、「わたし」と自称詞を変化して示すことで、自らの立ち位置を明確化し、会話の中心に位置するオリゴに、自らの語りを摺り寄せていこうとしていたのではないかと本研究では結論づけたい。以上の分析結果を踏まえ、「語りの領域」と自称詞の変化について詳細に考察する。

6. 考察

　上の5節で分析したように、自称詞の変化と「今・ここ」で語られている事項の中心からの距離感や、その中心に隣接する人物(チホやアツコ)とのその場のコンテクストにおける立場の違いが、ブンタの自称詞の変化に関わっていることが明らかとなった。本節では今までミクロに分析してきたその変化の過程をまとめた上で、考察を加える。

　STORY I において、ブンタはインタビュアーによって語りの領域、「今・ここ」で相互行為を占領する権限を与えられている。先に触れたように、STORY I の領域内で起こる発話行為の出来事(発話、ジェスチャー、表情、

172　第 2 部　「話しことばの言語学」実践編

視線など）において、ブンタが主導権を取るのが参加者共通の認識である
がため、ブンタは自身の発話上で自己を表明する必要はない。小山（2008,
2009）によれば自称詞の代表格である一人称代名詞「わたし（あたし）、お
れ、ぼくなど」は「今・ここ」で起きている相互行為での発話出来事の中心
（オリゴ）に最も近い発話参加者（話し手）を指し示しているというが、先行研
究でみたように、自称詞が発言されないことが日本語において無標表現だと
すると、指し示さないこともまた、その発話者がオリゴに最も近い位置に置
かれていると言える。結果として、オリゴに位置するブンタは STORY I に
おいて無標の存在として、自称詞を使用せずに語る権限を与えられている。
一方、STORY II においては、インタビュアーであるアツコが「チホちゃん
は（0.5）どう思う？」（例 3、91–92 行）と尋ねた時点からオリゴがブンタから
チホに移動した。ここでアツコの質問を受けたチホが「あたしは」という自
称詞をもって語りを開始するが、この「あたし」は topic marker である「は」
を伴って出現し、それ以前の STORY I でブンタが持っていたオリゴとの対
比を明確化する。そして、チホに語りの権限が移動したことを指標している
ため、これ以降、チホは自称詞を使用する必要はなくなる。つまり STORY
II はチホを主な語り手とする語りであり、冒頭の「あたしは」でそれが宣言
された形となっている。事実、これ以降 STORY II で、チホが自称詞を使
用することはない。インタビュアーであるアツコは、topic がチホである語
りをあいづち、先取り、繰り返し、オーバーラップなどの言語・非言語資源
を使って構築、再構築する役割を果たす。このように STORY I はブンタ、
STORY II はチホをオリゴとして形成された語りの領域が構築されたことと
なる。

　この強固なチホによる語りの領域に対峙し、それを奪取しようとする行為
と、ブンタの自称詞の変化は深く関係している。ブンタはチホの語りがチホ
の領域にある「母親としての語り」として理解を示したという姿勢を「母親
なんじゃない」ということばで示した後、その語りに対して story 5 で明確
に不同意・不理解を唱える（例 4、213 行目「ああそっかおれあんまりそやっ

て思わないな」)。このように不同意・不理解を示す際、ブンタは「ああそっか」という談話標識を冒頭につけて自分への注意喚起を行っている。自分に注意を向けさせ、さらに「おれ」という自称詞を使うことで、ブンタは自分がチホとは異なる方向の意見を持っていることを指し示している。これはチホとアツコを「おれ」という自称詞によって指標される自分のオリゴに引き込もうとしている行為であると分析できる。しかしながら、この試みはチホとアツコに語りを否定される形で失敗に終わる。

その後、story 5 の半ばでブンタは「パパ」という自称詞を使って再度語りの領域を自己領域に持っていこうと試みる。「パパ」は自称詞でありながら、自己の社会的役割(父親)を示すことばである。チホとアツコが母親の語りを展開していると考えたブンタは、自己の語りの領域が、母親の語りと対立する「父親の語り」であることを明示したと考えられる。さらに story 5 後半では、「わたし」という仕事で使用する自称詞を使って、仕事をする男性として家族に対する責任(家の外でお金を稼ぐ)を果たしている自己を表現している。また、この「わたし」という自称詞を使用した際、ジェスチャーからも、語りの内容からもブンタはインタビュアーであるアツコに語りかけていることから、語りをコントロールするインタビュアーであるアツコに主に語りかけることで、自己の語りの領域を再構築しようとしていたと考えられる。

ここで1つ考慮に入れておきたいのは、ブンタの自己領域構築を主に阻んでいるのはインタビュアーであるアツコだということである。インタビュアーは、参加者の語りをくみ取る役割を担っている。アツコはブンタが語りの領域を奪取しようとしていることに気付きながら、その挑戦を否定する。例えば例6の終盤で、男の役割を語るブンタに対して、「女は思うね」とチホに同意を求めつつ、ブンタが語りを継続させるのを分断する。このように、アツコはインタビュアーとして、チホの語りを継続させることを優先させている。言い換えれば、ブンタの語りの領域が構築されなかったのは、STORY II がチホの語りの領域であると意識し、それを維持させようとする

インタビュアー、アツコの役割が大きかったからである。つまりこれは、インタビューをコントロールするインタビュアーが、特定の相手（ここでは、チホ）の語りを引き出したいがために、その場にいる他の参加者の語りを意図的に阻むというインタビューというスピーチ・イベント特有の性質から生まれた現象であったともいえる[9]。

このように、ブンタは、チホとアツコによって構築された語りの領域に対峙し、語りの権利を自分に引き寄せた後、自己の語りの領域を構築するため自称詞を使用したと考察する。つまり、自称詞の変化は、「今・ここ」で構築されている語りへすり寄っていこうとする言語的適応であると同時に、相手の語りの領域に取って代わって自己の領域を再構築しようとする相互行為的挑戦である。以上のようなブンタの相互行為の意図を実行する装置として、自称詞は変化したと結論づける。

7．結論

本研究は、7分弱の短い相互行為の中で、ひとりの人物が異なる自称詞を使用する変化の過程を観察しながら、その理由について考察を試みた。

今回の分析では、社会言語学的アプローチとして、相互行為のミクロな分析を行いつつ、語用論的先行研究を援用したが、短いデータ分析の中でミクロ・マクロの両分析を行うためには、分野を超越した視点をもってデータに向き合う必要があった。インタビューという一見、語り手に語る権限が与えられている場においても、語りたいことを語るには、参加者同士のネゴシエーションが必要である。今回は自称詞に焦点を当てたが、ミクロな談話分析を行うことで、ブンタが語りの自己領域を獲得しようとする際、自称詞を取り巻くさまざまな言語装置（声色、表情、ジェスチャー、その他の言語行為）が同時に使用されている様子がみて取れた。多層的な学問視点が短いデータの中から豊富な言語資源を探りだし、重層的な分析結果を導き出すことが今回の試みで立証されたのではなかろうか。

注

1 このようなインタビューを「アクティブ・インタビュー」と呼ぶ (Holstein and Gubrium 2004)。「インタビューとは解釈作業を伴う『アクティブ』なものであり、インタビュアーと回答者の両方の側の意味を作り出す作業を、必然的に含んでいる」。つまりインタビューを行う際も、それに解釈を加える際も、インタビューの場におけるすべての構成要素（インタビュアー、インタビュイー、物理的環境など）がインタビュー内の出来事に影響を与えることを前提に、分析が加えられなければならないとする。詳細は本書コラム「インタビュー」を参照。

2 本研究のデータの一部は、平成22年度科学研究費挑戦的萌芽研究 (22653060) の助成を受けたものである。

3 インタビューの詳細は、秦・片岡の第2部イントロダクションを参照。

4 STORY、story という用語は、Bamberg and Georgakopoulou (2008) が定義する big story（時系列に沿って語り手が一貫して過去の出来事を語る）、small story（現在進行中の出来事を語ること、未来や仮定の出来事を語ること、ほのめかし、語りの据え置き、語りの拒否など、ナラティブ行動の全域を捉える包括的な用語）の区別ではなく、small story に属するものである。Small story と定義されるものは広範囲に及ぶが、本稿で扱うものは、STORY, story ともにインタビュー・ナラティブにおけるインタビュアーから投げかけられた「震災前後で子育てに対する意識の変化はあったか」という質問に対する回答であり、Bamberg and Georgakopoulou の定義に沿えば、過去の経験を下敷きに「現在進行中の出来事を語ること」に当たる。

5 トランスクリプション記号一覧は、以下の通りである。

トランスクリプション記号　早見表

	意味	記号
ポーズ	マイクロポーズ	(.).
	本相互行為における慣習的ポーズ	..
	ポーズの時間を表示	(0.6)
	続いて聞こえるように発話された箇所（ラッチング）	=
シーケンス	オーバーラップ開始部（同じ数字が記されているものは、同時に発話されたもの）	[$_1$
	オーバーラップ範囲の中で特に同時であることを示す場合		
言いよどみ	言いよどみ	聞き取れる部分 xxx

発声・プロソディ	笑い	@
	長音(音の引き延ばし)	:
	上昇イントネーション	↑
	継続イントネーション	,
	平板イントネーション	_
	中断された発話(カットオフ)	ことb-
	笑い交じりの発話	<@ @>
	吸気	H
	呼気	Hx
	舌や唇の音(舌打ち等)	tsk
	息交じりの発話	<H(x) H(x)>
	声の小さな発話	°うん°
	早口の発話	<q q>
	ゆっくりの発話	<s s>
	引用的or演技的な声質	「　」
	強く発話を切断	/
非言語的行動	ジェスチャー	(( )) その上の行の発話とジェスチャーの開始部を合わせて表示
	ジェスチャー以外の身体的動作	(( ))
	無声のあいづち	N
メタ記号	不鮮明な聞き取り不能な話	xxx 拍に対応する長さ
	筆者によるコメント	((コメント))
	筆者による分析上の強調部分	下線、ゴシック等

6　この「ワタシ」は非常に不明確に述べられており、聞き取りでは「ワシ」とも聞こえたため、語り手であるブンタと、妻チホに繰り返し聞いてもらった。その結果「ワタシ」と発話した部分でブンタが、自分の顔を人差し指で指し示すジェスチャーを伴っているため、参加者全員の総意として「ワタシ」という自称詞を使っていると結論付けた。

7　「先取りの発話」とは、話し手の発話が終わらないうちに、話し手の言おうということを予測して述べることをいう。

8　「オーバーラップ」の発話とは、話し手の発話が終わらないうちに、話し手の発話を妨げるように述べる発話のことで、そのために相手の発話が中断されたり、話し手の発話に自分の発話が重なることをいう。

9　このような現象は、通常の3人以上の会話でも起こりうるが、ここでは、インタビュ

アー（筆者）が、チホの意見を引き出そうとしていたため、それがより影響したと考える。

参考文献

Bamberg, Michael and Alexandra Georgakopoulou (2008) Small Stories as a New Perspective in Narrative and Identity Analysis. *Text & Talk* 28(3): 377–396.

Goffman, Erving. (1981) *Forms of Talk*. Philadelphia: University of Pennsylvania Press.

Holstein, James A. and Jaber F. Gubrium. (2004) *The Active Interview*. Thousand Oaks: SAGE Publications.

Jones, A. Kimberly. 日本語の談話における意見の衝突と人称指示詞の用法. ms.

小山亘 (2008)『記号の系譜―社会記号論系言語人類学の射程』三元社

小山亘 (2009)『記号の思想―現代言語人類学の一軌跡：シルヴァスティン論文集』三元社

水谷信子 (1983)『あいづちと応答』筑摩書房

Ono, Tsuyoshi and Ryoko Suzuki. (1992) Word Order Variability in Japanese Conversation: Motivations and Grammaticization. *Text* 12 (3): pp.429–445.

Ono, Tsuyoshi and Sandra A. Thompson. (2003) Japanese *(w)atashi/ore/boku* 'I': They're Not Just Pronouns. *Cognitive Linguistics* 14–4: pp.321–347.

Shibatani, Masayoshi. (1990) *The Language of Japan*. Cambridege, New York: Cambridge University Press, pp.390–391.

Silverstein, Michael. (1981) The Limits of Awareness. (*Sociolinguistic Working Paper*, No. 4.) Southwest Educational Development Laboratory, Austin, TX. [Reprinted in: Alessandro Duranti. (ed.) (2001) *Linguistic Anthropology: A Reader*. Oxford: Blackwell, pp.382–401.]

鈴木孝夫 (1982)「自称詞と対称詞の比較」國廣哲彌編『日英語比較講座　第五巻　文化と社会』pp.17–60.　大修館書店

◆ コラム

インタビュー

岡本多香子

　我々の周りには「インタビュー」という名の相互行為があふれている。テレビ番組では、芸能人やアナウンサーが旬の話題に関して、ゲストにインタビューを行う。スポーツ中継では、選手や監督へのインタビューが行われ、都心の街頭では道行く人へ世論を尋ねるインタビューがなされる。新聞を見れば、有識者に政治、事件、事故への見解を尋ねるインタビューが掲載されている。英語でinterviewと聞けば、入学や入社の面接試験を思い浮かべる。また、医療福祉の分野では、医療相談やカウンセリングなどもインタビューという枠組みに入る。これら様々な相互行為が一括りにインタビューとされるのは、インタビューという相互行為が「聞き手」が投げかけた質問に対して、「語り手」が回答することを骨子としているスピーチイベント(speech event)だからである。

　相互行為の性質上、インタビューは、会話を取り巻く研究分野において、様々な評価を受けてきた。会話の研究を中心に社会言語学の指針を示してきたLabov (1984: 29)は、「対面インタビューこそ、量的分析に必要とされる発話を量的にも質的にも記録可能にする唯一の手段」であるとし、量的会話の研究のためのデータ収集法として取り入れた。一方で、自然会話・談話の研究を行う社会言語学や言語心理学では、聞き手が語りを構造化するという性質から、インタビューを自然会話とは一線を画す相互行為とみなしている。

　また、文化人類学や言語人類学では、インタビューはそれ単体で分析されるデータというよりは、自然発生的に起こる様々な文化現象を補完するものとされる。例えば、特定の文化を調査する際、その文化の精通者にインタビューを行うことで、出来事や事物への文化的意味を理解することがある (Duranti 1997)。

つまり、インタビュー内で起こった一過性の相互行為を限定的に分析するというより、調査者が特定の文化のフィールドワーク内で行う参与観察 (participant observation) において収集した多様なデータ (フィールドノート、録音、写真、動画、文書) のひとつとして、インタビューによって得られた資料を分析するのであり、これが全体の文化現象理解への補完材料とされている。

　自然会話の分析を中心とする社会言語学が、インタビューを聞き手が構造化したデータと考えて分析対象としないこと、また、文化人類学がインタビューを言語活動や文化現象の付属的な産物と見る一方で、社会学や社会心理学の分野では、インタビューそのものが社会・文化的活動であると考え、インタビューを行う過程、その背景知、トランスクリプション作成、フォローアップインタビューまでを一連の研究データとして取り扱う。その背景には、インタビュー自体をアクティブな社会文化的活動として捉えるアクティブ・インタビュー (active interviews) の考え方がある。Holstein and Gubrium (2004) では、インタビューの回答者を「回答を含んだ容器」(vessels of answers) (p. 7) とみなさず、インタビューを回答者と調査を行うインタビュアーの両方がエージェントとして活き活きと産出したコミュニケーションとみなす。そのため、すべてのインタビューはインタビュアーと回答者の双方が、協同でアクティブに解釈しつつ、意味構築を行う相互行為 (p.4) であり、その相互行為内で起こるすべての事柄を研究対象としている。特に、本書で取り扱った「個人的経験＝ライフストーリー」を聞くインタビューにおいて、その中で生じる言語表象、言語行為は、文化的慣習、聞き手との関係、社会的文脈によって大きく左右され (桜井 2002)、インタビューという相互行為そのものが、豊かな言語、文化、社会を反映する材料を提供している。このように、インタビューのとらえ方は多様であるがゆえに、学問的立ち位置を明確にしつつ、「インタビュー」の活用を考えていく必要がある。

参考文献

Duranti, Alessandro. (1997) *Linguistic Anthropology*. Cambridge: Cambridge University

Press.

Holstein, James A. and Jaber F. Gubrium. (2004) *The Active Interview*. Thousand Oaks: SAGE Publications.

Labov, William. (1984) Field Methods of the Project on Linguistic Change and Variation. In John Baugh and Joel Sherzer. (eds.) *Language in Use: Readings in Sociolinguistics*, pp.28–53. Englewood Cliffs, NJ: Prentice-Hall.

桜井厚(2002)『インタビューの社会学—ライフストーリーの聞き方』せりか書房

言 語 人 類 学 か ら の ア プ ロ ー チ

創発的スキーマと相互行為的協奏について
「問い」と「相づち」による構造化を中心に[1]

片岡邦好

要旨 本章では、震災体験者のナラティブにみられる「詩的顕現」の過程を検証する。具体的には、ナラティブを誘発するある種の問いかけが、家族の「生還」に暗在する「往復スキーマ」を誘発し、そのスキーマに沿う形で語りが達成されたことを指摘する。さらに、その創発的なスキーマ展開を促進したと考えられる行為に、聞き手の相づちによる構造化支援があげられる。これらの言語・認知・身体的な資源による協奏の下で指標性の重層的な求心的移行が指向され、それらが「今・ここ」において投影する「非明示的テクスト」に注視することで、被災後の意識変化を読み解く手がかりとなることを述べる。

1. はじめに

本章の目的は、言語人類学的アプローチを用いて東日本大震災にまつわるインタビュー・データを分析することにより、災害がもたらした混沌と非日常に対して参与者がどのように談話的な秩序回復を図ったかを検証することにある。談話的秩序が心の平衡状態と一致するとは限らないにせよ、さまざまな苦悩に起因する心的外傷に対して、カウンセリングや治療、介護の進捗に伴い言語的アコモデーション（Ferrara 1994）や身体的「合奏」（川野 1999）が観察されることはこれまでも指摘されてきた。そのような均衡状態の形成は、語り手と聞き手といった主客の二項対立的な関係性を超えた、参与者による間主観的かつ間身体的相互作用により達成されると考えられる（川野・

圓岡・余語 1999)。

　心的な秩序回復の検討は、発話の「意味」を吟味するだけでは不十分である。個々の発話が明瞭であっても、談話的一貫性や主体性(agency)を欠くとすれば、話者の内部に何らかの異常を疑わざるを得ない。裏を返せば、談話的均衡は参与者の心の平穏と自我の社会性を投影する指標であるとも言えよう(Adler and McAdams 2007)。その想定に立ち、本章では詩的構築(ポイエーシス)による秩序形成が「オリゴ」(「今・ここ」)への接地と軌を一にすることを示し、その反復が自己肯定感の回復と強化につながる過程を観察する。

　明言こそされないが、本談話の裏には隠れた認識・行為の型が存在するように見える。それは幾度となく帰来する「出発－帰還」イメージであり、それが構成する環は日常の「儀式」として会話者に共有された「スキーマ」となる。つまり、内在化された経験の表出を通じて、現実認識や自己肯定感の様態を言語・身体使用から読み解くことが、本章の取り組む課題である。

　以下の語りにおいて、上述の「出発－帰還」イメージは「登校」と「帰宅」という活動を通じて3度言及される((1)：カッコ内は行番号)。

(1)「出発－帰還」イメージ
　　1回目：
　　「あたしは必ずいってきますの顔を見る」(3)
　　「ただいまって帰ってくるのがすごい」(23)
　　2回目：
　　「必ず行ってらっしゃい..って顔を(見る)」(31)
　　「無事に帰ってきて」(49)
　　3回目：
　　「その今日行った姿とかお：前よりじっくり見る」(117)
　　「ただいまってあの子たち帰ってくるかな」(143)

本章では、その形成過程を検証するための手段として、語りの明示的意味に沈潜しつつ、その狭間から間欠泉的に湧出する「非明示的テクスト」(Silverstein 1998)の布置とその変遷を、言語人類学的アプローチを用いて検証する。本章で述べる「非明示的テクスト」とは、言語が文字化されたもののみならず、非言語や行為が反復や平行性を通じて社会的に認知・意識可能となった記号の「型・形」の別称である。よって、「出発－帰還」といった創発的スキーマのみならず、蓄積／共有された「好まれる」実践形式もそこに含まれる。以下では具体的に、(1)「問う」ことによる(あるいは「問い方」が投影する)スキーマの創発、(2)参与者間のパフォーマンスによる詩的体系の構築と補強、(3)スキーマの保持と談話操作によるトピック境界の投射、といった現象を考察する。これらにより、参与者自らが主張・正当化する言説を通じて、震災前後の家族意識が相同的かつ重層的な対立軸に沿って展開することを視覚化する。

2. 言語人類学における「語り」とその後

2.1 民族誌としての語りの詩学

詩学の実践にあたる "poem" の語源は「創作」とされる。混沌(日常言語)から秩序(詩的言語)を作り上げることが詩作であるならば、本章で見る相互行為的共創(協奏)は自己再生のための詩的な実践となる。とりわけ、日常の語りを詩的観点から分析するアプローチの先駆に「民族詩学」(ethnopoetics)がある。語りを通じて民族誌を記述する行為は人類学の中心課題でもあったが(Boas 1911)、構造主義的なアプローチによってその詩的分析の基盤を築き、発展へと導いたのは Hymes (1981)や Tedlock (1983)らの功績が大きい。例えば Hymes は、ネイティブ・アメリカン説話・神話を研究する中で、Jakobson (1960)による詩的言語の理論を援用して、語彙、形態、文法形式、構文的な反復と並行性からなる体系化を「バース／スタンザ分析」というアプローチにより定式化した(近年の展開は Webster and Kroskrity (2013)を参照)[2]。

184 第2部 「話しことばの言語学」実践編

　ほぼ時を同じくして(1970年代)、会話分析(CA)の研究者を中心に、その
場で繰り広げられる相互行為の連鎖が、語りの「権利」と方向性に深く関わ
ることが示された。従来、Hymes の「バース／スタンザ分析」にせよ、言
語学において隆盛を極めた Labov (1972) のナラティブ分析にせよ、語りの
「権利」や参与者が共有する「構造」を自明のものと想定している。それら
を前提とせず、語り手と聞き手が語りを「今・ここ」で「共創」すると捉え
たのが会話分析のアプローチである[3]。例えば、会話の中で「語る」ために
は長いターンを占有する必要があり、話者は「交渉」を通じてその権利を獲
得しなければならない。またそれを獲得した後でさえも、参与者がその内容
を知るか否かに応じて、異なるデザインで、その場で練り上げられなければ
ならない (Goodwin 1987, Heritage 2012)。したがって、相づち等で参与者相
互の了解をモニターし、非流暢性や介入に対する修復を行いながら、協働し
て語りを構築する側面が強い。
　ただし、このような即時的な語りの構築においても、参与者がある種の定
型的な語りに収斂していくという現象がしばしば観察される。そのような反
復／再帰的な構造は、Jakobson が定義した「詩的」な実践の母体となる。例
えば Tannen (1989)、Hopper and Glenn (1994)、Jefferson (1996) らは、日常
の会話には反復・平行性、模倣、引用、メタトークといった現象が横溢し、
いわば相互行為的詩学とも呼べる特徴が広範に観察されると指摘している。
　そのような特徴は、Friedrich (2001) が「詩的顕現」(lyric epiphany: L.E.)
と呼ぶ現象により包括的に捉えることができる[4]。「詩的顕現」とは、叙事詩
における、抒情詩的形式の瞬間的な、しかし緊要な突発的出現を指す。そこ
では、音調的輪郭の際立ちや語彙密度の増加、比喩、反復、平行性といった
修辞的特徴が典型的に出現するとされ、語りにおける「絶頂／クライマック
ス」の特徴に近いと考えられる (Longacre 1996)。そのような詩的顕現の契
機と会話の詩学との関連を示したのが図1である。
　図1が示すのは、何がしかの関連性 (aboutness) により規定される一繋が
りの話題である。ここで述べる「話題」(topic) とは、機能言語学において文

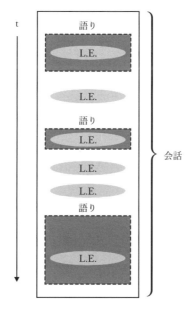

図1　会話と詩的顕現(L.E.)の関係

主語によって規定されるそれ(例えば Givón (1983))とは異なり、段階的、階層的に関連性のある広義の話題を指す。例えば「先週末の出来事」のような「上位」の話題には、「話者Aの出張」や「聞き手Bの失敗談」といった「下位」の話題が含まれうる。そのような階層的なトピック内部にはしばしば「会話的ナラティブ」(conversational narrative: Norrick 2000)や「小さな語り」(small story: Bamberg 2007, Georgakopoulou 2007)が散在し(図1内部の長方形破線部分─ただし境界は必ずしも明瞭ではない)、おもにそれぞれの「絶頂／クライマックス」に相当する箇所で典型的に詩的顕現(楕円部分)が観察されると考えられる。ただし、L.E. は語りにおいてのみ作動するわけではない。何気ない日常の会話内部に帰来し、会話内のさまざまな「没入／のめり込み／盛り上がり」(involvement)の際にも表面化する。談話／会話分析者が「会話は詩的である」と論ずるのは、このような契機を踏まえた上での主張といえよう。

186　第 2 部　「話しことばの言語学」実践編

　実際の会話では、このようなトピックの境界は必ずしも明白とは限らず、一旦終息したのちに復活することもある。ただし、本分析では半構造的インタビューにより明示的に区切られた一断片を分析対象とする。そのような契機において、詩的特徴の補強に関わる言語的／非言語的要因を探るため、本章では会話のシステムを包含する非明示的テクスト（文化的／状況的実践の型）と参与者間の相互行為（特に聞き手行動）に焦点を当てる。

3.　データおよび分析の枠組み

　分析用データは、秦かおり・岡本多香子・井出里咲子氏が東日本大震災後の子育て意識について取り組むプロジェクト（詳細は第 2 部イントロダクション参照）から抽出された断片である。この断片は、「こどもを育てていて震災の前と後で意識の変化があったか」というインタビュアーの質問（上位トピック）に答えたものであり、関連性の高低はあるものの、応答者の意識変化にまつわる幾つかの下位トピック（1(a 〜 d)）からなる[5]。以下の分析対象は、「(b) 登校と帰宅」、「(c) 不測の事態」に関連する日々の体験談／報告から成り、いわば「小さな語り」（Bamberg 2007, Georgakopoulou 2007）の集積と呼ぶに相応しい。本稿ではこれらを含めて「語り」と総称する。

(1)　　震災の前後での意識変化
　(a)　　食べ物への気配り
　(b)　　登校時の見送りと帰宅への不安
　(c)　　不測の事態への対処法
　(d)　　男親・女親の認識の差

　本分析における鍵概念の 1 つは「指標性」である（Silverstein (1976)、(1998)、片岡 (2002)、小山 (2009) などを参照）。以下で述べるとおり、意味内容的には震災前後の意識変化を語ったものだが、参与者がこのインタ

ビューで行っているのは、(家族を失わずに済んだという意味での)生存者アイデンティティの共有と性役割に根ざした家族の紐帯の構築である。その論拠として、言語の明示的意味に沈潜する非明示的テクストの相同性と、参与者間の言語的／非言語的表象の詩的協奏／共創を挙げたい。これらを通じて、参与者間の自己認識が再帰的に補強されることを確認する。

具体的な観察項目として、連辞的操作の一種である「引用」(Hill and Irvine 1993, 鎌田 2000)と「旧情報」(cf. D'Andrade 1992)という現象に着目する。小山(2009)の指標性モデル(図2)では、「指標性の大小」に基づく言語階層の分類(Silverstein 1976)に沿って、「連辞」と「範疇列」からなる4つのレベルを想定している。図2(1)と(2)は連辞の特徴、(3)と(4)は範疇列の特徴であり、それらの階層が相同的に対応することを前提とする。各々の階層における要素の中で、本分析に関わる高い指標性を示す要素は、図2(1)および(2)の下線部分である。

まず「引用」については、話者の発話態度との関わりについてこれまで多くの知見が蓄積されている。たとえば、「引用」と総括される実践の中には、思考、発話、行為の引用といった種別が考えられ(鎌田 2000)、典型的に「〜って／〜(ん)だって」「〜みたいな」「〜と(か)」「〜ぐらい」などの言語表現によりマーキングされる。加えて、引用内容をどのように提示するか——つまりどのような話法を採用するかは、伝達内容への語り手の「介入度(interference)」の差が反映されたものと考えられている(Leech and Short 2007:図3)。したがって、自由直接話法(FDS)は元発話の伝達内容を最も直截に伝えるために介入度は最低であり、直接話法(DS)、自由間接話法

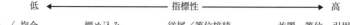

(1) 〈 抱合　　　　埋め込み　　　　従属／等位接続　　　　並置・等位・引用 〉
(2) 〈 意味・統語的な同一指示　レーマ／新情報　テーマ／旧情報 (スキーマの暗在) 〉
(3) 〈 抽象名詞　　具体名詞　　　固有名詞　　照応代名詞／指示詞　　1・2人称名詞 〉
(4) 〈 述語・動詞　　アスペクト (相)　　テンス・モダリティ (様態)　　ムード (法) 〉

図2　言語的な指標性の大小に基づく階層(小山(2009)より抽出)

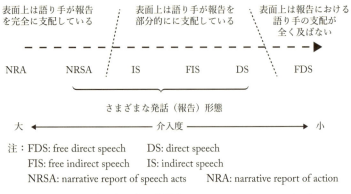

図3 語り手の介入度の階層(Leech and Short 2007: 260)

(FIS)、間接話法(IS)、発語行為報告(NRSA)、行動報告(NRA)、の順で介入度が増大するとされている[6]。

　本章における「介入度」とは、「今・ここ」において他者による元発話を再構築する際の、語り手の「オリゴ」への依存度と同義である。よって、引用のタイプに応じて指標性の大小も異なる。つまり「引用」には、他者発話の「直接話法(DS)」という類像性の高い(つまり指標性の低い)形式から、(自由)間接話法や発話・行為の報告といった、現場のコンテクストに依存する指標性の高い形式へと至る階層が想定できる。また往々にして、間接話法や報告における言語事象の並置・反復を経ることで、指標性が増大する。つまり、他者発話への「語り手の介入度」の増加とは、「今・ここ」において立ち現れる現場(オリゴ)への依存度の増大を促す操作であり、指標性の階層にもほぼ対応すると判断できる(図3下部)[7]。ただし、創作における登場人物の発話を想定した Leech and Short とは異なり、本稿で扱う「自己発話」の引用に際しては、(時空を隔てた)オリゴの転移と同化によってFDSが最大の現場依存度を呈し、それゆえ指標性も高いと考えられる。

　一方、図2(4)において述語動詞は総じて指標性が低い範疇列とされている。しかし、動詞タイプ(到達・瞬間／達成／活動／状態・継続など：金田一1950)に着目すると、ある種の動詞が範疇列において反復され、平行性を

達成することで高い詩的特性を獲得する可能性がある。本データにおいても、引用動詞「(〜と)言う」による描写や、認識動詞「わかる」「思う」の体系的な配置を通じ、詩的な言語使用が達成されている。加えて、以下の分析では参与者間で共有された認知スキーマ(の暗在と共有)を、連辞的指標である「旧情報」の一形態と見なす。この概念は従来「シナリオ」、「スクリプト」、「スキーマ」などと定義されてきた概念に相当するが(D'Andrade 1992)、ここではインタビュー中の「問い」に触発され、アドホックに共有された認識の型(「出発(登校)−帰還(帰宅)」イメージ)を指す。

　よって以下では、「引用」と「思考・認識動詞」の使用実態と変遷を状況的スキーマとの関連において考察する。

4. 「震災データ」分析

4.1　スキーマと行為による詩的相同性

　本節では、インタビュアーの質問によって偶発的に喚起されたスキーマが、語りの展開の雛型として作用することで、アドホックに利用可能となった言語的／非言語的資源とどのように関わるかを考察する。それにより、相互行為の「型」による非明示的テクストの創発過程を検証する。

　上述のとおり、以下の語りは「こどもを育てていて震災の前と後で意識の変化があったか」という問いに対して発せられたものである。まず夫(B)が、(除染前の)放射能の影響を考慮して山菜などを食べなくなったこと、それに関連して東北地方に子供を連れて行くことに不安を感じていることを述べる。それに続き、インタビュアー(A)はその妻(C)に同じ質問を向ける。抜粋(1)はそれに対するCの回答である。本章の冒頭で紹介したとおり、以下では「登校−帰宅」という行動への言及が3度繰り返される。1回目では現在の日常がある種の驚きと受け止められ(行23、25)、2回目以降では「帰宅」が祈念に値する「有り難きこと」として語られる(後述)[8]。

190　第2部　「話しことばの言語学」実践編

抜粋(1)：登校と帰宅1

1　A：(2.0)　((Cに向き直って))

2　　<u>ちぃちゃんは(0.5)どう思う?</u>

3　C：あたしは

4　　必ずいってきますの*顔*を見る.

5　A：あ:

6　　<@ そう [なんだ @>.]

7　C：　　　　[も::　　　]なんか

8　A：うん

9　C：なんだろう.

10　　やっぱり亡くなったひともいっぱいいるから:

11 A：ん:ん(0.5)

12 C：い[₁つ　そう　いつ]

13 A：　[₁離れててね　　]

14 C：いつそ:ゆ:ふうになってもおかしくない状況だ[₂から:]

15 A：　　　　　　　　　　　　　　　　　　　　[₂んんん]

16 C：ま　パパもそうだけど:((Bに顔を向けて戻す))

17 A：[₃ん　ん　ん　ん]

18 C：[₃<QいってらっしゃいQ>って]

19　　>自分は家にいるかもしれない [₄けど]<

20 A：　　　　　　　　　　　　　[₄んん]んん

21 C：出した方:[₅で

22 A：　　　　[₅ N N　((大きな頷き))

23 C：>tただいまQ>くって帰ってくるの [₆が]すごい

24 A：　　　　　　　　　　　　　　　[₆ん]

25 C：新 [₇鮮　]

26 A：　[₇ほっ]とする ((情緒の表出))

　　抜粋(1)は、「登校−帰宅」による往復スキーマが初めて利用された場面
である。この連鎖の中でCは、「(((いってきます＝)いってらっしゃい)＝
ただいま)」という母子間の「実践ペア」⁹を直接引用することにより、「登
校−帰宅」という日常が続くことの稀有さを「新鮮」と表現している(行

25）。引用を用いたこの慣例上のペアはいくつかの点で興味深い。まず、「いってきます」に対応する挨拶は「いってらっしゃい」だが、「登校する」という行為と実践ペアを成すのは「帰宅する」という行為である。明言こそされないが、この「出発−帰還」を構成する環は、通学にまつわる日常の儀式として会話者間に共有されたスキーマと考えられる。

　まず4行目の「いってきますの顔」という発話は図3における（他者の）「行動報告（NRA）」に近い表現であるが、それが18行目の自己発話の引用（「いってらっしゃい」）と隣接ペアを形成する。そして23行目ではそれと対を成す他者発話の引用（「ただいま」）が、時系列を隔てて上位の実践ペアを形成する。特に18–23行目は上述の往復スキーマを構成し、「登校を見送る私」と「無事帰宅する子供」という対比が「自他」の対立を伴ってより鮮明となる。

　そのような語りの導入の際、語り手Cは類似の談話標識「もう／そう／なんか／やっぱ」を自在に組み合わせて（「もうなんか」「そうなんか」「そうやっぱ」など）話題導入の合図（ある種の「コンテクスト化の手がかり」）に用いている。本データでは、新たな話題は典型的にこれらの談話標識により導入されており、とりわけ上述の往復スキーマは常にそれらを伴っている。

　一方、聞き手Aは随時相づちを発することでCの反応をモニターしつつ聞き手性（listenership）を確保し、語りの展開を推進している（「ん」は頷きを伴う相づち、「N」は頷きのみを示す）。この時点では、Aによる相づちは散発的で、句や節の切れ目（cf. interactive turn space (Iwasaki 2007)、反応機会場（西阪 2008)）周辺部で生起しているものの、その頻度やスタイルに特定の体系性があるようには見受けられない。ただし後述する通り、Aは語りの展開に呼応しつつ相づちによる体系的なパフォーマンスを見せ始める。

　抜粋（2）においても等価的な対立が見られる。抜粋（1）同様、まずCが27–29行目で「そお なんか：」という談話標識により新たな往復スキーマを導入する（網掛け部分）。続く31、33行目で「必ずいってらっしゃい..って顔を−」と言いかけて断念し（抜粋（2）では一部省略）、「パパ：（には）ちょっと忙しくて ... 見送りが減ってきましたけど：」と「夫をないがしろ

192　第 2 部　「話しことばの言語学」実践編

にする嫁」であることを自虐的に告白して参与者 A、B の笑いを誘い、一時的な逸脱が起こる。そこから回帰し、再度「登校を見送る私」の発話を導入・引用した部分が 41 行目以降である。

抜粋(2)：登校と帰宅 2

27 C：そお.
28 A：ん:(NNN)
29 C：なんか:朝とか
30 A：ん(NN)
31 C：必ずいってらっしゃい..って
　　… 10 行省略 …
41 C：そぉなんか<Q気を付けてねQ>..って [₁いう]:のは:] 　　C：自己発話の引用
42 A：　　　　　　　　　　　　　　[₁　ん:　] 　　　　　登校する
43 C：(1.5)なんかもぉなんだろ
44 　玄関をこ閉まるまで [₂リュウタの後姿見てたりぃ　]
45 A：　　　　　　　　　　[₂ N　N　N　N　N]
46 　(0.8)意識変わるよね
47 C：<ん">　 ((濁点の「ん」))
48 A：[₃すごいわかるうん] ((認識動詞))
49 C：[₃無事に帰ってきて] [₄っ てゆぅ のがぁ:]
50 A：　　　　　　　　　　　 [₄て 思いがあるよね].((認識名詞))
51 C：う:ん
52 　自分より:(0.5)
53 　[₁思うか [₂な　((認識動詞))
54 A：[₁思う] 　　((認識動詞))
55 B：[₁ tsk 　[₂<やっぱりそぉゆぅとこ>母親なんじゃない
56 A：うんうんうん(0.5)
57 　すごいそれは思う.　((認識動詞))
58 　あたしも

C：自己思考の引用
帰宅する

41 行目で C が再び「そぉなんか」で補足説明を始めると、登校時に「いってらっしゃい」とともに発せられる「気を付けてね」という自己発話(斜字体)

を引用する。その登校時の描写に続き、「無事に帰ってきて」という「自己思考」を引用することで仮想的な往復スキーマを完結する(行 49)。一方 A は、それに先立つ 46 行目で「意識変わるよね」と念を押すが(「よね」の使用)、この語りが A による質問(「震災後の意識変化」)により誘発されたことを鑑みると、「(以前は感じなかった)無事帰宅することに対する安堵感」という意識変化を追認していると推測される。それに続けて A は、「(すごい)わかる」⇒「〜て思い」⇒「思う」⇒「(すごい)思う」という認識動詞を繰り返すなかで(行 48–57：網掛け)、一時的な認識行為「わかる」から継続性を伴う「思う」という認識動詞の対比的選択により、その意識が一般化・共有されたものであることを段階的に補強する。この点においても、抜粋(1)で見られた往復スキーマに依拠する形で共通認識の強化が図られていることがわかる。

　以上の会話は、往復スキーマにおける「起点」と「着点」に特化したものであったが、これ以降は登下校中における(今や日常となりつつある)危機的状況への対処法を述べたものとなっている。ただし、子供たちが一日の大半を過ごす「学校」は、この往復スキーマにおいては特別な場所として認識されておらず、「起点／着点」である家庭のように「結節点(node)」として扱われることはない。むしろ問題とされるのは、そのスキーマ中の経路部分である。以下の抜粋(3)と(4)は、その経路上の「不測の事態」を扱っている。

　「不測の事態 1」(抜粋(3))においても、上述の談話標識の変種(「そやっぱ」)によって認識の変化に伴う新たな行動パターンが紹介される。ここで C は、仮想上の危険について息子に与える忠告を、(息継ぎをはさむ)2 行一続きの自己引用(斜字体)を用いて 3 度行う(行 61 ＋ 62、行 70 ＋ 72、行 76 ＋ 79)。ただし 2 度目の発話は引用マーカーを用いず、「自由直接話法」により過去と発話時を峻別しない(介入度の低い)形式が用いられている。それに対し、A も C と同様の忠告を子供に対して行うことを実演してみせると(行 74)、C から音の引き伸ばしと反復を伴う強い同意を得る(行 75)。また、これらの自己発話の引用をする際には必ず、「やたらゆっちゃう」(行 64)、「敏感にゆっちゃう」(行 68)、「うるさくゆぅ ... 敏感に」(行 81)といった等価的

な表現（太字破線四角）を対にして用いるという並行性が見られる。

抜粋（3）：不測の事態1

59 C:　[そ やっぱ]ニュースとか見てても:

60 A:　°ん°

61 C:　<Qこぉなったら:

62　　　リュウタはこうしたほうがいいよQ> と[か]って　　　C：自己発話の引用

63 A:　[んと ゆぅ ゆぅ]　　（（一瞬Bを見てCに指さし））

64 C:　やたらゆっちゃう[₁ の]

65 A:　　　　　　　　[₁ゆぅ]　（（Bに向き直って））　　　BとCに

66 B:　へぇ:

67 A:　[ゆぅ].（（Bに））

68 C:　[敏感にゆっち[ゃうの]

69 A:　　　　　[うん うん うん（（Cに向き直る））

70 C:　<Q竜巻来たら[ぁー　　　C：自己発話の引用

71 A:　　　　　　[そ:そ:そ:そ:！（（Cに指差し））　　　Cに

72 C:　どっかの固いものに[つかまんな↑さーいQ>

73 A:　　　　　　[そ: そ:！（（Cに両手で指差し））

74　　　なんか建物の真ん中にいくと[いいってゆうよ,とかって

75 C:　　　　　　　　　[そ:そ:そ:>そ:そ:<

76　　　=<Qどこなら[安心だよQ>とか　　　C：自己発話の引用

77 A:　[ゆぅゆぅ　（（Bを一瞥））　　　BとCに

78　　　すごい[ゆう]うん

79 C:　<Q頭を守りなさいQ> [とかぁ]

80 A:　　　　　　[うん うん うん

81 C:　それを(..)うるさくゆぅよう[になってるかも知れない..敏感に]　　　Cに

82 A:　　　　　　[んん んん んん んん

83　　　すごいよくわかる=　（（認識動詞））

84 C:　=ん":

85 A:　=それ ゆう (.)私　（（自分の胸を指し顔はBへ））　　　BとCに

86 B:　ん:=

87 A:　[=うん°うんうん°　（（Cに細かく頷く））　　　Cに

この断片で興味深いのは、聞き手 A による協働的かつ即時的な反応の連鎖であり、それらが異なるレベルで相互行為的に構築された点である。まず聞き手行動については、特定の「動詞による反応単位の反復」（鈴木 2016）が、C の語りを協働的に推進する潤滑剤となっていることが伺える。その 1 つが発話動詞「ゆう（言う）」である。これは C が「... とかって」（行 62）と述べるのに重複して発せられ（行 63）、A により 3 度繰り返される（行 63、65、67）。この 3 連のパターンは、77、78、85 行目でも再び観察される。いずれの場合も、「ゆぅゆぅ＋ゆう＋ゆう」という内部構造からなる点に着目したい。さらに、いずれの発話の後にも、強い同意を示す「相づち＋頷き」（波下線）の反応単位が C に対して同数回繰り返されている（行 69、71、73：行 80、82、87）。

さらに興味深い点は、視線を含む身体行為と上述の反応単位の関わりである。62 行目で C が自己発話の引用を行うと同時に、A は一瞬 B（C の夫）に視線を移し、向き直って C を指差す。さらに 65 行目で B に向き直って「ゆう」と述べ、念を押すように 67 行目でも「ゆぅ」を繰り返す。つまりこの間、A は B と C の双方（おもに B）を反応の受け手に設定している。しかし、それに続く 69–75 行目では A と C のみが排他的な応酬を繰り返す。特に自己発話の引用部分（斜字体）は、双方が「そ」系の相づちに終始し（波下線）[10]、音調的にも強く発声されて（行 71–73 の「！」と「↑」）、双方向の際立った同意が表明される。

63–73 行目にかけて A が行った＜ B と C への「ゆぅ」＋ C への相づち＞という発話と行為の反応単位は、実はさらに 2 度、縮小された形で繰り返される。76 行目で C が再度自己発話の引用を始めると、A は再び「ゆうゆう」と発しながら B を一瞥する。そして C に向き直ると「うん」系の相づち（波下線）により C の発話に排他的に対応する（行 80–82）。ここで一旦「わかる」という認識動詞（行 83）によりこの下位トピックの終結が示唆されるが、A は再び B に顔を向けながら「ゆう」と述べ（行 85）、C に相づちを返すという言動が繰り返される（行 87）。

なぜこのような反復行為が志向されたのか？　一旦収束したように見える（そして終結して何ら違和感のない）相互行為がなぜ追加されるのか？　その原因については推測の域を出ないが、参与者間で好まれる談話構築の型が共有され、それに寄り添う形で語りも構成されたと考えざるを得ない。この現象は従来の研究（Minami and McCabe 1991; Kataoka 2009, 2010, 2011）においても頻繁に観察された現象であり、上記テクストの場合、3という「好まれる」単位を満たすためには、一旦「わかる」で終息に向かっても第3項を満たさずに終結できないためと考えられる。

　これは隣接ペアが第二ペア部分なしに終結できない現象と似ている。語りの構造においては会話における隣接ペアほどの拘束力はないにせよ、特定の単位への収束が「好まれる」のである。さらに、今回観察した即時的なスキーマへの収束も同様の拘束力を持つと考えられる。この点で、欠損部分を埋めるために働く拘束力は、会話のみならず、語りの詩的構造、認知的スキーマといった異なるレベルにおいても作用すると考えられ、それゆえ文化／状況的な指向性にも影響を受けると捉えるべきだろう。

　この様な体系的パフォーマンスは、一回限りではなく再帰的に観察される。ただし「不測の事態2（抜粋（4））」においては、偶数構造に基づく単位が参与者間（主にAとC）で協働的に練り上げられ、共通するトピック（不測の事態1、2）が異なる構造とリズムを伴って敷衍される。まず発話内容から見ていこう。

抜粋（4）：不測の事態2

96　C：そお:

97　A：[°怖いよ°

98　C：[自分が:...ねえ...注意してても:

99　A：うん

100 C：<Q 後ろ[₁から来たらあれだから

101 A：　　　　[₁N　うん　うん　うん　うん　N N

102 C：とにかく落ち着いてどおろを歩<@きな[₂-hxQ>

C：自己発話の引用

103A：[|[$_2$んん [$_3$んん んん んん

104C：   [$_3$リュウタに限っては特にね. ⎫ C：自己思考(の引用)

105A：[n@@@@ [$_4$@ @@@@ ((Bを見る))

106C：   [$_4$<Qきょろきょろしたり

107A：[$_5$@@@@ ((一瞬顔を伏せる))

108C：[$_5$カサを振り回したりしないで ⎫ C：自己発話の引用

109A：はいはいはい[$_6$はいはい

110C：[$_6$真剣に歩きなさいQ> [$_7$ って言って

111A：   [$_7$はいはいはいはいはい

112C：(0.8)ビビりだからさうちの子[$_8$はさ

113A：   [$_8$N N N ⎫ C：自己思考(の引用)

114C：とりあえずゆっとこう と 思っ[$_9$て((認識動詞))

115A：   [$_9$ん ん ん

116C：そうでもなんか

117　その今日行った姿とかお: ⎫ C：自己行為の引用

118A：N N N   登校する

119C：前よりじっくり見るっ てゆうか

120A：N ん ん

121C：こっからも目で追っ[$_1$て

122A：[$_1$ん [$_2$んん

123　 [$_2$また二階に走ってって [$_3$後ろからも見たり とか

124A：   [$_3$ん ん<@んhxhx@>

125　見送るよね.

126C：そお.

127A：わかる[$_1$わかる. ((認識動詞))

128B：   [$_1$ああそっか..おれあんまりそやって思わないな=

　続く 96 行目以降、「そお:」という談話標識に導かれ、「不測の事態 2」に備えた子供への注意喚起をめぐって会話が展開する。実はこのインタビューに先立ち、小学生の隊列に乗用車が突入して多数の死傷者が出るという事故が頻発していたために、このような注意喚起がなされたものと思われる[11]。この抜粋の驚くべき点は、語り手 C と聞き手 A の間の、発話内容と

相づちの弁証法的な統合の様相にある。

　Cの自己発話の引用（斜字体）が再び始まるのは100行目からである。「後ろから来たら」の主語は、先行する話題から暴走車のこととわかる。この書き起こし方法で（主にDu Bois et al. (1993)参照）「1行」に相当するのはイントネーション単位（Chafe 1994）である。ここで最初の単位（「 」により標示）に相当するのは、「自己発話2行＋自己思考1行」（行100・102：行104）の3行からなるCの自己引用[12]である。それに続き、「自己発話3行＋自己思考2行」（行106・108・110：行112・114）の5行からなる自己引用へと拡張され、「自己発話＋自己思考」という等価的な構造が反復される。

　その後、上述の「3＋5＝8」行からなる反復構造に対して、聞き手Aは2行ずつ等質の反応（相づち、評価的笑い）を返すことで（波下線）、結果的に「2＋2＋2＋2＝8」行という同一幅からなる連鎖を完成させる。日本語が談話レベルで3や5を基本単位とするという知見にもとづけば（Minami and McCabe 1991, Kataoka 2009, 2010）、奇数単位が「地」（ground=無標）、偶数単位が「図」（figure=有標）となって、この「不測の事態」描写が語りの総体における「図」として差異化され、顕在化する。事実、この多重の反復構造は、後述する通り3回目の往復スキーマ直前で生起している。この描写は、抜粋（1・2）で観察されたようなCが主体的に誘導する発話ではなく、CとAによる相互依存的かつ呼応的な体系をなし、双方が高い「没入度（involvement）」（Tannen 1989）を通じて合意を指標している。これにより、（実際にクライマックスとなった）3度目の往復スキーマの導入を促しているように見える[13]。

　また、100–115行目までの間、すべての発話と相づちが部分的に重複しており、通常の会話や語りではあまり見られない共同参加型のやり取りが展開する。ただし、この重複は決して発話の流れを阻害しておらず（事実、Cは発話のリスタートや中断を一切しない）、両者の共謀の下に許容、促進されており、この点でも高い没入度が観察できる。

　それを受け、116行目の「C：そうでもなんか」という談話標識（この語

りにおける「境界標示」）により3度目の「登校」描写が始まったことは偶然ではあるまい。単位としての完結性が両者に共有されたからこそ、Cは何ら拘泥することなく次の局面に語りを進めることができたと思われる。またその直前には（行114）、Cの認識動詞「思う」が出現してトピック境界を投射している。続く117-124行目まで、Cの発話は「ってゆうか」と「とか」という引用マーカーが2行ずつの単位を形成し、より「粒度」の高い描写（「出かける姿をじっくり見る」⇒「ここから目で追い、さらに2階からも後ろ姿を見る」）へと移行していく。

　その発話に対し、音調面でもより感度の高い反応による相同的な移行が観察できる。具体的には、聞き手Aの最初の反応（行118）は頷きのみ（「N」）であったものの、120行目では「頷き（「N」）⇒頷きを伴う相づち（「ん」）」へと変化し、さらに122行目で「頷きを伴う相づち（「ん」）」のみとなり、最後の124行目では相づちの最後の拍に笑いという評価的行為が被さる。加えて、先行する発話でも見られた発話の重複が121行目より始まり、その範囲が拡大する。このAによる4回の反応が全て3連の拍からなり、等価的要素（ただし完全に同一ではない）の反復によってなされたことは特記すべき点である。このような累加的、等価的反応を参与者間で投企することにより調和的構造が達成されている。

　この相同的な語りの共同構築をへて、Aは先行するCの「登校」描写に「見送るよね」（行125）と共感を示し（終助詞「ね」の使用）、「わかるわかる」（行127）と認識動詞を繰り返す。前述のとおり、ここでも認識動詞「わかる」が共通理解の指標として用いられ、トピックの終結を投射している。思考や評価の発露が語りの頂点から終結に凝集することは各所で指摘されているが（Labov 1972, Tannen 1989, Kataoka 1995）、共通理解を示す認識動詞がそのような境界標示機能を持つことは想像に難くない（甲田2015）。例えば次に見られる逸脱場面は、認識動詞の持つそのような機能をさらに裏付けている（抜粋(5)）。

200　第 2 部　「話しことばの言語学」実践編

抜粋(5)：分断された往復スキーマ

```
126 C ：  そお.
127 A ：  わかる[₁わかる.　((認識動詞))
128 B ：  [₁あ:そっかおれあんまりそやっ[₂て思わないな＝((認識動詞))
129 C? ：                              [₂なんか
130 B ：  [₃＝3.11が過ぎた後も
131 A? ： [₃あっそお
132 C ：  (1.0)思う.　((認識動詞))
133 B ：  思[わないなぁ.　((認識動詞))
134 A ：    [3.11の後だと思う..それは.((認識動詞))
135       あたし-
136       [>そ(れ)< ちいちゃんと-
137 B ： ┌[それが強くなった?((強く:LHL))
138 A ： └うん強くなった.((強く:HLL))
139 C ： ┌強くなった.((強く:LHL))
140 A ： └強くなった.((強く:HLL))
141 C ：  ここで:もしかしてまた来たらぁ
142 A ：  うん
143 C ： ┌ただいまってあの子た[ち帰ってくるかな-　[そお
144 A ： │              [うん 帰ってくるかな[って 思う.((認識動詞))
145     │  うん
146     └(0.8)そお[思うの.((認識動詞))
147 A ：          [うん.
```

C：自己思考の引用
帰宅する

　抜粋(5)では、B による突然の介入(行 128)により一時的な逸脱(破線四角部分)が生じていることがわかる。B (＝ C の夫)は 128 行目まで、書き起こしで 100 行以上にわたりほぼ沈黙を保っており、この発話(「おれあんまりそやって思わないな」)が初めての大胆な介入にあたる。なぜこのタイミングなのだろうか。B は 128 行目の冒頭で「あ：」と発しており(change-of-state token：Heritage 1984)、ある種の認識の差に気付いたことがわかる。つまり先行する A の「わかるわかる」という同意発話が B に何らかの「気付き」

を与えたことを示している。それは、女性間（AとC）で共有された理解が
Bにとっては想定外の内容であり、かつ談話における「共感」が連鎖の終
結を投射する行為（closure relevant）であるために（Schegloff 2007: cf. Kataoka
1995）、異議を表明する機会がこの時以外にはないという認識の現れである
と考えられる。

　しかし128–130行目の発話に対し、BはAとCから執拗な反論を受ける（行
132、134）。彼は更なる反駁を試みるものの（「思わないなぁ」：行133）、A
とCが複数の「声（voice）」（Bakhtin 1981）―ここでは異なる方言アクセン
ト（LHL形とHLL形）―を用いて「強く（なった）」（行138–140）と断定す
ることで、Bは反駁の可能性を閉ざされ、黙り込むほかなかった。つまり
128–140行目はBの介入による一時的な逸脱となったものの、結果的にA
とC認識の変化を再確認することで元の展開に回帰する準備が整ったとい
える。

　遡って検証すると、「そお（＋α）」という談話標識により新たな話題を提
供してきたCの言動を考慮すれば、126行目の「そお」には141行目の発
話が続くのが最も自然な展開であると考えられる。まさに、Cが141行目
以降で子供たちの帰宅に再び言及したことは示唆的である。なぜここで帰宅
描写なのか。116行目からの描写（抜粋（4））を振り返ってもらいたい。Cは
そこで3度目の「登校」描写を開始したものの、Bの介入に遭って「帰宅」
描写に至っていない。これを補ってこそ、3度目の往復スキーマが完結する
のである。続くAとCが重複して帰宅に言及し（行143–144）、さらに境界・
終結を指標する認識動詞「思う」の反復（行144、146）によってこの欠落し
たスキーマが補完されたことは偶然ではあるまい。

　筆者によるこれまでの分析においても、共有された（仮に即時的・一時的
であろうと）スキーマを踏襲せずに語りを完結することに強い抵抗を示す事
例が多く観察されている（Kataoka 2011, 2012）。この点で、会話の隣接ペア
の第二ペア部分が欠損したまま連鎖を終えることに強い抵抗を示すことと同
様である。ただし隣接ペアのように、会話という行為に通底する普遍的な

指向性ではないものの、この欠損の補修という行為はコミュニティ内で共有された詩的談話構造や、即時的に共有されたスキーマに対しても同様に作用するということであろう。また、本稿で観察した奇数単位からなる体系への収束は、文化的な起源を持つ点で隣接ペアとは異なる体系への指向性／嗜好性といえよう。仮に会話における隣接ペアの背後にあるメカニズムをミクロな条件的適切性と呼ぶならば、ここにはマクロな条件的適切性（macro-conditional relevance）と投射作用が関与していると考えられる。

4.2　非明示的テクストによる認識的相同性

　ここで述べる「非明示的テクスト」とは、文字化された、あるいは明言された意味内容を超える認識可能な記号の型を示す点で、「スクリプト」や「スキーマ」（D'Andrade 1992）に近い概念である。抜粋（6）に見られるのは、前節から続くBの反駁が、「出発−帰還」と同様の二項対立的なスキーマ的相同性を通じて相互乗り入れを果たし、それが前節で見られた男性と女性という性イデオロギーに寄り添う形で展開する過程である。

抜粋（6）: 性役割

203 B : >あ(れ)やっぱり<　　潜在的な不同意を投射　　女＝在宅
vs.
204 　　　この..仕事はしててもやっぱり　　　　　　　男＝外出
205 　　　家に-..家を守るってゆうそおゆう
206 　　　奥さんの　..やっぱり感じるとこなんじゃない？
207 A : あ::[:
208 B : 　　[男]はやっぱり出て
209 　　　(1.5)ねえ[仕事をして帰ってくる[ってゆう
210 A : 　　　　　[行くからね　　　　　[うんうんうんうん＝
211 B : ＝ほおの人だから
212 A : うんうんうん[うんうん
213 B : 　　　　　　　[あんまりそうは思わないのかもしれない
214 A : んー
215 B : まぁ゜わし゜夜勤やってるからできるけれども((自分を指差す))

216　　　　やってたら(　　)子どものことなんて絶対[見れない
217A：[見られないもんね,そうだよね↑　んん
218B：だから 男 はそう思わないかもしれないね
219A：んん　んん
220C：んー
221A：だ, 女 は思うね　　((目線がCの方へ))
222C：思うね:
223A：すごい思う

　203–218 行目では、B が抜粋(5)で試みた反駁が再び、ただし異なる視点
から繰り返される。まず B は、「やっぱり」(本書、横森論文を参照)を 4 度
用いることで妻と家庭の関係性を前提化しつつ前景化し、それに続く潜在的
な不同意を投射する(二重下線)。さらに今回は、「そう思わない」理由が(伝
統的な)性役割に基づく労働スタイルと切り離せないことを明言する。ただ
しその発話は、主張を弱めるように構築され(「かもしれない」という確信
度の低い法助動詞の使用)、震災後の意識の変化が極めて女性的な帰結であ
ることを示唆する。この発話に対してある程度の同意は得られるものの(行
217：ただし、B 自身は夜間勤務に従事するため子供の登校を見られる立場
にある)、今や性役割との対比から語られることとなった震災後の意識差
は、依然として女性間で保持されたのであった(行 221–223)。

4.3　考察

　以上の観察において、引用という操作を遂行するのは主に語り手であっ
た。しかし、語りの意味内容が発話者の意図を直接反映すると考えるのは楽
観に過ぎるだろう。ことばと真意は裏腹でありうるからだ。それに代わり、
本章では意識的な操作が及びにくい引用対象や、引用の言語形式という観点
から、語りの背後にある「非明示的テクスト」を読み解くことを試みた。

　同一話者による自己発話であっても、時と場所が異なれば言語使用上の指
標性は異なる。例えば、過日の自己発話の引用と今現在の自己思考の引用を

比較すると、後者の方がより密接にオリゴに接地し、指標性が高い。この解釈に基づくと、抜粋(4)については言及のタイプがオリゴへの接近(発話／行為から思考へ)を繰り返すという体系性を指摘できる。それと同様に、Cの一連の発話の中にも、震災後の意識を反映する非明示的テクストが指標の振る舞いを通じて現れてくる。以下に示す通り、指標性が高いとされる言語使用(引用、スキーマの暗在)に着目すると、言及指示対象がほぼ一貫してオリゴに収束する形で、つまり「発話／行為」から「思考」へ、「外」から「内」へ、「往」から「復」へと向かって、体系的な相同性と求心性を示すことがわかる。

　表1(a)は抜粋(1)から(5)に見られたそのような変遷のパターンを図示したものである。さらに、それがアドホックな往復スキーマと結びつき、結果的に性イデオロギーの対比的構図を助長する鋳型となっていることが観察できる(表1(b))。

　紙幅の関係で割愛したが、「不測の事態3」においても同様の求心的移行

表1　引用タイプの連鎖と往復スキーマの体系的対応

(a) 引用のタイプの変化

往復スキーマ1	自己**発話**(C)の引用	⇒	他者発話(子供)の引用
往復スキーマ2	自己**発話**(C)の引用	⇒	自己**思考**(C)の引用
不測の事態1	自己**発話**(C)の引用×3	＋	〔自己**発話**(A)の引用〕
不測の事態2	自己**発話**(C)の引用	⇒	自己**思考**(C)の引用
	自己**発話**(C)の引用	⇒	自己**思考**(C)の引用
往復スキーマ3	自己**行為**(C)の引用	⇒	自己**思考**(C)の引用
(参考)	自己**発話**(C)の引用	⇒	自己**思考**(C)の引用
不測の事態3	〔自己**思考**(B)の引用〕	＋	自己**思考**(C)の引用
指標性	低 ⟷ 高		

＊「不測の事態1」と「不測の事態3」(本文中省略)において、例外的に聞き手であるAとBが自己発話と自己思考を引用した。

(b)対立軸

認識の起点	震災前　vs.　震災後	
往復スキーマ	往：登校する	復：帰宅する
性イデオロギー	男	女
認識動詞	Φ(思わない)	思う／わかる
活動領域	外	内

が観察できる（表1(a)中の「参考」）。一連の流れの中でこの移行に反するのは、「不測の事態1」でAが自己発話を引用した場合と、「不測の事態3」でBが自己思考を引用した場合のみであり、Cによる引用は全てこの求心的パターンを踏襲している。語りの細部においては多少のほころびや矛盾が散見されるものの、全体として一定の方向性を持った弁証法的な統合のうねりを確認することができる。つまり、言表内容的には子育てに対する不安や懸念が随所で表明されているものの、それを表出する非明示的テクストは一定の体系と一貫性を保っている。この点で、語りの内容は多幸感に溢れるとは言い難いものの、AとCの協奏による「今・ここ」（そして語られた自らの境遇）への依存性と平穏な日常への信頼が浮かび上がる。

　しかしながらまだ疑問点も多い。この様なパターンが観察されたという事実は、この災害と事故を経験の中に内化し受け入れたことを示すのだろうか？　このような求心的収束は、被災者の語りに共通する特徴なのか？　逆に、被災者の語りにこの様な方向性が見られないとしたら、まだ状況を許容していないことになるのか？　またこのような移行は、他の心的外傷を受けた人がそれを受容し克服する際にも観察される特徴なのか？　そうでないとすれば、どのような言動がその移行を指標するのか？　言表レベルに表出しないこのような「非明示的テクスト」の振る舞いを検証することで、被災者の表面化しない内実が垣間見られる可能性があると考える。

5. おわりに

　従来、「質問－返答」「依頼－受諾／拒否」といった隣接ペアが条件的適切性（conditional relevance）に基づいて連鎖的に会話を構成することが基本とされてきた。しかし本章で考察したような、詩的構築というレベルでの文化的制約と、アドホックに共有されるスキーマの制約がマクロな条件的適切性に寄与することが指摘されることは稀であった。本章は、比較的普遍的なミクロレベルの相互行為に注視するにとどまらず、それを取り巻く文化的な嗜好

性に依拠した構造への収束、さらに「問いかけ」が誘発した「出発 – 帰還」イメージなどが語りの機序を解き明かす際の鍵となることを指摘した。

このような、複数レベルの異なる体系化が同時に、かつ弁証法的な統合を通じて瞬時に達成されていることは驚愕に価する。それは、アドホックにその場で構築される側面もあれば、暗黙知として共有された共通基盤に収斂する面もある。これを可能にしているのは恐らく、談話構成の規範と単位を共有したスピーチ・コミュニティに属する話者間の指向性なのであろう。単に会話を運営するためのミクロレベルの形式と規範を共有するだけでなく、談話を構成するためのマクロレベルのそれもが語りの達成に関わっているのである。その理解に立てば、重層的レベルにおける相同的かつ反復的求心性が、自己肯定感の回復と強化につながることは想像に難くない。

同時に、スキーマ的順応の一般的な危険性も指摘しておきたい。確かに我々は、常にある種のスキーマを前提として語りに参加するわけではない。しかし本章では、参与者が暗在的な「往復スキーマ」に沿う形で暗黙裡のグループ化や思想的対立へと、無意識に追いやられる可能性を確認した。このような対立的図式の構築や操作は、政治談話や演説に頻出する方略ではあるものの、無為な会話や語りにも横溢する現象である。そのようなスキーマの牽引力は、会話における条件的適切性と同様に抗いがたい、内在化された知識と行為なのであろう。

注

1　2013 年 12 月に東京大学にて開催された「第 8 回 話しことばの言語学ワークショップ」の参加者諸氏、そして本稿の草稿に対して貴重なコメントを下さった編者諸氏に深く感謝いたします。なお本稿は、科学研究費基盤（C）「言語的・非言語的『不均衡』から見る社会的実践の諸相」（課題番号 25370499）の助成を受けています。

2　「行」から「シーン」に至る単位を同定する基準については Hymes（1981, 1996）を、日本語の考察に関しては Kataoka（2009, 2012）などを参照されたい。一般的に、話

し言葉における「行」同定のための基準は、概ね「イントネーション単位」(Chafe 1994) に対応し、日本語においては終助詞や接続詞が目印となることも多い。バースはその上位概念に当たり、往々にして複数の行を含む「文」構造に対応する。またターン交替もバースの単位となる。バースとスタンザの境界は厳密に規定できないが、時空間の転移、時制の変化、繰り返しのパターン化、同一トピックの継続などがその判断材料となる。

　ただし Hymes の形式的側面を重視したアプローチに対して、Tedlock (1983) は Zuni の語りにおけるポーズや沈黙、リズムや声の大きさなどの音調的特徴、「聞き手・聴衆」のパフォーマンスを含む相互作用的な側面の重要性を説いた。また、Bright (1984) や Woodbury (1985) らは、文法的構造と音調的特徴の協働を重視し、Hymes と Tedlock 両者のアプローチによる統合の必要性を確認した。

3　会話分析では「語る」ための資源・手続き・連鎖構造に注目し、「ナラティブ」ではなく「ストーリー・テリング」と称する (Jefferson 1978; cf. Norrick 2000)。

4　Epiphany という用語は、「東方の三博士」における「キリストの顕現」に遡るとされるが、近年の議論で思い起こされるのは Joyce によるエピファニー論である。そこで Joyce は、「平凡・世俗的なものの背後に潜む精神的な意味が、ある契機に際して突然顕在化すること」といった意味で用いている。

5　ただし本分析は、約7分間の共有データのうち、中間部の約4分間のみを対象としている。

6　鎌田 (2000) も日本語についてほぼ同様の階層を認めている。なお、カッコ内の略語は以下の語句を示す。さらに、各々に対応すると思われる日本語の創作例 (前日の会話を引用・報告) を付け加えておく。

　　　FDS: free direct speech　「『明日電話して。』」(と言われた)
　　　DS: direct speech　「『明日電話して。』と言われたよ。」
　　　FIS: free indirect speech　「翌日電話してと言われたよ。」
　　　IS: indirect speech　「今日電話するように言われたよ。」
　　　NRSA: narrative report of speech acts　「今日電話するよう頼まれたよ。」
　　　NRA: narrative report of action (「今日電話することになってるんだ。」)

7　ただし Leech and Short (2007) の階層は、文学作品における語りに基づいて分類したものであり、実際の会話と異なり、真の語り手 (著者) は語り手 (登場人物) の背後に隠れている点で、同一の指標が有効か否か議論の余地のあるところではある。

8 書き起こし記号（cf. Du Bois et al. 1993）：

,	継続的音調	.	終結音調
[₁]	発話の重複	:	音の引き伸ばし
..	0.2 秒以下の間	...	0.3 から 0.6 秒の間
(1.0)	0.7 秒以上の間	(( ))	著者コメント
-	発語の切り詰め	=	ラッチング
@	笑い	<@ @>	笑いながらの発話
<Q Q>	引用音調の発話	°°	小声による発話
< >	ゆっくり発話	> <	素早く発話
XXX	不確かな聞き取り	YYY	自己発話／思考／行為の引用

9 ここで定義する実践ペアとは、「依頼―受諾／拒絶」のような隣接ペアとは異なり、タイプ固有的（type-specific）であるとは限らず、運用スキーマに合致する限りにおいて多様な反応が対となりうる。

10 串田（2002）によれば、「そう」は相手の貢献を自分の発話計画に組み込むという機能を果たすとされる。

11 当時、2011 年 4 月 18 日に鹿沼でクレーン車が小学生の登校列に突っ込むという事故を皮切りに、2012 年 4 月 12 日の京都祇園軽ワゴン車暴走事件、同年 4 月には京都亀岡市で集団登校中の児童に車が突っ込むといった事故が多発していた。

12 本稿では、Leech and Short（2007）の引用モデルに沿って話者の解釈に基づくメタ発話（「行動報告」や「思考内容報告」）も広義の引用と見なす。よって、104, 112, 114 行目の C の発話は、過去に述べたことを今この場の解釈により聞き手に伝える点で「自己思考（の引用）」とした。事実、これらの発話の抑揚は先行する発話よりも抑えられ、内省的に聞こえる。

13 通底するデフォルト（＝「地」）の詩的構造からの逸脱は「図」として作用し、語りの頂点やクライマックスをマーキングする作用があることを Hymes（1996）なども指摘している。

参考文献

Adler, Jonathan M. and McAdams, Dan P. (2007) The Narrative Reconstruction of Psychotherapy. *Narrative Inquiry* 17(2): pp.179–202.

Bakhtin, Mikhail, M. (1981) *The Dialogic Imagination*. (Trans. by Caryl Emerson and Michael Holquist) Austin: University of Texas Press.

Bamberg, Michael. (2007) Stories: Big or Small—Why Do We Care? In Michael Bamberg. (ed.)

Narrative—State of the Art, pp.165–174. Amsterdam: John Benjamins.

Boas, Franz. (1911) *Handbook of American Indian Languages*. Part 1. Washington: Government Printing Office.

Bright, William. (1984) *American Indian Linguistics and Literature*. Berlin: Mouton.

Chafe, Wallace L. (1994) *Discourse, Consciousness, and Time: The Flow and Displacement of Conscious Experience in Speaking and Writing*. Chicago: The University of Chicago Press.

D'Andrade, Roy G. (1992) Schemas and Motivation. In Roy G. D'Andrade and Claudia Strauss (eds.) *Human Motives and Cultural Models*, pp.23–44. Cambridge, UK: Cambridge University Press.

Du Bois, John W., Stephan Schuetze-Coburn, Susanna Cumming, and Danae Paolino. (1993) Outline of Discourse Transcription. In Jane A. Edwards and Martin D. Lampert (eds.) *Talking Data: Transcription and Coding in Discourse Research*, pp.45–89. Hillsdale, NJ: Lawrence Erlbaum.

Ferrara, Catherine, W. (1994) *Therapeutic Ways with Words*. Oxford, NY: Oxford University Press.

Friedrich, Paul. (2001) Lyric Epiphany. *Language in Society* 30(2):pp.217–247.

Georgakopoulou, Alexandra. (2007) Thinking Big with Small Stories in Narrative and Identity Analysis. In Michael Bamberg. (ed.) *Narrative—State of the Art*, pp.145–154. Amsterdam: John Benjamins.

Givón, Talmy. (ed.) (1983) *Topic Continuity in Discourse: A Quantitative Cross-language Study*. Amsterdam: John Benjamins.

Goodwin, Charles. (1987) Forgetfulness as an Interactive Resource. *Social Psychological Quarterly* 50(2): pp.115–131.

Heritage, John. (1984) A Change-of-state Token and Aspects of its Sequential Placement. In J. Maxell Atkinson and John Heritage. (eds.) *Structures of Social Action: Studies in Conversation Analysis*, pp.299-345. Cambridge: Cambridge University Press.

Heritage, John. (2012) Epistemics in Action: Action Formation and Territories of Knowledge. *Research on Language and Social Interaction* 45(1): pp.1–29.

Hill, Jane H. and Judith T. Irvine. (1993) *Responsibility and Evidence in Oral Discourse*. Cambridge: Cambridge University Press.

Hopper, Robert, and Phillip Glenn. (1994) Repetition and Play in Conversation. In Barbara Johnstone (ed.) *Perspectives on Repetition Vol. 2*, pp.29–40. Norwood, NJ: Ablex.

Hymes, Dell. (1981) *In Vain I Tried to Tell You: Essays in Native American Ethnopoetics*.

Philadelphia: University of Pennsylvania Press.

Hymes, Dell. (1996) *Ethnography, Linguistics, Narrative Inequality*. Bristol, PA: Taylor and Francis Inc.

Iwasaki, Shimako. (2007) Construction of Units and Interactive Turn Spaces in Japanese Conversation. *Japanese/Korean Linguistics* 15, pp.67–80.

Jakobson, Roman. (1960) Linguistics and Poetics. In Thomas Sebeok. (ed.) *Style in Language*, pp.350–377. Cambridge, MA: MIT Press.

Jefferson, Gail. (1996) On the Poetics of Ordinary Talk. *Text and Performance Quarterly* 16 (1): pp.1–61.

Jefferson, Gail. (1978) Sequential Aspects of Storytelling in Conversation. In Jim Schenkein. (ed.) *Studies in the Organization of Conversational Interaction*, pp.219–248. New York: Academic Press.

鎌田修(2000)『日本語の引用』ひつじ書房

片岡邦好(2002)「指示的、非指示的意味と文化的実践―言語使用における『指標性』について」『社会言語科学』4(2): pp.21–41. 社会言語科学会

Kataoka, Kuniyoshi. (1995) Affect in Japanese Women's Letter Writing: Use of Sentence-final Particles *Ne* and *Yo* and Orthographic Conventions. *Pragmatics* 5 (4): pp.427–453.

Kataoka, Kuniyoshi. (2009) A Multi-modal Ethnopoetic Analysis (Part 1): Text, Gesture, and Environment in Japanese Spatial Narrative. *Language and Communication* 29(4): pp.287–311.

Kataoka, Kuniyoshi. (2010) A Multi-modal Ethnopoetic Analysis (Part 2): Catchment, Prosody, and Frames of Reference in Japanese Spatial Narrative. *Language and Communication* 30(2): pp.69–89.

Kataoka, Kuniyoshi. (2011) Verbal and Non-verbal Convergence on Discursive Assets of Japanese Speakers: An Ethnopoetic Analysis of Repeated Gestures by Japanese First-aid Instructors. *Japanese Language and Literature* 45 (1): pp.227–253.

Kataoka, Kuniyoshi. (2012) The "Body Poetics": Repeated Rhythm as a Cultural Asset for Japanese Life-saving Instruction. *Journal of Pragmatics* 44: pp.680–704.

川野健治(1999)「介護における行為の協調関係について―食事介護場面の検討」川野健治・圓岡偉男・余語琢磨(編)『間主観性の人間科学』pp.183–203. 言叢社

川野健治・圓岡偉男・余語琢磨(編)(1999)『間主観性の人間科学』言叢社

金田一春彦(1950)「国語動詞の一分類」『言語研究』15: pp.48–63. 日本言語学会

甲田直美(2015)「語りの達成における思考・発話の提示」『社会言語科学』17(2):

pp.24–39. 社会言語科学会

串田秀也（2002）「会話の中の『うん』と『そう』―話者性の交渉との関わりで」定延利之（編）『「うん」と「そう」の言語学』pp.5–46. ひつじ書房

小山亘（2009）『記号の思想―現代言語人類学の一軌跡』三元社

Labov, William. (1972) *Language in the Inner City*. Philadelphia: University of Pennsylvania Press.

Leech, Geoffrey N. and Michael Short. (2007) *Style in Fiction*. London: Longman.

Longacre, Robert E. (1996) *The Grammar of Discourse* (2nd ed.). New York: Plenum Press.

Minami, Masahiko and Alissa McCabe. (1991) *Haiku* as a Discourse Regulation Device: a Stanza Analysis of Japanese Children's Personal Narratives. *Language in Society* 20(4): pp.577–599.

西阪仰（2008）「発言順番内において分散する文―相互行為の焦点としての反応機会場―」『社会言語科学』10(2): pp.83–95. 社会言語科学会

Norrick, Neal. (2000) *Conversational Narrative: Storytelling in Everyday Talk*. Amsterdam: John Benjamins.

Schegloff, Emanuel A. (2007) *Sequence Organization in Interaction: A Primer in Conversation Analysis Vol.1*. Cambridge: Cambridge University Press.

Silverstein, Michael. (1976) Shifters, Linguistic Categories, and Cultural Description. In Keith H. Basso and Henry A. Selby (eds.) *Meaning in Anthropology*, pp.11–55. Albuquerque, NM: University of New Mexico Press.

Silverstein, Michael. (1998) The Improvisational Performance of Culture in Realtime Discursive Practice. In Keith R. Sawyer (ed.) *Creativity in Performance*, pp.265–312. Greenwich, CT: Ablex.

鈴木亮子（2016）「会話における動詞由来の反応表現―『ある』と『いる』を中心に―」藤井洋子・高梨博子（編）『コミュニケーションのダイナミズム』pp.63–83. ひつじ書房

Tannen, Deborah. (1989) *Talking Voices*. Cambridge, U.K.: Cambridge University Press.

Tedlock, Dennis. (1983) The Spoke*n Word and the Work of Interpretation*. Philadelphia: University of Pennsylvania Press.

Webster, Anthony K., and Paul V. Kroskrity. (2013) Introducing Ethnopoetics: Hymes's Legacy. *Journal of Folklore Research* 50(1–3): pp.1–11.

Woodbury, Anthony C. (1985) The Functions of Rhetorical Structure: a Study of Central Alaskan Yupik Eskimo Discourse. *Language in Society* 14(2): pp.153–190.

◈ コラム

指標性

片岡邦好

　「指標（index）」とは、「類像（icon）」および「象徴（symbol）」とならんでパースの記号論における基本概念の1つである。パース（Peirce 1955: 102）によれば、指標とは「ある対象から実際に受ける影響により、その対象に言及する（指し示す）記号のこと」と定義されている。したがって、「回転するような足取り」はその人が水夫であることの、風見鶏は風向の指標であるという。この概念は意味論に導入され、「記号Aと指示対象Cの間で、Aが生起することによりCの存在または実在が示唆されるという、既知のあるいは想定された繋がり」と定義されている（Lyons 1977: 106）。ただしLevinson（1994）が指摘するように、分野間でこの用語の定義は確定しておらず、哲学者はしばしば直示表現（"this," "then," "you"など）を"indexical"と呼び、そのコンテクストへの依存性を指標の特徴と考える。

　伝統的に、言語学・言語哲学で行われてきた「言及指示（reference）」研究は、主にコンテクストに左右されない固定的な対応関係、あるいは与えられたコンテクスト内で真偽値が確定できる表現までであった。それを社会・文化的実践の解釈へと拡張したのが、Silversteinによる指標性の概念である（Silverstein 1976, 1979, 1981, 1985, 1993, 2003; 片岡 2002; 小山 2009）。Silversteinにとっての「指標性」とは、「あるコト／モノがコンテクスト内に『存在する』ことを示す記号の特性」である（Silverstein 1976: 29）。言い換えれば、ある種の事象そのものが特定の場所に（物理的に）存在する／しないに関わらず、そこに「ある」と感知せしめる、連想され創造された結びつきをも射程に含んでいる。つまり指

標的意味とは、言及指示的／意味論的意味から連想、喚起される多重の意味の現れを指す。

例えば指標の典型的なタイプ（類型）であり、空間的・時間的関係を示す「直示」から、そのトークン（具体的事例）として「この人」を例にとってみよう。「この人」という発語行為には、その名詞句としての明示的意味が示す、「話者の近傍に存在する人物」という言及指示的意味に加え、「今・ここ」において解釈可能となる前提的意味（「その発話事象において、話者は指示対象に対して特別な連帯感も敬意も示していない」という事実）が含まれる。また「この人」は、話者の立ち位置が変われば「その人」や「あの人」になるだけでなく（Jakobson (1970)が「転換子（shifter）」と呼ぶ記号作用）、「まったくこの人は〜！」のように非難や揶揄を込めて評価的に発話されることもある（cf. Mayes and Ono 1991）。つまり、意味論的意味に加えて話者と指示対象の状況的関係を同時に示すのである。

このような心理的距離に根ざした意味生成は、空間的ダイクシスと関わりながら敬意（日本語の「敬語」やジャワ語の敬称レジスター）、親族（非親族に向けた「おじさん」）、ジェンダー（例えば「男／女ことば」）といった領域にも顕著に現れる。例えば、「粗茶でございます」という発語は、「（これは）茶だ」という言及指示機能に加え、その状況における聞き手の存在とその人物への配慮・遜りという「創出的（creative）／遂行的（performative）」機能を同時に果たしている。さらに、その発話が目下の人物に対して発されたとしたら、その状況における話者の悪ふざけ、皮肉、慇懃無礼などのさらなる創出的意味が付け加わることとなる。また Ochs (1990)は、日本語の終助詞「ぜ／ぞ」の特性に注目して、「直接的／間接的」指標性を提唱している。前者は、「ぜ／ぞ」が付加された表現の情緒性を「直接」指標するのに対し、後者は激しい情緒の表出が主に男性によってなされるという社会内での傾向なり契起性を通じて、「間接」的に男性性と結びつけられている。よって後者は、社会的な過程や慣行に依拠した二次的な結びつきである。このような「指標性の大小」（小山 2009）を測るのは、発話という出来事が生起する「今・ここ」という座標軸の交点（オリゴ）からの相対的「距

214 第2部 「話しことばの言語学」実践編

離」である。小山(2009)では、このオリゴから投影される、「連辞」(語句の結合)
と「範疇列」(語句の選択)からなる発話の相同性を包括的に敷衍している。
　以上のことから、指標性は言語の言及指示的な機能と創出／遂行的な機能を
可視化する概念装置であると同時に、言語の指示的・意味的な側面のみによっ
て言語使用の実態を読み解こうとするアプローチへの強力なアンチテーゼであ
るといえよう。

参考文献

Jakobson, Roman. (1970) Shifters, Verbal Categories, and the Russian Verb, *Selected Writings Vol. 2: Word and Language.* The Hague: Mouton. pp.130–147.

片岡邦好(2002)「指示的，非指示的意味と文化的実践─言語使用における『指標性』について」『社会言語科学』4(2): pp.21–41．社会言語科学会

小山亘(2009)『記号の思想：現代言語人類学の一軌跡』三元社

Levinson, Stephen C. (1994) Deixis. In Ronald E. Asher and James M. Y., Simpson. (eds.) *The Encyclopedia of Language and Linguistics, Vol.2*: pp.853–857. Oxford, UK: Pergamon Press.

Lyons, John. (1977) *Semantics 2.* Cambridge: Cambridge University Press.

Mayes, Patricia and Tsuyoshi Ono. (1991) Social Factors Influencing Reference in Japanese: With a Special Emphasis on *ano hito. Santa Barbara Working Papers in Linguistics*, 3: pp.84–93.

Ochs, Elinor. (1990) Indexicality and Socialization. In James Stigler, Robert Shweder, and Gilbert Herdt. (eds.) *Cultural Psychology*, pp.289–308. Cambridge: Cambridge University Press.

Peirce, Charles S. (1955) Logic as Semiotic: The Theory of Signs. In Justus Buchler. (ed.) *Philosophical Writings of Peirce*, pp.98–119. New York: Dover.

Silverstein, Michael. (1976) Shifters, Linguistic Categories, and Cultural Description. In Keith Basso and Henry Selby. (eds.) *Meaning in Anthropology*, pp.11–55. Albuquerque, NM.: University of New Mexico Press.

Silverstein, Michael. (1979) Language Structure and Linguistic Ideology. In Paul Clyne, William Hanks and Carol Hofbauer. (eds.) *The Elements: A Parasession on Linguistic Units and Levels*, pp.193–247. Chicago: Chicago Linguistic Society.

Silverstein, Michael. (1981) The Limits of Awareness. *Sociolinguistic Working Paper* No.84:

pp.1–30. Austin, TX: Southwest Educational Development Laboratory.

Silverstein, Michael. (1985) Language and the Culture of Gender: at the Intersection of Structure, Usage, and Ideology. In Elizabeth Mertz and Richard Parmentier. (eds.) *Semiotic Mediation: Sociocultural and Psychological Perspectives*, pp.219–259. Orlando: Academic Press.

Silverstein, Michael. (1993) Metapragmatic Discourse and Metapragmatic Function. In John Lucy. (ed.) *Reflexive Language: Reported Speech and Metapragmatics*, pp.33–58. Cambridge: Cambridge University Press.

Silverstein, Michael. (2003) Indexical Order and The Dialectics of Sociolinguistic Life. *Language and Communication*, 23(3–4): pp.193–229.

ナラティブ研究からのアプローチ

「みんな同じがみんないい」を解読する
ナラティブにみる不一致調整機能についての一考察[1]

秦かおり

要旨 本稿は、3人の参与者が話す半構造化インタビューの中で、意見の不一致や不同意があった場合、それをどのように示し、処理するのかを分析するものである。友人関係、夫婦関係が絡んだ3名の参与者間で進められるこのインタビューでは、多くの不同意を何らかの方略を用いて収束しようとする。しかし、それは必ずしも同意への交渉ではない。ここでは、参与者にとって意見の不一致は、放置はできないが何らかの合意や意見のすり替えによって交渉すべきものであること、そしてそれが行われる際の方略として、ジェンダー・イデオロギーやスモール・ストーリーを活用する例を詳察し、特にスモール・ストーリーには「前言の撤回・収束」の機能があることを提示する。

1. はじめに[2]

　本稿は、「打ち合わせをせずに4人の異なる研究背景をもつ研究者が1つのデータを分析したらどのような相違が出るのか」という実験的な試みの成果である。筆者はナラティブ研究のアプローチを行う者として参加したが、ここではナラティブを分析することによってそこで表出・構築される規範意識や社会規範を炙り出すという社会学的な視点を用いている。具体的には、主として相互行為としてのナラティブ分析の立場からデータを分析し、その結果をイデオロギー論と融合させて捉えようと試みる。

　使用されているデータには多くの着目すべき点があるが、ここでは意見の

不一致が見られた部分を取り上げ、それがどのように収束されていくのか（あるいはされないのか）を分析する。そのため、まずインタビューの参与者達が作り出す語りの協働構築の様相をスモール・ストーリー分析（Bamberg 2004, Bamberg and Georgakopoulou 2008, De Fina and Georgakopoulou 2012, Georgakopoulou 2006, 2007, 2011）によって明らかにする。結果として本データでは意見の不一致を「処理」するために、意識的にであれ無意識的にであれ、語りの中に、1）ジェンダー・イデオロギー（この場合は男女イデオロギー）の積極的活用や、2）スモール・ストーリーを活用した話題の（微細な）シフトが観察されたことを例証する。

　また、この分析を通して、これまで「前述の言説を例示する」「意見を補強する」「詳細に説明する」などの機能を持つと考察されて来たスモール・ストーリーについて、新しく「前言を撤回・収束させる」機能があることを提案する。

2.　理論的背景

2.1　インタビュー・ナラティブ

　インタビュー・ナラティブとは、本研究では「アクティブ・インタビュー[3]においてインタビュアー・インタビュイー双方を含む参与者が何らかのできごとについて語っている相互行為的な言語・非言語行動」を指す。これは Labov and Waletzky（1967）や Labov（1972）により提唱、堅持されてきた過去の出来事の再現としてのディスコースという概念とは異なり、インタビュー・ナラティブを参与者間の相互行為の産物であると位置づけるものである。つまり、過去のできごとであれ未来に起こると予想される仮説のできごとであれ、何かを語る際には聞き手の存在が介在し、時には聞き手と語り手の役割が入れ替わり、語りを創り上げていく協働構築行為であるというナラティブを動的に捉える考え方[4]に依拠している。ライフストーリー研究（桜井 2002, やまだ 2000 他）では、これを対話的構築主義と呼び、相互行為

の中で構築されるもの(例えば役割意識や規範意識)があるとした。そのアプローチにおいては「研究者も含めた人びとのやり取りを通じて社会的現実が構成される」(桜井・石川 2015:3)と考えられている。

本研究はライフストーリー研究として調査・分析した結果ではない[5]が、上記のような対話構築主義に基づいている。しかし同時に、インタビューの中の語りに現れた「声(voice)」(Bakhtin 1981)を通して「社会的に通底する何か」を見出すことを目的としている。言い換えれば、本研究は文化的社会的な規範の再生産・再構築の動的過程としての対話という対話的構築主義[6]の立場を採りながらも、データの中から社会的に構築された現実——ここでは文化的社会的規範——を帰納的に解釈し見出だそうとする客観的解釈主義との融合を目指すものといえる。

本稿では一見相反するこの2つの考え方を分析に反映させることで、市井の人びとが語る小さな対話中には、相互行為的に構築されている何かがあること、しかしそこで構築される「何か」は、その場で作られたものであるように見えながら、実は社会的規範・抑圧・慣習といった、容易には変化しないものに支配されていると主張する。人々は支配の構造の中で相互行為的に対話を繰り返し、ゆっくりとしかし確実に社会的文化的な「何か」を再生産あるいは再構築しているかも知れない。このような解釈に立脚しながらインタビュー・ナラティブの奥にある「アイデンティティ」や「規範」を明確にしていく。

また、本研究では語ることを全人的な相互行為に基づくメッセージのやり取りと捉える。人は対面状況において自分が伝えたいことをことばのみで伝達しているわけではない。ことばで語ること、時には語らないこと、身体で伝えること、それら全てが総体として相手へのメッセージとなり、相互行為の一端を担う。したがって、分析対象は言語行動のみではなく、そこに現れる非言語行動をも含めることとなる。このような意味で、本研究はマルチモーダル分析の手法も射程に収める。

さらに、ここで言うインタビュー・ナラティブとは、その語りの内容の真

実性を問うものではない。むしろ、何故その語りがそこで起こったのか、な
ぜそのような語り方になったのかということに焦点を当てる。相互行為論に
立脚した見地においては、語られる内容は過去の出来事の単なる再現ではな
く「今・ここ」の場にいる者たちや過去にそこにいた者、環境など多種多様
な影響により、変幻自在であるからだ。例えば、大げさに言う、自分にとっ
て(あるいはその場にいる誰かにとって)都合の悪いことは言わない、同じ事
柄の評価が変わるといったように、その場の環境からの影響を受けた「語
り」が形成されるはずである。本データのインタビュー・ナラティブがアク
ティブ・インタビューである所以は、このような観点からインタビュー・
ナラティブを相互行為的でアクティブなもの(Goodwin 1981, Bruner 1990,
Holstein and Gubrium 1995, McAdams 1993, 桜井 2002, Schiffrin 1990, 山田
2011)として捉えているからである。

2.2　スモール・ストーリー

　スモール・ストーリーとは、「ビッグ・ストーリー」と比較した時に、相
対的に「小さな」ストーリーという意味である。ビッグ・ストーリーとは、
ストーリーラインがはっきりとしているような、Labov が当初想定した所謂
「ナラティブ=物語」――つまり基本的に「要約部(abstract)」、「方向付け(
orientation)」から始まり、「行為の複雑化(complicating action)」へと進み、
「結末部(resolution)」の前の「評価(evaluation)」に焦点を当てるところで一
旦立ち止まり、結末部でまとめあげ、そして「終結部(coda)」で、聞き手を
現在に引き戻すという各要素を揃えた語り――のことである。

　スモール・ストーリーは、それらが揃っていない語りもナラティブと
して捉えて分析対象とすることを目的の1つとして提唱された。スモー
ル・ストーリーの中には、過去のできごとの再現だけではなく、現在進行
中のできごと、未来や仮定のできごと、ほのめかし、語りの拒否などが
含 ま れ る (Bamberg 2004, Bamberg and Georgakopoulou 2008, De Fina and
Georgakopoulou 2012, Georgakopoulou 2006, 2007, 2011)。したがって「語り」

の分析は、かつての構成要素の細分化や分類に基づく分析から、構成要素の中にあるスモール・ストーリーや、今まで語りではないと考えられ、分析対象とならなかった「欠片」のような発話も語りとして分析の射程に含めるようになったのである。このことにより、語りの研究はアイデンティティ研究と深く結びつき、さらに Bamberg (1997, 2004) のポジショニング理論[7]を経て語りに現れる様々なレベルのアイデンティティ——ジェンダーやナショナリティといったレベルから、母親、父親といった立場や役割意識的なレベルなど——を分析する道具立てとなった。

　しかし、これまでのスモール・ストーリー研究は、大きな物語に対抗する形でスモール・ストーリーの存在や分析の重要性を主張することに焦点を当てた論考が多く、近年になりようやく実証研究が報告されるようになってきたところである (本書コラム「スモール・ストーリー」参照)。その具体的な機能については、「前述の言説を例示する」「意見を補強する」「詳細に説明する」(De Fina and Georgakopoulou 2012) などが例証されている。本章では、このスモール・ストーリーの機能について、例の中に生起した新しい機能——「前言を撤回・収束させる機能」——を実証的に語ることでスモール・ストーリー研究の発展に寄与したい。

2.3　ジェンダー・イデオロギー理論と本研究の位置づけ

　本章では後半の分析・考察部分で、データ内で積極的に活用されているジェンダー・イデオロギーの1つである男女イデオロギーについて論じる。詳細は後に述べるが、結論として本データの参与者達は「男であること、女であることの社会的ステレオタイプ」を結果的にうまく活用し、衝突を回避している。

　言語化されたジェンダー・イデオロギーは、ジェンダー研究の歴史の中で基本的には「既存の支配構造を正当化する形で秩序付けられ」(中村 2001: iv)、それはすなわち「女に男支配を納得させるよう機能している」(ibid.: iv) と考えられてきた。したがって、ジェンダー研究の歴史は多くの面にお

いて「女性を社会的支配から開放しようとする歴史」と結びつけて語られ、時には「男女が平等であること」を求めて(「平等」とは何かという概念に変遷を見せながら)闘争してきた歴史でもある。並行して、例えば「男ことば」「女ことば」のように既に語法に組み込まれた言語使用を語用論的観点から炙り出した研究(井出(1979, 2006)、生田・井出(1983)、Maynard (1993)他)や、社会的文化的な被差別対象の表象として女性が扱われることに批判的論を展開する研究(Butler (1989, 1997)、中村(2001)他)もある。これらの研究は、多くが話し方や表象としての男女を取り扱うものであった。つまり、「男であること」「女であること」を言語化あるいは抽象化したものを分析することによって、男女の「見えないがしかし明確な差異」とその社会的文化的あるいは個人のアイデンティティとの関連を論じるものであった。

　これに対して本稿に出てくる例は、「本当は男女差ではないかも知れないこと」を意識的かつ明確に「男は」「女は」とあえて評価し言語化していることが特徴である。「社会におけるジェンダーに関するイデオロギーをどのように資源として使」(中村 2001: v)うのかという点は、それがイデオロギーの再生産や再構築に寄与するという意味において慎重かつ批判的に論じられているが、本データではその資源を市井の人々が小さな対話の中で実に効果的に活用する。言語化によってイデオロギーに関する社会規範が強化され、それが個人のイデオロギー形成に関与するという構築主義論の主張は正しいとしても、それが必ずしもジェンダー・イデオロギーからの制約や権力関係によって左右されるものばかりではなく、主体は能動的ですらある。語り手がその権力構造に敢えて乗ることによって諍いを回避し場を収める方略としてジェンダー・イデオロギーを利用している様子がデータからは観察された。これはジェンダー・イデオロギーの再生産に繋がるが、実際には日々の生活の中では戦略的に使われているものであり、社会全体の将来を見据えた「ジェンダーを巡る理想的な社会の方向性や在り方」と「現実」との乖離を示す好例でもある。本稿では、日常に生起する「ジェンダー」を実例からミクロに分析することで、私たちは初めて現実生活から理想への着実な道筋と

それを阻む諸問題を見出すことができると考え、分析を進めていく。

3. データ

　ここで用いられているデータについては本書「第2部イントロダクション」（片岡・秦）で述べられているため詳細は省くが、2007年に始動した本プロジェクトは、当初日本に在住する日本人女性に出産・育児体験をインタビューすることから始まった。それが2010年に在外邦人を射程に入れ始め、徐々にインタビューイーのパートナーである男性にも話を聞くといった拡がりをみせた。本データの対象となっているインタビューイーの男性はそのような文脈からインタビューを受けているもので、既にその妻にはインタビュー済みである。さらに、2007年からの日本における重要な社会的変化として、2011年の東日本大震災があり、本研究でも2012年から東日本大震災を境とした育児観の変化をインタビュー項目に取り入れている。

　本稿で分析されるデータは、3者間のインタビュー・ナラティブである。参与者の3人はもともと顔見知りで、インタビュアーのアツコはチホにインタビューを行った結果、その夫であるブンタにもインタビューをお願いしたいと申し出て実現したという経緯がある。本来はインタビューの場にその他の人は介在しないことが多いが、今回の場合はチホがその場に留まっており、1対1であったはずのインタビューが結果として1対2となり、3者間の相互行為を分析することが可能となった。

4. 語りの構造分析

　本節では、まず4.1において、従来指摘されてきたスモール・ストーリーの機能の1つ、「議論を補強する機能」を取り上げる。その分析を通して、この補強の機能を持つスモール・ストーリーは典型的には入れ子式に展開されていくものであることを示唆する。次の4.2では、参与者間で意見の不一

224 第2部 「話しことばの言語学」実践編

致があった場合、スモール・ストーリーの機能を使用した2つの方略1）男女イデオロギーの積極的活用（4.2.1）、2）話題の（微細な）シフト（4.2.2）を用い、参与者が平和裡にその場を収束させていくことを例証する。

4.1 語りの中のスモール・ストーリー―その構造

本項では、スモール・ストーリーの幾つかの機能の中から「議論を補強する機能」、具体的には「現在進行中の会話の中で起こっている議論のポイントを裏付ける」(De Fina and Georgakopoulou 2012)機能を取り上げ、インタビュー・ナラティブの中でスモール・ストーリーがどのような構造を持つか明らかにする。

本データから顕著に見られたのは以下に示す通り、例1のような重層的なストーリーの「入れ子式」構造である。インタビュー・ナラティブの場合、まずインタビュアーから質問があり、インタビュイーがそれに応える形で語りを始める場合が一般的である。この形式は半構造化インタビューでもアクティブ・インタビュー(Holstein and Gubrium 1995)でも変わらない。この例でもインタビュアーであるアツコ（A）が震災前後の子育てに対する意識の変化について聞く質問から始まり、ブンタ（B）がそれに応える形で語りが始まる。

例 1-1)[8]
25.Ａ:で 震災があって：その前と後と：hh 子供を育てていて：
26.　 意識の変化ってのはあった
27.　 (0.3)
28.Ｂ:食べ物 (0.4) [飲み物.
29.Ａ:　　　　　　 [°hh°
30.　 (0.5)
31.Ａ:う::ん°::°
32.　 (.)
33.Ｂ:あと今までうちは

「みんな同じがみんないい」を解読する　225

```
34.    (0.4)
35.B:義理のお父さんがいっぱい　野菜を
36.    [>野菜っつうか<山菜取ってきて [くれたから
37.A:[うんうん                  [うんうんうん
38.    h そっか [そうだよね
39.B:         [それをいつも楽し [みにしてたんだけど:
40.A:               [hhうんうん    うん [うん
41.B:                            [そういうところ
42.    (0.7)
43.B:も気にな<る [し>
44.A:         [うんうんうんうんう [ん
45.B:                       [>やっぱり<子供達に食べさせるものは
46.    (1.1)
47.B:<気に [するかな>      ]
48.A:     [((大きく頷く))]
49.    (.)
50.A:ん [::
51.B:  [3.11の後は.
52.A:うん
53.    (0.7)
54.A:地震に関してはどう↑
55.A:こ 今後のその　なんていうんだろう
56.    (0.6)
57.A: <天災>とかさ
58.    (.)
59.C: ゜う:ん゜
60.B:  う [::ん
61.A:     [う:ん
62.    (1.6)
63.A:気になる↑ やっぱり [(もう)
64.B:               [子供は↑ (.) 怖 [がるかって↑
65.A:                         [子どもに う:ん
66.    (0.7)
```

67.B:まあ (0.5) °こ-° 子供がどうなるかって言われても
68.　　(1.2)
69.A:まあ (h) ねえ (h) う う:ん
70.　　(0.4)
71.C:う:ん
72.　　(1.7)
73.B:な なんつうだろあの
74.　　(0.6)
75.B:＜学校なら　学校に＞いればいいけど

上記の例 1-1 では、「食べ物」「飲み物」(28 行目)を気にするようになったブンタが、その例として山菜の話を語り、話が一旦終了しかける。そこで、アツコがさらに「地震に関してはどう」(54 行目)と問いかけたところ、ブンタは「う::ん」(60 行目)と言い淀み、さらに 1.6 秒もの沈黙(62 行目)、更なるアツコからの促し(63 行目)、その後も多くの沈黙を挟んだ上でようやく「＜学校なら　学校に＞いればいいけど」(75 行目)と追加のストーリーを絞り出す。それは、仮に地震がまた来ても子供が学校にいる時ならいいけれど、登下校中は危ないという指摘であったが、その後話は登下校中の車突っ込み事故の多さへと展開していく。しかし最後には、「もうそのぐらいしか感じなくなってきたかな」(95 行目)と述べ、ストーリーは収束へ向かう。以下の例1-2 はその収束の部分である。

例 1 -2)
　95.B:もうそのぐらいしか感じなくなってきたかな [今. (.) ↑最近
　96.A:　　　　　　　　　　　　　　　　　　 [う:ん.
　97.　　(0.2)
　98.C:°う:ん .°
　99.　　(0.5)
100.B:放射能もだいぶ低くなったしね
101.A:まあね う:[ん . ° (ん:)°
102.B:　　　　　 [食べ物かな やっぱり [食べ物だけ

103．A：　　　　　　　　　　　　［う::ん
104．　　（1.3）
105．B：あとあんまり
106．　　（0.5）
107．B：東北には　連れてきたくな［いかなっていうのも

　このように、ブンタの語りは最後には「食べ物かなやっぱり食べ物だけ」
（102行目）と、もとの自分の発言「食べ物」「飲み物」（28行目）に回帰する。
その後は、長い沈黙を挟みながら（104、106行目）「東北には連れていきたく
ないかなっていうのも」（107行目）と２つ目の答えを絞り出している。
　この語りの構造を分析すると、「子供を育てる上での震災前後の意識の変
化」を問われたブンタが、「食べ物・飲み物」についての意識が変化したと
いう１つのストーリーラインに沿って幾つかの例示やエピソードを入れ子式
に挟み込んでいる。次頁の図１はその構造を図式化したものである。76–94
行目、108行目以降は紙幅の関係で省略し、そこに現れたストーリーの構造
を記した。左側の番号は上記の例の行番号を表しており、グレーの部分は話
題の始まりを促すキューなど語り手以外の発言や反応を表す。例えば、25
行目でインタビュアーによる語りの促しがあり、それを契機に黒い大枠で囲
われたビッグ・ストーリーが展開される。そしてその中に、複数段階の入れ
子式のスモール・ストーリーが差し込まれている。これらはそれぞれがビッ
グ・ストーリーのストーリーラインに沿った形で基本的に構成されている
（図1）。
　例１では、インタビューイーのブンタが意識の変化を問われて、まずは「食
べ物、飲み物（28行目）」と答え、それに関するエピソードとして義父が送っ
てくれる山菜の話（33行目）をスモール・ストーリーとして付け加える。そ
して「やっぱり子供達に食べさせるものは気にするかな3.11の後は」（45、
47、51行目）と述べて一旦終了している。ブンタはアツコの「うん」（52行目）
という返答を受けて0.7秒の沈黙を入れ、ここでターンを明け渡しており、
ブンタとしては「震災後の意識の変化」という意味では答え終わったと解釈

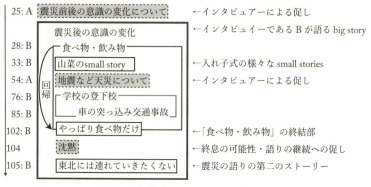

図 1　入れ子式のスモール・ストーリー

することも可能であった。しかし、その後 54 行目で、インタビュアーが重ねて「地震に関してはどう？」と質問する。この質問はブンタにとってはやや予想外であったのか、アツコに質問を畳み掛けられてようやく、「子供が通学中でなければいいなと思う」と答えている。そこから話は「学校の登下校」という話へと展開し、本来の「天災」の話から、交通事故という「人災」の話にすり替わり、登校中に車が児童に突っ込むというスモール・ストーリーが始まる。これらのスモール・ストーリーは本来の大問「震災前後の意識の変化」への回答としては逸脱しているが、「学校の登下校中の安全」という回答に対する補強にはなっており、その意味で上記図 1 のように「学校の登下校」の下位分類の入れ子とした。しかし、このスモール・ストーリーはこの 1 つ前の、「天災」によって子供が通学中に被災しなければ良いと思っているというストーリーには戻らずに、「放射能もだいぶ低くなったしね」（100 行目）、「食べ物かなやっぱり食べ物だけ」（102 行目）と述べ、結局は最初の「震災前後の意識の変化」の答えとして自分が回答した「飲み物・食べ物」に回帰している。これが図 1 に示された回帰の構造である。

　この例から言えることは、インタビュイーの語りが 1 つのビッグ・ストーリーとして生起する時、その中にはスモール・ストーリーが入れ子式に差し挟まること、また、そこで行われる相互行為はストーリーラインを複雑にす

るということである。しかし逆に言えば、その複雑化はスモール・ストーリーの構造を分析することによってもつれた糸を解くように理解可能なものとなる。今回の例においては、インタビュアーが「震災前後の意識の変化」を尋ねたのに対し、ブンタは「食べ物・飲み物」と答え、それにまつわる山菜についてのエピソードを語る。ブンタとしてはそれ以外は語らず沈黙が起こる。そこでインタビュアーが質問を追加する（54行目）が、それはスモール・ストーリーとして横道に逸れるばかりで、結局は「食べ物だけ」とブンタに言われて、見事に1つのストーリーとして完結してしまった。ここに図1における、回帰を含むブンタのビッグ・ストーリーの構造を見ることができる。

　その後東北の話が追加されるが、これは最初の震災前後の意識の変化というインタビュアーの質問に対する、ブンタのストーリーの2つ目である。ブンタはこの発語の前に1.3秒の沈黙（104行目）を差し挟んでおり、言い淀んだか、あるいはインタビュアーが納得していない様子を見て何とか他のストーリーを絞り出したかであると考えられる。これらのどちらであっても、最初のインタビュアーの質問の1つ目の回答の仕方に比べて明らかに長い「間」と「促し」を必要としており、付け足しであった感は否めない。

　このように、語りの構造を見ていくことによって、そこで何故その回答が挟まれたのか、そこで行われた相互行為によってどのような作用が働いたのか、そして「本来言いたいことは何だったのか」を分析することが可能となる。

　しかしながら、スモール・ストーリーの機能は「前述の言説を例示する」「意見を補強する」「詳細に説明する」ばかりではない。逆に、前述の言説を打ち消し矮小化させるものとしても機能することがある。以下の4.2では、参与者間で意見や見解の不一致があった時にスモール・ストーリーがそれを矮小化させ、不一致を収束させる機能を取り上げる。まず1つ目の例としては、男女イデオロギーの違いを積極的に「活用」し、意見や見解の個人的な違いを性差にすり替えてしまう事例を取り上げる。2つ目は、本筋から微妙

230 第2部 「話しことばの言語学」実践編

に外れたスモール・ストーリーを語ることによって、その前に語られていた
内容そのものを消し去ったり薄めたりする例を分析する。

4.2 スモール・ストーリーの機能─意見不一致を「吸収」する

4.2.1 男女イデオロギーの積極的活用

　ここでは、何らかの方略を使用して個人的な見解の相違を埋没させ、語り
を収束に至らしめる例を分析する。ここで使われた方法は、見解の相違を男
女イデオロギーの違いに当てはめて、個人的な意識の差を性差に置き換える
ことによって、最終的に全員が個人的な意識や見解の不一致は性差に基づく
ものであることに「賛同」して語りを終わらせるものである。

　以下の例では、チホの言説の変化に着目したい。チホは、夫であるブンタ
の提案する男女差を当初積極的には受け入れていないが、やり取りが進むに
連れてそれを受け入れていき、意見の不一致（ここではアツコとチホ対ブン
タという図式）は男女の性役割の違いであるというブンタの意見をアツコと
共に受け入れていく。

　以下の例2では、当初ブンタにインタビューしていたアツコが、ブンタ
が震災の前後の意識の変化を言い尽くしたことを確認して「ちぃちゃんは
(0.3) どう思う？」(130行目) と、本来インタビュイーではないチホに話を振
る。チホはほぼ間をあけずに (0.2秒)、「あたしは (.) 必ず行って来ますの顔
を見る」(132行目) と答え、震災後は子供が学校に行く時に次に会えるかど
うか分からないという気持ちで見送りをするようになったと述べると、アツ
コは「意識変わるよね」(175行目)、「すごいわかる」(177行目) などと強い
賛同を示す。それを黙って聞いていたブンタは、185行目でようやく口を挟
む。

例2) ブンタの分析表明
130. A：ちぃちゃんは (0.3) どう思う？
131.　 (0.2)

「みんな同じがみんないい」を解読する　231

132．C：あたしは (.)　必ず行ってきますの顔を見る

（中略）

175．A：意識変わるよね =

176．C：= うん

177．A：<す> [ごいわかる

178．C：　　　[無事にかえっ [てきてっ [てゆうのが:

179．A：　　　　　　　　　　[うん　　　[って思いがあるよね

180．C：う: [ん　自分より [:

181．A：　　　[うん　　　　　[うん

182．　　　(0.3)

183．A：お [もう

184．C：　　　[おもうかな

185．B：　　　[あ (も) [う<やっぱりそうゆうとこ母親なんじゃない?

186．　　　　　　>やっ [ぱ<

187．A：　　　　　[うんうんうん　　　　　　　　　　]

188．　　　　　　[(Bのほうを向き、すぐにCに向き直る)]

189．　　　(.)

190．A：すごいそれは思う (.) [°あ:たしも°

191．C：　　　　　　　　　　　[そう, やっぱ　ニュースとか見てても:=

上記の例では、ブンタは185行目で、これまで行われていたチホの語り（と
それに強く同意を示すアツコの態度）に対し、それは母親ならではの言動だ
という評価を付与する。それに対し、アツコは「うんうんうん」（187行目）
と同意はするが、あいづちを打っただけですぐにチホに目線を戻し（188行
目）、自分たちのストーリーを続け、190行目で「すごい」（強調句）、「それ
は」（主題化）、「思う (.) あたしも」（倒置）という有標な構文を用いて、ブンタ
が提案した評価について自分たちの意見を述べることもなく、これまでのや
り取りを継続させている。これらのやりとりをスモール・ストーリーの図式
に表すと下記のようになる。

232　第2部　「話しことばの言語学」実践編

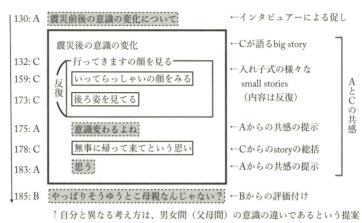

図2　アツコ、チホ対ブンタの構図とブンタからの提案

　ここでの語りは大きく見れば、チホの「震災前後の意識の変化」についてのビック・ストーリーである。しかし細かくみると、それを裏付けるスモール・ストーリーの入れ子で成り立っており、そこに共感を示すアツコのことばがちりばめられている (177、179、183、190 行目)。それは結果として、アツコとチホの共感を生み、ブンタをその輪から閉め出してしまうことになる。実際、ブンタは聞き役に徹しているが、あいづちも打たなければ身じろぎもしない。しかしアツコとチホによる一通りの語りの協働構築が終わった後に、ブンタはようやく口を開き、「やっぱりそうゆうとこ母親なんじゃない？」(185 行目) と対立構造に意味付け(評価付け)をしようとする。しかしこのブンタの態度は 187 行目でアツコにあいづちを打たれて同意されたかに見えて、その後 188 行目でアツコはすぐにチホのほうに向き直ってしまう。そしてその直後のアツコの発言「すごいそれは思う」(190 行目)の「それ」は直前のブンタの発言ではなく、その前のチホの発言を指している。これらの点から、ブンタの発言は一見無視されているようにみえる。そしてアツコ・チホ対ブンタという対立構造はますます深まっていく。
　しかし、このブンタの言動は無視されているようでいながら、その後の言

説、特に妻であるチホの言説に大きな影響力を持つ。それは、この直後からのチホの語りの節々に見ることができる。

例3）チホの語りの語用論的変化
194．C：やたらゆっちゃ［うの.
195．A：　　　　　　　［ゆう
196．B：[°へぇ[::_°
197．C：[hhh　　　［敏感にゆっちゃうの

例2のブンタの発言の前は、チホは「言ってきますの顔を見る」（132行目）のように言い切りや断言の形で自分の思いをストレートに伝えていたが、ブンタが自分たちとは違うという発言を行った（185行目）後では、「ゆっちゃう」（194行目）、「敏感にゆっちゃう」（197行目）の「ちゃう」と繰り返し発言する。これは、「てしまう」の「事態の発生の強調」を表す機能（Ono 1992）であり、話者の感情や評価を表す。ここでは、どのような感情や評価であったのかはまだ判定できないが、それ以降の会話でエスカレートしていくチホの言語行動から詳察すれば、チホがその行動を否定的あるいは不可避的（頭では分かっていても止められないもの）であると捉えている表れと考えられる。
　しかしそれでもその気持ちは、195行目で「ゆう」と賛同しているアツコとは共有されても、平板な音調で身じろぎもせずに「へぇ::」（196行目）というブンタとは共有されない。そしてブンタとの共感を得られないチホはますます震災後の自分の言動に否定的な評価を付与し続ける。

例4）
210．C：「頭を守りなさい」［とか:
211．A：　　　　　　　　　［うんうんうん
212．　　　（.）
213．C：それを(.)うるさくゆうよう［になっ［てるかもしれ［ない敏感に
214．A：　　　　　　　　　　　　　［うん　［うん　　　　［うんうん

215．A：すごいよく分かる
216．　　(.)
217．A：[それ　　[ゆう [わたし
218．C：[う:(h):[ん

上記の例4では、チホは自分を「うるさ」い、「敏感」(213行目)と表現し明確に否定的な評価を付与し始め、アツコからは「すごいよく分かる」(215行目)と強い共感を得る。その言動はその後も続き、下記の図3にあるように「むちゃ敏感」(229行目)のように自分の言動を過剰なものとして表現し続ける。それに対してアツコは賛同するが、ブンタは黙って聞いているのみである。ブンタが「おれはもうあんまりそうやって思わないかな3.11が過ぎた後も」(図3中の263行目)と異なる意見を挿入し、徐々に「(過剰なほどに反応する)チホとアツコ」対「ブンタ」という構図が出来上がっていく。これを先ほどの図と類似する形式に当てはめてみると、下記のようになる。

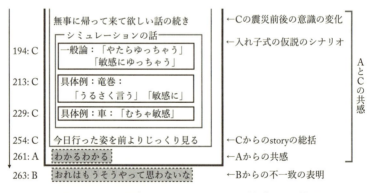

図3　チホの言動から見るアツコ、チホ対ブンタの構図

ここで語られている、入れ子式になってビッグ・ストーリーを補強しているスモール・ストーリーは仮説のシナリオ(Georgakopoulou 2011)であり、現実にチホやアツコの子供の身に起きたことではない。チホは将来起こりうるできごとをシミュレーションして心配しており、アツコがそれに共感を示す

「みんな同じがみんないい」を解読する　235

形でストーリーは進んでいく。ブンタはこのふたりの協働構築の輪に入ろうとせずに静観しており、263行目で不一致をはっきりと表明する。

　さらに、このように「(過剰なほどに反応する)チホとアツコ」対「ブンタ」という対立構造がはっきりと出来上がった時、以下の例5のように、ブンタはそれまで使用していた自称詞「おれ」を初めて「パパ」(309行目)に切り替え、父親としてのアイデンティティを生起させる。このことにより、その前で「そうゆうとこ母親なんじゃない?」(185行目)で生起させた母親像と「父親」という側面の自分を対比させることになる。

例5)
309. B:　　　　　[.hh え:パパもうあのn-　(.)　7を
310. 　(0.6)
311. B:経験しちゃったから,
312. 　(0.5)
313. B:hh もうこれ以上は　(.)
314. 　こねえだろう [っていうのが頭にあっ(たから)
315. A:　　　　　[あ:::::ってあるんだね =
316. 　= hh [h ﾟ は:::ﾟ
317. C:　　　[なんかそこが違うのか [なやっぱ.
318. A:　　　　　　　　　　　[うん　うん=
319. C:=男とおん [な⁹で
320. A:　　　　　[うん　あたし [はねえ:(.)
321. 　まだあるんじゃないかと思うよね

この例5でさらに興味深いのは、ブンタは「チホとアツコ」対「ブンタ」の対立構造を「母親」対「父親」という一般化で処理しようとしたのに対し、チホは319行目で「男とおんな」という男女の性差で処理しようとした点である。このチホの「男とおんな」発言の後、話は「母親と父親」に混じりながらも次々に「男だから、女だから」という性差に帰結させる言動を断続的に生起させ始める。

236　第2部　「話しことばの言語学」実践編

例6)

```
359. B:>あやっぱり< (.) この，n- 仕事はしててもやっぱり
360.    家に　家を守るってゆうそういう
361.    (0.3)
362. B:奥さんの方が (0.2) やっぱり感じるとこなんじゃない↑
363.    (0.3)
364. B:[.hhh
365. A:[あ: あ:: [:::
366. C:        [ °う::ん°
367. B:        [    男はやっぱり 出て [:
368. A:                        [hhh
369.    (0.8)
370. B:ねぇ [仕事をして帰 [ってくる [側の
371. A:     [ < いくから [ね_>    [うん [うんうんうん
372. C:              [ °う: [:    [ん うん° ]
373. B:ほうの (.) 人だから =
(中略)
384. B:= だ あんまり男は
385.    そう思わないかも [しれないね
386. A:              [>うんうんうんうんうんうん< (.) °hhh°
387.    (0.6)
388. C:°ん: [:: °
389. A:    [や (.) 女は思うね_=
390. C:= 思 [うね::
391. A:    [思う (.) すご]い思う(.)  うん=
```

これを先の図式に当てはめて考えると、下記の図4のようになる。

　チホは「そこが違うのかな、男と女で」（317行目）と述べ、ブンタが大き
な地震はないだろうと思うのはブンタとチホの個性の違いではなく、男女の
性差にあると主張する。また、359行目からは、男女イデオロギーと家庭内
での役割分担を性役割と同期させて話すブンタに対してアツコもチホも共感

「みんな同じがみんないい」を解読する　237

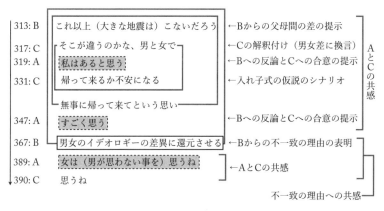

図4　アツコ、チホ対ブンタの構図1と不一致の理由への共感

を示し始める。アツコは389行目で「や、女は思うね」と、男であるブンタと自分は意見が違うことを表明し、チホとの共感、そしてブンタとの不一致の理由について、全員が「男と女は違う」からだという認識で一致する。しかし、もともとこの会話は地震があると思うか否かという話であり、本質である部分の不一致については一切の交渉も修正もされていない。ここでは、「震災」から「男女の違い」に内容が発展したことで、男と女で意識が違うのは当然であるという見解が前景化され、ブンタからも同意を示す言語行動である複数回のうなずきを得られて、全員の意見が一致したところで事態の収束が図られているのである。

4.2.2　話題の（微細な）シフト

もう1つは、意見の不一致がみられた時にその不一致はそのままにしつつ、話題の微細なシフトにより不一致以外の話題を前景化させて意見の食い違いを暗黙裡に封じ込めてしまうストラテジーである。4.2.1では意見の不一致は不一致として認め、その理由について同意することで事態の収束が図られたが、ここでは不一致そのものは「無視」し、同意できる話題にずらす

238　第 2 部　「話しことばの言語学」実践編

ことで事態を収束させている。話題の微細なシフトについては、4.2.1 で述
べたような男女イデオロギーだけがシフトの対象ではないが、以下の例では
合意を得やすい 1 つの有効なシフトとして前景化されている。

　本例は今回の分析対象となっている 7 分間以外の、当該インタビューの
最後の部分だが、前節と類似する対立構造が見受けられ、かつ男女イデオロ
ギーを使用しつつも「シフト」という別のストラテジーを用いていることか
ら分析の対象とした。

　以下の例では、アツコが使用した「イクメン」の定義について、ブンタが
異なる見解を示す一方チホはアツコに賛同する。図らずもここで、またアツ
コ、チホ対ブンタの対立構造が出来上がるのだが、ここでチホは「イクメン」
の定義から「パパのイクメンぶり」に話をすり替え、定義についての食い違
いを議論の土俵から下ろしてしまう。その結果、話はチホの体験談にすり替
わり、収束していく。換言すると、ここでは 4.2.1 のように性差を前景化す
る方法は取らないが、話題を微細にシフトすることで「イクメン」という新
たな性役割の定義については対立を解かないまま合意が出来上がるというこ
とである。

例 7)
392．A：あ(.)あのさ(.)自分がさ(0.2)
393．　　あのさ今さイク(.)イクメンてあるじゃん
394．B：うん
395．A：[イクメンだと思う　　　　　　　　　　　　　　　　]
396．　　[(拳を作って腕を身体の横で小さく振り胸を張る)]
397．B：いや思わない
398．A：[(.)　　　　　　　　　　　]
399．　　[(にっこり笑ってうなづく)]
400．　　イクメンてどんな人だと思う↑
401．B：(.)え =
402．A：=イメージ的に(.)イクメン [て

「みんな同じがみんないい」を解読する　239

403．B：　　　　　　　　　　　　　　　［°俺あの°奥さんが働いて
404．　旦那さんが　［(.)って感じ=
405．A：　　　　　　　［は::::
406．　=あああ::そ::い　［°う°
407．B：　　　　　　　　　　　　　　［最初はそういうそういう感じだった°よね°
408．A：う::ん　そうなのかな::(.)いや　［でも
409．B：　　　　　　　　　　　　　　　［でも今は=
410．A：=うん
411．B：あの:おと(.)お(.)女の人が　［やって(.)やるとかっていったやつで
412．A：　　　　　　　　　　　　　　［うんうん
413．　家事 =
414．B：= 何でも積極的にやって
415．A：うんうんうん
416．B：何にでも参加して:
417．A：うん
418．B：子供のこと何でも(.)お母さんしか知らなかったようなことも全部
419．A：うんうん
420．B：パパも一緒にできるっていうのも　［今イクメ(.)そういう感じが
421．　イクメンていう =
422．A：　　　　　　　　　　　　　　　　［うん
423．　=あたしはそっちのイメージだな　［うんどっちかっていうと
424．B：　　　　　　　　　　　　　　　　［°あほんと°
425．　最初なんか(.)俺は俺のイメージは女の人が働いて(.)
426．　父子家庭↑
427．A：は :::: なるほどね
428．B：そういうのをイクメン
429．　［みたいな感じかな::::と
430．A：［え(.)　［ど:のどっちのイメージあった↑　　　　　　　　　　　　　　　］
431．　　　　　　　［ (チホのほうに向き直り腕全体を使って指差しながら)]
432．C：あたしは(.)その手伝いを多く(.)
433．A：のほう(.)あ(.)°こっち° =
434．C：=学校の行事も　［::パパも一緒に参加してくれる　［とか
435．A：　　　　　　　　［あ::　　　　　　　　　　　　　　［あ::あ::あ::

240　第2部　「話しことばの言語学」実践編

```
436．C：わりとうちはしてくれてるほうだと私は思って［た
437．A：　　　　　　　　　　　　　　　　　　　　　　［うん
438．　　私もだから［そういうイメージからすると［::↑
439．C：　　　　　　　［掃除とか::　　　　　　　　　［ん::
440．A：ん::パパは(.)イクメンなんだなと思ってた°わけ°
441．B：あ::そう［(.)
442．A：　　　　　［うんうん=
```

　上記の例では、アツコの導入部分の身体動作が特徴的である。アツコは
まず、395行目で「イクメンだと思う」とブンタに聞く時、胸を張り得意
げな男性の様子をジェスチャーとして付け加えている。これはCharacter
Viewpoint (McNeill 1992, 2005, Kataoka 2013) であり、アツコは登場人物（こ
こではイクメン）になり切り、イクメンの象徴的仕草として、他の男性より
も優位に立つような自慢気な仕草を行う。ここで既に、アツコはイクメンと
呼ばれる男性について一定の評価付けを行っており、397行目でブンタが間
髪入れずに「いや思わない」と答えた後に、我が意を得たりとばかりににっ
こり笑いながら何度もうなずく。そして「イクメンてどんな人だと思う↑」
（400行目）と、ようやく自分が聞きたかったであろう質問に移行する。

　これはインタビューである。したがって、最初から「イクメンてどんな人
だと思う↑」と聞けば済むだけの話である。そこを敢えて、自慢気な仕草を
するイクメンのイメージを一度喚起し、それとは違うということをブンタに
確認させた上で、他の定義をするように仕向けている。そこで行われたブ
ンタによる「イクメン」の定義は、当初、奥さんが働いて旦那さんが家事育
児をするような家庭だった。しかし、アツコの408行目の否定的なことば
を受けて、それにオーバーラップする形で「でも今は」（409行目）と、先の
見解は初期の定義であり、現在の定義は違うと言い始める。423行目でアツ
コは、後半のイメージが自分の「イクメン」のイメージであると告白した上
で、チホに意見を求め、チホが自分と同じ意見であることを確認すると、そ
れを「こっち」（433行目）と表現し、ここで奇しくも先ほどの例の「アツコ、

チホ対ブンタ」の構図がまた出来上がっていく。

　しかし、435 行目までは確かにその流れであるが、その次の行でその流れを断ち切るチホの発言が来る。436 行目のチホの発言は、文法的な誤りこそないが、直前の節と内容的に断絶している。すなわち、前節は、イクメンの定義を行っている続きであり、本来ここには「パパ」という個人は特に介在しなくてもよいはずである。しかし、チホはここでいきなり「わりとうちはしてくれてるほうだと私は思ってた」（436 行目）と話し出し、アツコもそれに賛同して、「パパ」は家事育児に積極的な褒められるべきイクメンであることに賛同する。「イクメン」の定義の不一致からは外れた展開であるが、これをもって会話は「パパのイクメンぶり」に話が移行し、それきり、定義のずれには戻らない。しかし、この会話ののち、インタビューが終わった後に録画されていた雑談の中で、アツコが自分の友達の家は奥さんが働いていて旦那さんが家事育児をしている「パパが言うところのイクメン家庭」と述べており、見解は最後まで異なったままであることを言明している。つまり、ここでは「イクメン」の定義の違い、あるいは誤解を解かないままに、「パパ」のイクメンぶりを称讃することで参加者が合意できる着地点を模索し、その着地に成功している。

5．考察─「不一致」は何故「処理」の対象か

　以下では、何故男女イデオロギーが意見不一致の効果的な収束方法であったのか、何故議論をすり替えたのかを考察する。この会話の前に、ブンタは多くの男性性に関する言説を頻繁に発していた。それは、「男は分からない」「男職場」「男は絶対安心する」「男ってやっぱり自分が大事に」というような、直接的に言語化された男性性のステレオタイプであり、自分の個性、特徴としてではなく、より一般化された男性性への言及である。もともとブンタは、男は女とは違うことを明確に意識化し、アツコとチホの前で言語化していた。また、仕事をしているアツコに一応の配慮を示しながらも、男は

外に出て女は家を守ると言う伝統的な社会通念を「やっぱり」を使用して一般化している（「やっぱり」についての詳細は本書横森論文を参照）。その妻であるチホはブンタと意見が食い違った時に「食い違っていても問題ない領域」として男女イデオロギーを捉え、それを（意図的ではなくとも）利用していたと考えられる。

　意見の食い違いが生じた時、穏便に話を収束させる方法として語用論的な方略（言いよどみ、ほのめかし、婉曲表現、スタイルシフトなど）を用いて説得し意見の合意を得る方法は、秦（2011, 2013）でも見られた。しかし、今回4.2で示された2つの例は両方とも根本となる意見の食い違いが修正されていない。4.2.1では、この会話の参与者は皆、男女イデオロギーを「食い違っていても何ら問題ない領域」と捉え、積極的に活用している興味深い例といえる。

　また4.2.2では、「イクメン」の定義のすれ違いがまるで最初からなかったかのように、「パパのイクメンぶり」のスモール・ストーリーで話が盛り上がる。そして最後までイクメンについての定義の違いは放置され、修正されていない。この点について、3名とも何の交渉も説得も行わず、意見の変更もない。しかし、イクメンの定義からパパのイクメンぶりに話をずらし、チホがブンタとの意見の対立を避けるようにブンタを褒め、話がうまくずれ続けるようにスモール・ストーリーを導入することでイクメン話が平和裡に終了する。

　これに似た例として、秦（2014）では、震災におけるそれぞれに体験談がいつのまにか「農家を支援しなければならない」という言説にすり替わった例がある。これは、3者間インタビューで、話の内容に共感を抱けず、共感が持てる話題の終了の仕方として、少々強引ではあるが、震災で被害を被った農家は支援しなければならない、という共通項を見出だして終了する例である。この展開もイクメン話と類似しており、当初話題だったものに意見のすれ違いが生じ、それを言語化してしまったため、どうにも修正することが適わず、内容が不自然になり過ぎない程度にずれたスモール・ストーリーを

差し挟むことで模擬的な合意を作り出し、会話を終了に至らしめている。

　このことから考察されるスモール・ストーリーの特徴は、意見の不同意を（不自然であろうが何であろうが）何らかの形の「同意」にすり替えるための道具立てとして機能したことにある。これは意見の補強や例示といったスモール・ストーリーの機能とは全く異なり、むしろ自分や他者の前言を撤回したり矮小化させたりする機能といえよう。本例においては、それはジェンダー・イデオロギーについての内在的な不一致を懐柔し合意に至る談話的方略として機能していた。しかし、何故そのような機能を活用する必要があるのだろうか。この会話から確実に浮かび上がるのは、不同意のままに話題を終わらせる、あるいは相手を論破するのは会話終結に際して相応しい態度ではないと３者が認識しているという特性である。それがこの会話例を超えて一般化できる特性なのか、あるいは日本文化に依った特性なのかは更なる分析の蓄積を待たねばならないが、筆者が収集した初対面あるいはある程度の親和関係にある日本人女性の３者間のインタビュー・ナラティブにおいて、不同意が生起した後にそれを何らかの形で修正し（表面上であっても）ある程度の平和的合意を見ずに会話を収束させた例はない。この種の会話の収束には発話内容に関する何らかの形の「合意」が必要であり、帰納的に考えれば、そのような協調的合意を求めるのがこうした会話の特徴と言えるだろう。

6. まとめ―スモール・ストーリーがもたらすもの

　本章では、まずインタビュー・ナラティブ中のスモール・ストーリーの構造を概説した後、スモール・ストーリーの機能の１つ、「議論のポイントを裏付ける、補強する」機能を取り上げ、それが入れ子式に成り立っていることを示した。次に、意見の不一致が起こった場合におけるスモール・ストーリーの特筆すべき事例を２つ分析した。その結果、実際の会話の中では必ずしも意見の不一致の解消を目指さないという行為が観察された。ここでは、

不一致は交渉、説得、論破の対象ではなく、無視、ずらしの対象である。このような無視、ずらしの機能は他のインタビュー例でも見られるものの、従来深い分析がなされなかった。一見、無視やずらしは会話の場での態度としては失礼な振る舞いに思える。しかし、少なくとも筆者が持つ日本人会話データでは、「その場を平和裡に収束させる」とは、不一致を正面から対立させて決着を見た上で合意を達成させることではなく、会話の方略を使って不一致を後景化させることこそが、収束の達成であると言える。

　例えば、1つ目の例 4.2.1 における「男女イデオロギーの活用」は、この文脈では単に社会的な属性の意識化ではなく、「一致していなくてもいい、違っていることが当たり前な安全領域」として捉えられていることが分かる。これが「安全領域」として認識されているのは、性差と家庭における役割意識が強固に結びついている日本社会の反映とも取れるだろう。また 2 つ目の例 4.2.2 では、もともとの定義についての見解の違いを、別の角度からの話に切り替えることで全員がもとの話題を無視し、結果的に衝突を避けている。そしてこれらは、スモール・ストーリーの挿入によって達成されており、本稿の例では、どちらもジェンダー・イデオロギーの活用によって成されていた。

　このように、イデオロギーの問題もいつどこでどのような意図で使用されるかを見ることで、日常のレベルにおいてはジェンダー・イデオロギーの活用は会話の方略の 1 つとして捉えることができる。換言すれば、談話におけるジェンダー・イデオロギーは、それが対話の中で構築されていると考える対話構築主義的な観点でイデオロギーの再生産や再構築について分析すると同時に、現実社会の有り様を実際のデータから解釈する客観的解釈主義的な観点で「変えられないなら逆手にとって活用する」というある意味でしたたかな日常世界のストラテジーの 1 つとして分析する必要があるということだ。本稿は、そのような中庸的視点から、談話に生起する日常の中でのジェンダー・イデオロギー（とその活用）の一端を切り取ることで達成された成果である。

振り返ってみれば、私たちは日常生活の中でも、意見の衝突を避けるためにこのようなことをしていることに気がつく。ここで取り扱われている事例は、インタビューというコントロールされた制度的場面であっても、そこに生起する語りを人間関係の中でのことばのやり取り、駆け引きとして見ることで、私たちの日常に直結する結果が見えてくることを証明している。これをより広く、「社会に通底する何か」を発見する基点とできるかどうかはさらなる分析による検証にかかっている。

注

1　本調査は科学研究費（22653060、15K128760、研究代表者：秦かおり）の成果の一部である。インタビュー協力者の皆様、共同研究者の井出里咲子氏、岡本多香子氏、執筆の過程で多くの有益なコメントを下さった鈴木亮子氏、片岡邦好氏、横森大輔氏に深く謝意を示したい。

2　本章は第8回話しことばの言語学ワークショップにおいて企画・発表された成果の一部を大幅に発展させたものである。

3　アクティブ・インタビューについての詳細は Holstein and Gubrium (1995)を参照。

4　ナラティブを動的に捉える考え方とは、ナラティブを「固定した構造的特徴を持つマクロのジャンル（すなわち、不変で柔軟性のない構造単位）」（イェルガコポロ 2013: 13）として扱わず、「繰り返し起こる修辞的な状況に対し動的で展開していく応答として、また多かれ少なかれ戦略的に用いられ、その場の文脈において改めて交渉され再構築される資源」（同上）として扱う考え方である。

5　出産・育児という人生で最大のできごとの1つをテーマにしているため、結果的にライフストーリーになっている語りも存在するが、調査対象者のライフストーリーを包括的に論じることを目的としたものではない。

6　対話的構築主義と客観的解釈主義に関しては、桜井・石川(2015)にまとめられている。

7　ポジショニング理論とは、相互行為的な語りにおけるアイデンティティ表出を3段階のレベルに分けて分析するための理論である(Bamberg 1997, 2004)。

8　トランスクリプト記号

　　　　[　　　　　オーバーラップ開始部

(.)	マイクロポーズ
(0.0)	0.2秒以上のポーズ
=	ラッチング(続いて聞こえるように発話された箇所)
↑	上昇イントネーション(上昇している発語の後ろに表記)
…	言いよどみ
@	笑い
:	長音
(空白)	聞き取れなかった箇所
( )	著者による補完
[( )]	身体動作(その上の発語と同期している部分に [] のマーク)
下線	他の箇所に比べて大きく聞こえる語
波線	筆者による分析上の強調
><	他の部分より早く話している箇所
<>	他の部分よりゆっくり話している箇所
°°	小声の会話
h	呼気・吸気

9 「おんな」と発語している部分にオーバーラップがかかったため、書き起こしの都合から「女」の表記を「おんな」とした。

参考文献

Bakhtin, Mikhail M. (1981) *The Dialogic Imagination: Four Essays.* Austin: University of Texas Press.

Bamberg, Michael. (1997) Positioning between Structure and Performance. In Michael Bamberg, (ed.) 'Oral Versions of Personal Experience: Three Decades of Narrative Analysis', *Journal of Narrative and Life History* 7: 335–342.

Bamberg, Michael. (2004) Form and Functions of 'Slut Bashing' in Male Identity Constructions in 15-Year-Olds. *Human Development* 47, pp.331–353.

Bamberg, Michael and Alexandra Georgakopoulou. (2008) Small Stories as a New Perspective in Narrative and Identity Analysis. *Text & Talk* 28(3): pp.377–396.

Bruner, Judith. (1990) *Acts of Meaning: Four Lectures on Mind and Culture.* London: Harvard University Press.

Butler, Judith. (1989) *Gender Trouble: Feminism and the Subversion of Identity.* London: Routledge.

Butler, Judith. (1997) *Excitable Speech: A Politics of the Performative*. London: Routledge.

De Fina, Anna and Alexandra Georgakopoulou. (2012) *Analyzing Narrative: Discourse and Sociolinguistic Perspectives*. Cambridge: Cambridge University Press.

Georgakopoulou, Alexandra. (2006) Small and Large Identities in Narrative (Inter-)action. In Anna De Fina, Deborah Schiffrin and Michael Bamberg (eds.) *Discourse and Identity*, pp.83–102. Cambridge: Cambridge University Press.

Georgakopoulou, Alexandra. (2007) *Small Stories, Interaction and Identities*. Amsterdam/Philadelphia: John Benjamins.

Georgakopoulou, Alexandra. (2011) Narrative Analysis. In Ruth Wodak, Barbara Johnstone and Paul Kerswill (eds.) *The SAGE Handbook of Sociolinguistics*, pp.386–411. London: SAGE.（アレクサンドラ・イェルガコポロ　佐藤彰・秦かおり・岡本多香子訳（2013）「ナラティブ分析」佐藤彰・秦かおり編『ナラティブ研究の最前線―人は語ることで何をなすのか』pp.1–42.　ひつじ書房）

Goodwin, Charles. (1981) *Conversational Organization*: *Interaction between Speakers and Hearers*. New York: Academic Press.

秦かおり（2011）「英国在住の日本人女性にみる規範意識の表出と言語使用―インタビューによる日英比較調査をもとに」『立教大学ランゲージ・センター紀要』25: pp.15–22.

秦かおり（2013）「「何となく合意」の舞台裏―在英日本人女性のインタビュー・ナラティブにみる規範意識の表出と交渉のストラテジー」佐藤彰・秦かおり編『ナラティブ研究の最前線―人は語ることで何をなすのか』pp.247–272.　ひつじ書房

秦かおり（2014）「国外在留邦人が語る東日本大震災―対面の場における意見交渉の過程とアイデンティティ表出を分析する」『言語文化研究』40: pp.123–142.　大阪大学大学院言語文化研究科

Holstein, James A. and Jaber F. Gubrium. (1995). *The Active Interview*. London: Sage Publications.

生田少子・井出祥子（1983）「社会言語学における談話研究」『月刊言語』12(12): pp.77–84. 大修館書店

井出祥子（1979）『女のことば男のことば』日本経済通信社

井出祥子（2006）『わきまえの語用論』大修館書店

Kataoka, Kuniyoshi. (2013) We Just Don't Get it Right!"—Multimodal Competence for Resolving Spatial Conflict in Wayfinding Discourse, *Language & Communication*, 33(4): pp.404–419.

Maynard, K. Senko. (1993) *Discourse Modality: Subjectivity, Emotion and Voice in the Japanese Language*, London: John Benjamins.

McAdams, Dan P. (1993) *The Stories We Live By: Personal Myths and the Making of the Self.* London: The Guilford Press.

McNeill, David. (1992) *Hand and Mind: What Gestures Reveal about Thought.* Chicago: The University of Chicago Press.

McNeill, David (2005) *Gesture and Thought.* Chicago: University of Chicago Press.

Labov, William. (1972) *Language in the Inner City: Studies in the Black English Vernacular.* Philadelphia: University of Pennsylvania.

Labov, William and Joshua Waletzky. (1967) Narrative Analysis: Oral Versions of Personal Experience. In June Helm. (ed.) *Essays on the Verbal and Visual Arts: Proceedings of 1966 Annual Spring Meeting of the American Ethnological Society*, pp.12–44. Seattle: University of Washington Press.

中村桃子 (2001)『ことばとジェンダー』勁草書房

Ono, Tsuyoshi. (1992) The Grammaticization of the Japanese Verbs *oku* and *shimau. Cognitive Linguistics,* 3: pp.367–390.

桜井厚 (2002)『インタビューの社会学—ライフストーリーの聞き方』せりか書房

桜井厚・石川良子編 (2015)『ライフストーリー研究に何ができるか—対話的構築主義の批判的継承』新曜社

Schiffrin, Deborah. (1990) The Management of a Co-operative Self during Argument: the Role of Opinions and Stories. In Allen D. Grimshaw, (ed.) *Conflict Talk: Sociolinguistic Investigations of Arguments in Conversations*, pp.241–259. Cambridge: Cambridge University Press.

山田富秋 (2011)『フィールドワークのアポリア—エスノメソドロジーとライフストーリー』せりか書房

やまだようこ (2000)「人生を物語ることの意味—ライフストーリーの心理学」やまだようこ編『人生を物語る—生成のライフストーリー』pp.1–38. ミネルヴァ書房

◈ コラム

スモール・ストーリー

秦かおり

　「スモール・ストーリー」とは、現在進行中のできごとについての語りや、未来や仮説のできごとについての語り、ほのめかしや語りを拒む語りなど、これまで言語学上は「語り」の定義から外れ、分析の対象とならなかった新たな「語り」のカテゴリーの総称（Georgakopoulou 2006: 130）である。これは近年提唱された新しいナラティブ研究の学術用語であり、概念の確立はほぼなされた（Bamberg 2004, Bamberg and Georgakopoulou 2008, De Fina and Georgakopoulou 2012, Georgakopoulou 2001, 2011）が、それによる効果や影響などを検証する実証研究はまだ数少ない（Barkhuizen 2010, Georgakopoulou 2008, Juswik and Ives 2010）。

　もともと、言語学における語り——ナラティブ——とは、1960年代に Labov and Waletzky が提唱した各要素を備えたものであった。つまり、「要旨（abstract）」、「方向付け（orientation）」から始まり、「行為の複雑化（complicating action）」へと進み、それを「評価（evaluation）」して「結末部（resolution）」でまとめて、最後に「終結部（coda）」で聞き手を現在に引き戻すという各要素を揃えたものが「語り」と考えられた。その後、多くの応用研究からの批判を受けて「過去に起こった一連のできごとを再現するものである」と少々定義が緩やかになる。

　しかしさらにその後、語りの場を聞き手と語り手の相互行為の場として捉える相互行為分析が盛んになり、語りの研究は物語の内容だけではなく、いつどこで誰が誰にどのように語っているかに焦点があてられるようになる。つまり、語りの研究を昔話や語り継がれた物語のテクスト研究や構造分析ではなく、「生

きた」語りや相互行為としての語り、語り手のアイデンティティ研究としての
ナラティブ研究と捉えるようになったのである。このことによってナラティブ
研究が、語り手がその相手に対して自分をどう見せたいかという役割意識の研
究やアイデンティティ研究と結びついたといえるだろう。

　スモール・ストーリー分析は、このような学問的潮流の中で産声を上げた。
これまで「語り」とされてきた筋道が立った語りだけを分析していればよかっ
た時代から、そこから漏れた「ビッグではない、欠片達」を拾い上げ分析する
ことで、例えば主流ではない周縁化された「声」に光をあてることを可能にし
たのである (Georgakopoulou 2015: 267)。

　スモール・ストーリーについては、これまでいくつかの機能が指摘されてい
る。De Fina and Georgakopoulou (2012) はその機能について「前述の言説を例
示する」「意見を補強する」「詳細に説明する」を代表例に挙げる。他にも、「不
均衡 (例えばアンバランスになってしまった語りの場の人間関係) の是正」「話を
引き戻す」「前言の撤回」「事態の収束」といった機能もあると考えられる (Hata
2016，秦 2017)。

　これまでスモール・ストーリーは「ビッグ・ストーリーではないものにも分
析価値を認める」という運動のようなものとして提唱されたために、その詳細
については概念、機能、実証研究面においてやや発展が遅れてきた。上述の通
り 2000 年代後半以降になって多くの実証研究が行われてきたが、特に Georga-
kopoulou (2015) の一連の breaking news の研究はスモール・ストーリーの象徴的
な研究として特筆に値するだろう。

　ただし、「ビッグ」と「スモール」ということばそのものが相対的で恣意的で
ある、概念が包括的すぎるなどの批判もあり、いまだ議論は尽きない。しかし
それでもスモール・ストーリーは大きな分析価値を持つ。なぜなら、私たちは
日常の語りで、過去の一連のできごとを一方的に再現することはあまりなく、
より相互行為的に言葉を紡いでいるからだ。そこには誇張や歪曲、嘘、思いや
り、その場の雰囲気といった多くの分析すべき要素があり、それら全てを俯瞰
的に分析することによって相互行為の「今・ここ」で私たちが為していること

が理解可能になる。

このように、スモール・ストーリー分析は従来のナラティブ研究において周縁に追いやられ分析の俎上に上らなかった、些細な、しかし重要な機能を分析する必要不可欠な装置なのである。

参考文献

Barkhuizen, Gary (2010) An Extended Positioning of a Pre-service Teacher's "Better Life" small story. *Applied Linguistics*, 31: pp.282–300.

Bamberg, Michael. (2004). Talk, Small Stories, and Adolescent Identities. *Human Development*, 47: pp.331–353.

Bamberg, Michael and Alexandra Georgakopoulou. (2008) Small Stories as a New Perspective in Narrative and Identity Analysis. *Text & Talk*, 28(3): pp.377–396.

De Fina, Anna and Alexandra Georgakopoulou. (2012) *Analyzing Narrative: Discourse and Sociolinguistic Perspectives*. London: Cambridge University Press.

Georgakopoulou, Alexandra. (2001) Arguing about the Future: On Indirect Disagreements in Conversations. *Journal of Pragmatics*. 33: pp.1881–1900.

Georgakopoulou, Alexandra. (2006) Thinking Big with Small Stories in Narrative and Identity Analysis. *Narrative Inquiry,* 16(1): pp.129–137.

Georgakopoulou, Alexandra. (2008) "On MSN with Buff Boys": Self-and Other-Identity Claims in the Context of Small Stories. *Journal of Sociolinguistics*, 12: pp.597–626.

Georgakopoulou, Alexandra. (2011) Narrative Analysis. In Ruth Wodak, Barbara Johnstone and Paul Kerswill (eds.) *The SAGE Handbook of Sociolinguistics,* pp.386–411. London: SAGE.

Georgakopoulou, Alexandra. (2015) Small Stories Research: Methods – Analysis – Outreach. In Anna De Fina and Alexandra Georgakopoulou (eds.) *The Handbook of Narrative Analysis,* pp.255–271. New York: John Wiley & Sons, Inc.

Hata, Kaori. (2016) Redressing Imbalanced Positioning through Narrative. In Gavin Brooks, Mathew Porter, Donna Fujimoto, and Donna Tatsuki (eds.) *The 2015 PanSIG Journal,* pp.51–57. Tokyo, Japan: JALT.

秦かおり（2017）「対立と調和の図式―録画インタビュー場面における多人数インタラクションの多層性」片岡邦好・池田佳子・秦かおり（編）『コミュニケーションを枠づける―参与・関与の不均衡と多様性』pp.131–153. くろしお出版

Juswik, Mary M., and Denise Ives. (2010) Small Stories as a Resource for Positioning Teller Identity: Identity-in-interaction in an Urban Language Classroom. *Narrative Inquiry*, 20: pp.37–61.

Labov, William and Joshua Waletzky. (1967) Narrative Analysis. In June Helm (ed.) *Essays on the Verbal and Visual Arts*, pp.12–44. Seattle, WA: University of Washington Press.

索引

A-Z

big story　175
change-of-state token
　200
intonation unit　84
IU　91
IU 理論　90
reduplication　58
story　152, 153, 154, 155,
　158, 160, 162, 163, 165,
　166, 167, 169, 172, 173,
　175
STORY　152, 153, 154,
　155, 156, 157, 158, 159,
　160, 163, 165, 166, 167,
　169, 171, 172, 173, 175
turn taking　171

あ

あいづち（相づち）　55,
　156, 160, 168, 172, 195,
　199
アイデンティティ　106
アクティブ・インタビュー
　175, 179, 218
アコモデーション　181

い

言いさし文　14
一貫性　182, 205
一斉開花状態　57, 58,
　59, 60
イデオロギー　202, 204
「今・ここ」　145, 146,
　149, 150, 151, 166, 169,
　171, 174
入れ子式　224, 243
インタビュー・ナラティブ
　151, 223
イントネーション単位
　207
引用　187
引用動詞　189

う

頷き　195, 199

お

オーバーラップ　159,
　165, 172, 176
オリゴ　149, 150, 165,
　171, 172, 173, 188, 204

か

介入度　187
会話分析（Conversation
　Analysis; CA）　47,
　48, 112
仮説のシナリオ　234
関係性　54
間主観化　44
間主観的　181
間身体的　181
間接話法　188

き

聞き手性　191
規範　219
規範意識　217
疑問詞質問　131, 132,
　133
旧情報　187
求心性　204, 206
境界標示　199
極性質問（polar question）
　117, 120, 122, 124, 131,
　133
共話　159, 160, 165

け

言及指示　212

こ

構文　101
構文文法（Construction
　Grammar）　21
声（voice）　201
「こと」　76, 77, 78, 79,
　80, 81, 82, 83, 84, 85,
　86, 87, 88, 89, 90, 91,
　92
コピュラ　87
語用論的変化　50

さ

先取り　172
先取りの発話　159, 165,
　176
参加フレーム　123, 125,
　126
産出文法　72, 73, 75, 93

し

ジェンダー・イデオロギー
　217, 218, 221, 222
自称詞　145, 146, 147,
　148, 149, 150, 154, 155,
　156, 157, 158, 165, 166,
　168, 171, 172, 173, 174
実践ペア　190, 208
詩的顕現　184
指標性　186
指標性の大小　213
社会規範　217
ジャンル　76
ジャンルの文法　72, 75
自由間接話法　187
自由直接話法　187
終結を投射　201
終助詞化　66
従属節の主節化　45
修復　124, 125
周辺部　45
主観化　44
主体性　182
出産・育児体験談　106
条件的適切性　202, 205
象徴　212

す

図　198, 208
スキーマ　189, 193, 200,
　202, 204, 206
スモール・ストーリー
　（small story）　175,
　185, 217, 218, 220, 243

せ

生成文法　100
ゼロ自称詞　154, 155

前言の撤回・収束　217,
　218

そ

相互行為　223
相互行為言語学（Inter-
　actional Linguistics）
　48, 70, 111, 112, 113,
　114
「創出的／遂行的」機能
　213
相同性　204
創発文法　49

た

タイプ　213
多重文法　75, 76, 83, 92,
　93, 94, 101
他称詞　147, 148
男女イデオロギー　230,
　242, 244
談話機能言語学（Dis-
　course-functional
　Linguistics）　46, 48,
　59, 112, 113
談話語用論的機能　148
談話標識　43, 191, 193,
　201
談話標識化　66

ち

地　198, 208
抽象文法　74, 75, 94
直示　212
直接話法　187

て

定型性（formulaicity）　22
定型表現（formulaic
　expressions）　22, 73,
　80, 84, 86
「てしまう」　233
撤回　243
転換子　213

と

「という」　81, 82, 89
動詞のタイプ　188
動的な文法観　49
トークン　213

な

ナラティブ　184, 207

に

二項対立　181
認識的スタンス（epistemic
　stance）　114, 115,
　116, 124, 125, 129
認識的挿入句　51, 56
認識動詞　189, 193
認知文法　93, 100

は

バース／スタンザ分析
　183
パターン　56
発話の「周辺部
　（periphery）」　65
半構造化インタビュー
　105
反応機会場　191

反応単位　195
反応表現　55, 58

ひ

東日本大震災　106
非明示的テクスト　183,
　　202
評価付け　232
頻度　50, 56

ふ

不一致　241
副詞　114
文法化　20, 44

ほ

ポジショニング　221
没入／のめり込み／盛り上
　　がり　185
没入度　198
補文標識　77, 80, 87, 88,
　　91

ま

マッチ・ミスマッチ
　　53, 56, 60
マルチモーダル分析
　　219

み

ミスマッチ　55
民族詩学　183

め

名詞階層性の理論　148

名詞化用法　76
名詞機能　80
名詞句階層　149
名詞用法　76, 84

も

文字化資料　53

や

役割意識　221

よ

用法基盤　100
用法基盤文法　71, 72,
　　73, 74, 75, 92

ら

ライフストーリー　179

り

理解文法　70, 72, 75
隣接ペア　196

る

類像　212

れ

歴史語用論　42, 43, 45,
　　51, 59
連鎖環境　117, 125
連続性　49, 54

わ

矮小化　243
話題　184
笑い　198

執筆者紹介(*は編者)

大野剛(おおの つよし)

アルバータ大学東アジア学科教授
[おもな著書・論文]
Kaori Kabata and Tsuyoshi Ono (eds.) *Usage-Based Approaches to Japanese Grammar* (John Benjamins, 2014)
Tsuyoshi Ono, Sandra Thompson, and Yumi Sasaki. Japanese Negotiation Through Emerging Final Particles in Everyday Talk. *Discourse Processes* 49 (Taylor & Francis, 2012)

中山俊秀(なかやま としひで)

東京外国語大学アジア・アフリカ言語文化研究所教授
[おもな著書・論文]
「動的体系としての文法に迫る─文法研究のこれからの形」『日本語学』30(6) (明治書院、2011)
Polysynthesis in Nuuchahnulth, A Wakashan Language. In Michael Fortescue, Marianne Mithun, and Nicholas Evans (eds.), *The Oxford Handbook of Polysynthesis* (Oxford University Press, 2017)

鈴木亮子*(すずき りょうこ)

慶應義塾大学経済学部教授
[おもな著書・論文]
「会話における動詞由来の反応表現─「ある」と「いる」を中心に」藤井洋子・高梨博子編『コミュニケーションのダイナミズム─自然発話データから』(ひつじ書房、2016)
A Note on the Emergence of Quotative Constructions in Japanese Conversation. In Ritva Laury and Ryoko Suzuki (eds.), *Subordination in Conversation: A Cross-linguistic Perspective.* (John Benjamins, 2011)

東泉裕子（ひがしいずみ ゆうこ）

ブリティッシュコロンビア大学客員研究員
［おもな著書・論文］
「近代語における左右の周辺部表現の発達―『太陽コーパス』に見る接続助詞「から」
の用法を中心に」小野寺典子編『発話のはじめと終わり―語用論的調節のなされる場
所』（ひつじ書房、2017）
The Development of Confirmation/Agreement Markers away from the RP in Japanese.
Journal of Historical Pragmatics 17(2) (John Benjamins, 2016)

兼安路子（かねやす みちこ）

オールドドミニオン大学文学部世界言語文化学科助教授
［おもな著書・論文］
Stance Taking in Japanese Newspaper Discourse: The Use and Non-use of Copulas *da* and
dearu. Text & Talk 35(2) (De Gruyter Mouton, 2015)
Grammar and Interactional Discourse: Marking Non-topical Subject in Japanese
Conversation. In Kimi Kondo-Brown, Yoshiko Saito-Abbot, Shingo Satsutani, Michio
Tsutsui, and Ann Wehmeyer (eds.), *New Perspectives on Japanese Language Learning,
Linguistics, and Culture.* (National Foreign Language Resource Center, 2013)

岩崎勝一（いわさき しょういち）

カリフォルニア大学ロサンゼルス校（UCLA）アジア言語文化学部教授
［おもな著書・論文］
Japanese (London Oriental and African Language Library 17) – Revised edition. (John
Benjamins, 2013)
*Subjectivity in Grammar and Discourse: Theoretical Considerations and a Case Study of Japanese
Spoken Discourse.* (John Benjamins, 1993)

横森大輔*（よこもり だいすけ）

九州大学言語文化研究院准教授
［おもな著書・論文］
Daisuke Yokomori, Eiko Yasui, and Are Hajikano. Registering the Receipt of Information with a Modulated Stance: A Study of *ne*-marked Other-repetitions in Japanese Talk-in-interaction. *Journal of Pragmatics*. (Elsevier, 2017)
「大学英語授業でのスピーキング活動における「非話し手」の振る舞いと参加の組織化」片岡邦好・池田佳子・秦かおり編『コミュニケーションを枠づける―参与・関与の不均衡と多様性』（くろしお出版、2017）

遠藤智子（えんどう ともこ）

成蹊大学国際教育センター常勤講師
［おもな著書・論文］
The Japanese Change-of-state Tokens *a* and *aa* in Responsive Units. *Journal of Pragmatics*. (Elsevier, 2017)
遠藤智子・横森大輔・林誠「確認要求に用いられる感動詞的用法の「なに」―認識的スタンス標識の相互行為上の働き」『社会言語科学』20 巻 1 号（社会言語科学会、2017）

岡本多香子（おかもと たかこ）

日本女子大学家政学部通信教育課程非常勤講師
［おもな著書・論文］
秦かおり・岡本多香子・井出里咲子『出産・子育てのナラティブ分析―日本人女性の声にみる生き方と社会の形』（大阪大学出版会、2017）
「時代変化へのジレンマ―栃木農村部で出産育児を経験した女性のインタビューナラティブにみる「自己」理解への期待と反発」佐藤彰・秦かおり編『ナラティブ研究の最前線―人は語ることで何をなすのか』（ひつじ書房、2013）

執筆者紹介　259

片岡邦好（かたおか くによし）

愛知大学文学部教授
［おもな著書・論文］
「言語／身体表象とメディアの共謀的実践について―バラク・オバマ上院議員による
2008 年民主党党員集会演説を題材に」『社会言語科学』20 巻 1 号（社会言語科学会、
2017）
'We Just Don't Get It Right!': Multimodal Competence for Resolving Spatial Conflict in
Wayfinding Discourse. *Language & Communication* 33(4) (Elsevier, 2013)
Toward Multimodal Ethnopoetics. *Applied Linguistics Review* 3 (De Gruyter, 2012)

秦かおり＊（はた かおり）

大阪大学大学院言語文化研究科准教授
［おもな著書・論文］
秦かおり・岡本多香子・井出里咲子『出産・子育てのナラティブ分析―日本人女性の
声にみる生き方と社会の形』（大阪大学出版会、2017）
「対立と調和の図式―録画インタビュー場面における多人数インタラクションの多層
性」片岡邦好・池田佳子・秦かおり編『コミュニケーションを枠づける―参与・関与
の不均衡と多様性』（くろしお出版、2017）

話しことばへのアプローチ―創発的・学際的談話研究への新たなる挑戦

Innovative Approaches to Spoken Discourse:
Emergent, Interdisciplinary and Beyond

Edited by Ryoko Suzuki, Kaori Hata and Daisuke Yokomori

発行	2017 年 12 月 14 日　初版 1 刷
定価	2700 円＋税
編者	©鈴木亮子・秦かおり・横森大輔
発行者	松本功
装丁者	大崎善治
組版所	株式会社 ディ・トランスポート
印刷・製本所	株式会社 シナノ
発行所	株式会社 ひつじ書房
	〒 112-0011 東京都文京区千石 2-1-2　大和ビル 2 階
	Tel.03-5319-4916　Fax.03-5319-4917
	郵便振替 00120-8-142852
	toiawase@hituzi.co.jp　http://www.hituzi.co.jp/

ISBN978-4-89476-818-5

造本には充分注意しておりますが、落丁・乱丁などがございましたら、
小社かお買上げ書店にておとりかえいたします。ご意見、ご感想など、
小社までお寄せ下されば幸いです。